beck ˡsche **reihe**

W0064619

b sr

Wenn Menschen anfangen, über ihre ganz „normalen" Wörter, Redensarten und „geflügelten Worte" nachzudenken, erscheinen sie ihnen vielfach unsinnig, wenn nicht gar blödsinnig. In diesem Buch räumt sein Autor in witziger und scharfsinniger Form mit vielen sprachlichen Mißverständnissen auf, geht dem blühenden Unsinn vieler Aus- und Umdeutungen auf den Grund und hilft die Frage zu beantworten: „Was reden wir uns eigentlich den ganzen Tag zusammen, wenn wir so reden, wie wir reden?"

Christoph Gutknecht ist Professor für Linguistik des Englischen an der Universität Hamburg. Zahlreiche wissenschaftliche Veröffentlichungen. Einem breiten Publikum ist er durch seine sprachgeschichtlichen Bücher in der Beck'schen Reihe bekannt geworden: *Lauter böhmische Dörfer* ([5]2000); *Lauter spitze Zungen* ([3]2001); *Lauter Worte über Worte* (1999).

Christoph Gutknecht

Lauter blühender Unsinn

Erstaunliche Wortgeschichten von
Aberwitz bis Wischiwaschi

Verlag C.H.Beck

Die Deutsche Bibliothek – CIP-Einheitsaufnahme

Gutknecht, Christoph:
Lauter blühender Unsinn : erstaunliche Wortgeschichten
von Aberwitz bis Wischiwaschi / Christoph Gutknecht. –
Orig.-Ausg. – München : Beck, 2001
   (Beck'sche Reihe ; 1431)
   ISBN 3 406 47557 4

Originalausgabe
ISBN 3 406 47557 4

Umschlagentwurf: +malsy, Bremen
Umschlagabbildung: © Soizick Meister: „Labyrinth"
© Verlag C. H. Beck oHG, München 2001
Gesamtherstellung: Druckerei C. H. Beck, Nördlingen
Printed in Germany

www.beck.de

Inhalt

Die Sprache ist ein umständliches Wesen,
dem man nicht beikommt mit geschäft'ger Hast,
und was geschrieben, dreimal sei's gelesen,
auch wenn aufs erste man den Sinn erfaßt.

Karl Kraus (1874–1936), *Sinn und Gedanke*

Vorwort

Ich habe geschwankt, ob ich diesem Buch den Titel „Lauter blühender Unsinn" oder „Lauter höherer Blödsinn" geben sollte. Beide Titel erschienen und erscheinen mir gerechtfertigt angesichts unzähliger falscher Vorstellungen, die viele Sprecher, die das Deutsche täglich als Erst-, Zweit- oder Fremdsprache gebrauchen, mit zahllosen Wörtern und Wendungen des Alltags verbinden, aber auch angesichts mancher teils absurder, teils urkomisch-tiefsinniger Erklärungs- und Herleitungsversuche, die Sprachwissenschaftler und naive Sprachbenutzer im Laufe der Jahrhunderte für ebendiese Wörter und Wendungen präsentiert haben.

Auch eine dritte und vierte Titelvariante habe ich erwogen, doch die waren bereits vergeben durch zwei jüngere Publikationen. Alan Sokal und Jean Bricmont, die der Frage nachgegangen sind, wie die Denker der Postmoderne die Wissenschaften mißbrauchten, haben ihr 1999 erschienenes Buch „Eleganter Unsinn" genannt; das im Jahre 2000 veröffentlichte Werk des Schauspielers Steve Martin trägt den Titel „Blanker Unsinn".

Doch bevor ich auf den eigentlichen Gegenstandsbereich meines Buches komme, möchte ich die Fragen beantworten, wer die Ausdrücke *blühender Unsinn* und *höherer Blödsinn* eigentlich geprägt hat.

Im ersten Fall führt die Spur zu einer älteren Publikation mit dem Titel „Deutsches Lesebuch. Eine Auswahl zweckmäßiger Lesestücke zur Übung im richtigen und schönen Vortrag und zum Unterricht in der deutschen Sprache. Zunächst für die obere Classe der Vorschule und die Handelsschule zu Bremen". Der zweite Teil dieses Lesebuchs ist dort im Jahre 1837 als „vierte sorgfältig durchgesehene und vermehrte Auflage" erschienen; auf Seite 200 f. hat sich ein gewisser Johann Georg Friedrich Messerschmidt

(1776–1832) – zu Radeberg bei Dresden geboren und später als Professor am Gymnasium in Altenburg tätig – mit diesem Gedicht verewigt:

Wenn Apoll, der wildeste der Götter,
Mir erscheint in mildem Donnerwetter,
Ach, so seufzt die Muse fürchterlich;
Majestätisch rasen Elegien,
Wehmuthvolle Dithyramben sprühen
Ihren zarten Rosengift um mich.

Wie der Bär mit leisem Geisterschritte
In der dräuenden Kaninchen Mitte
Furchtsam hüpft und zärtlich brüllend ächzt,
Freund, so tanz' ich auf der Spiegelwelle
Einer Sandbank, wenn das Hundsgebelle
Meiner stillen Muse mich umkrächzt.

Der Begeisterung matte Flüche wogen
Auf zum Throne ... gleich dem Regenbogen,
Dessen Feuer uns unsichtbar brennt;
Blinder Sonnengott, dich segn' ich grimmig,
Steine folgen dir, wenn tausendstimmig
Dich die Wüste ihren Phöbus nennt.

Wenn die Mitternacht, von deinem Strahle
Neu vergoldet, sich im Blüthenthale
Abgestorbner Zeitenfluthen wiegt,
Freund, mit lieblich wüthendem Kothurne
Steh' ich, zitternd, dann vor meiner Urne,
Die im Strahlennebel vor mir liegt.

Aber an der Zukunft Sarkophage
Donnert süß der Hoffnung Jubelklage,
Wenn der Todte rüstig sich ermannt;
Wenn er in das kalte Leben springet,
Glücklich in dem Unglück, die besinget,
Die nach kurzer Flucht ihn endlich fand.

Glücklich, glücklich, du hast sie gefunden,
Hast sie rings mit Sprößlingen umwunden,
Die, berauscht, um deine Krone wehn!
Lebe wohl, im grausen Sternendunkel
Muß ich ... ein erblindender Karfunkel ...
Leuchtend, unter Riesenzwergen stehn.

Messerschmidt verlieh seinem Kunstwerk die Überschrift „Blühender Unsinn" – und damit war offenbar dieser Ausdruck geboren.

Der zweite Fall scheint auf den ersten Blick ziemlich klar zu sein, glaubt doch jeder von uns zu wissen, was *Blödsinn* ist. Und in der Tat ist uns gerade der sprachliche Blödsinn u. a. durch das einschlägige Gedicht des Schweizer Autors Hans Manz (1991:283) vertraut:

> Der Schabernack
> schabt sich den Nacken.
> Das Zickzack
> zickt den scharfen Zacken.
> Der Pumper
> und der Nickel nicken.
> Den Schnickschnack
> hört man schnack- und schnicken.
> Und alle schrein:
> Trari trara,
> wir lieben das Allotria.

Hier wird poetisch gekonnt demonstriert, was geistvoller, eben *höherer* Blödsinn ist. Damit ist aber immer noch nicht die Frage beantwortet, woher eigentlich der *Ausdruck* stammt. Er hat sich offenbar Anfang der 50er Jahre des 19. Jahrhunderts herausgebildet. In einem Artikel der „Jahrbücher für Wissenschaft und Kunst" (Leipzig 1854), der wahrscheinlich vom Herausgeber dieser Jahrbücher, Otto Wigand (1795–1870), verfaßt wurde, ist der Ausdruck benutzt worden, um selbstgefällige und übertriebene Anpreisungen kritisch zu beleuchten:

„Wir meinen die Gesellschafts-Schwindel im lieben deutschen Vaterland: temporäre Gefühlsausschwitzungen en gros; Geblütswallungen, die bis zu gelinder Raserei gehen, wenigstens auf dem Niveau des *höheren Blödsinns* stehen."

Nur fünf Jahre später erwähnte der Literaturhistoriker Robert Prutz (1816–1872), ein liberal-oppositioneller Publizist, Lyriker und Romancier, in seinem Werk „Die deutsche Litteratur der Gegenwart" „jene neuesten Berliner Possen, in denen der *höhere Blödsinn* seine unverschämten Purzelbäume schlägt …" (1859, II:276). Und rund zwanzig Jahre nach Wigands Wortschöpfung „pflanzte" der Lyriker und Satiriker Ludwig Eichrodt (1827–

1892) sein Werk „Hortus deliciarum für deutschen Humor"
(1877–79), in dem sich sogar folgendes Lied mit dem Titel „An
den höheren Blödsinn" findet (vgl. „Vierter Spaziergang", S. 26):

> Schön sind Schulen *höh'rer* Töchter
> Und die *höh're* Rechenkunst,
> Schön die *höh're* Kunst der Fechter,
> *Höh'rer* Mimik Zauberkunst,
> Schön die *höhere* Karriere –
> *Höher* als sie alle noch,
> Frei vom Urgesetz der Schwere
> Schwebst du, *höh'rer* Blödsinn, doch!

Nachdem ich die Bezeichnungen *blühender Unsinn* und *höherer Blödsinn* beleuchtet habe, kehre ich zurück zum eigentlichen
Inhalt meines Buches und möchte zunächst folgendes klarstellen:

Hier geht es nicht um eine ironisch-kritische Zusammenstel-
lung von absurden Sprachungetümen wie *Rentnerschwemme*,
Wohlstandsmüll oder *Diätenanpassung*, die als Unwörter diskutiert werden, seitdem die sprachkritische Aktion „Unwort[1] des
Jahres" in jedem Herbst dazu aufruft, Vorschläge für den deut-
lichsten sprachlichen Mißgriff der vorausgegangenen zwölf Mo-
nate an die zuständige Auswahlkommission zu senden.

Ich mache in diesem Buch einen Bogen um das von vielen
nichtassimilierten fremdsprachigen Wörtern und Wendungen
durchsetzte Neuanglodeutsch der Finanzwelt und der Computer-
branche. Ich behandele auch nicht das Denglisch der Werbung
und der Massenmedien von *Kuh-Look* bis *Fit for Fun*, setze mich
nicht auseinander mit Trendwörtern und unnötig grassieren-
den Anglizismen (Sitzung oder *Meeting?*),[2] den vielen lächerlichen
deutsch-englischen Hybridbildungen (*outen, downloaden, ge-
beamt, gecheckt, gefeatured* oder *gefietschert?, Moonlight-Tarife*),
nicht mit Pseudoanglizismen[3] (*Trench, Handy, Body, Dressman,
Pullunder, Musikbox*), Wörtern der Jugendsprache[4] (*echt fett,
kraß, abducken, wamsrammeln, mitquarken*) oder Albernheiten
des Babysprech (*„Wadde-hadde-dudde-da?"*), die sich heute in
unserer Sprachlandschaft tummeln. Ich will hier also nicht kon-
kurrieren mit Jacques Derridas „Statements und Binsenwahrhei-
ten über Neologismen, New-Ismen, Post-Ismen, Parasitismen
und andere kleine Seismen".[5]

Es geht mir auch nicht um die vielen schönfärberischen Ausdrücke in unserer vom Modernisierungsfieber gepackten Sprache wie *Seniorenresidenz, Entsorgungspark* usw., deren Verlogenheit man beklagen und angesichts deren man sich nach der Derbheit Luthers sehnen mag – so wie der deutsche Schriftsteller Arno Holz (1863–1929), einer der Theoretiker und Begründer des Naturalismus, als er enttäuscht feststellte:

> Die deutsche Sprache war einst in alter Zeit ein blondes
>   Vollweib, das durch die Wälder strich;
> doch heute ist längst ihr schlotternder Busen platt wie ein
>   Plättbrett!
> Das gute Frauchen hat zuviel Tee geschluckt und leidet
>   nun an Husten und Heiserkeit;
> ich aber frage, wann wird sie wieder saugrob wie Luther?

Es geht in diesem Buch, wie eingangs angedeutet, um das „umständliche Wesen" unserer bildgesegneten und bildverfluchten Alltagssprache. Ihr ist – wie Kraus sagt – „nicht mit geschäft'ger Hast" beizukommen. Wenn aber die Benutzer(innen) anfangen, über ihre ganz normalen Wörter, Redensarten und geflügelten Worte nachzudenken, dann werden sie ihnen vielfach unsinnig, wenn nicht gar blödsinnig erscheinen, aufgrund undurchsichtiger Entwicklungen und – historisch betrachtet – falscher Verwendungen oder weil geläufige Aussprüche und Zitate nicht mehr als solche erkannt werden. Hinzu kommt, daß es nicht nur im Deutschen, sondern in allen Sprachen zahllose Fälle gibt, in denen die metaphorische Bedeutung die ursprüngliche Bedeutung eines Wortes überlagert und schließlich an deren Stelle tritt. Jürgen Nieraad (1977:46) hat dazu folgendes ausgeführt:

„So denkt kein heutiger ‚normaler' Sprecher des Französischen, wenn er das Verb *limoger* (‚absägen', ‚in Ungnade fallen') benutzt, mehr an die Herleitung des Wortes von Limoges, jener Provinzstadt, in die zur Zeit Napoleons Generäle häufig strafversetzt wurden. Und wer verbindet mit frz. *grève* (‚Streik') noch die ursprüngliche Bedeutung ‚Mole, Strand', eben jene Mole an der Seine, wo sich früher die streikenden Pariser Arbeiter versammelt haben. Schließlich gibt es auch die Erscheinung, daß metaphorische und ursprüngliche Bedeutung ihre Stellen wechseln: lateinisch *laetus* hatte zunächst die ursprüngliche Bedeutung ‚üppig, fruchtbar', die metaphorische Bedeutung ‚fröhlich', später dann die lexikalische Bedeutung ‚fröhlich' und die metaphorische Bedeutung ‚üppig, fruchtbar'. Dieser Prozeß muß lange vor Cicero abgeschlossen gewesen sein, denn *De oratore* (III,156) zitiert *laetas segetes* (,fröhliche Saaten') als Metaphernbeispiel."

Leider denken die meisten Sprachbenutzer im allgemeinen viel zu selten über ihre Sprache nach; eigentlich nur, wenn man sie dazu auffordert. Dann staunen sie in der Regel und suchen nach Erklärungen, aber wenn sie nach eigenem vergeblichen Bemühen hoffnungsvoll die Abhandlungen von Sprachwissenschaftlern in Büchern und Zeitschriften zur Hand nehmen, finden sie dort zwar manche Rätsel gelöst, viele jedoch äußerst unbefriedigend kommentiert und müssen sich dann, ähnlich wie die bereits genannten Autoren Alan Sokal und Jean Bricmont (in ihrem Buch „Eleganter Unsinn"), fragen: Ist Sprachwissenschaft nur *eine* Erzählform unter anderen? Auch wer sprachwissenschaftliche Schriften zur Hand nimmt, sollte jener Empfehlung folgen, die der Dichter Johann Christoph Friedrich Haug (1761–1829) einmal formuliert hat: „Glaube nicht allzu schnell, nicht keinem, nicht allen, nicht alles! Forsche, vergleich', erwäg's; finde die Wahrheit heraus!"

Einhundertneunundfünfzig sachlich verblüffende sowie *etymologische* und *volksetymologische* Erklärungsversuche habe ich in diesem Buch unter die Lupe genommen. Um die letzten beiden Begriffe noch einmal kurz zu erklären: Die Bezeichnung *Etymologie* ist aus den griechischen Wörtern *étymos* (,wahr, wahrhaftig') und *lógos* (,Wort') zusammengesetzt. Die wissenschaftliche Etymologie, die ,Lehre von der Herkunft der Wörter', ist also ursprünglich die Lehre von der ,Wahrheit' ihrer Entstehung; heute untersucht sie miteinander verwandte Wörter und Wortbestandteile in verschiedenen Sprachen und Dialekten, u. a. mit dem Ziel, eine erste Wortform und eine erste Bedeutung zu rekonstruieren. In der Tat ist es spannend, bei vielen Wörtern, die wir täglich benutzen, ihre Herkunft zu verfolgen. Unter *Volksetymologie*[3] versteht man die Erscheinung, daß im Volksmund ungeläufige oder unverstandene Wörter oder Wortteile (aus fremden Sprachen oder der eigenen Sprache) lautlich und inhaltlich bekannten Wörtern angeglichen werden, um sie dem Sprecher/Schreiber verständlich zu machen. So wurde z. B. das althochdeutsche *mūwerf* (,Erdhaufen-Aufwerfer') zu *Maulwurf* umgeformt, das althochdeutsche Wort *sintfluot* (,große Flut') wurde später häufig fälschlich als *Sündflut* gedeutet, *Landsknecht* wurde vielfach auf *Lanze* bezogen, gehört aber zu *Land*. Wichtig ist es, dabei zu erkennen, daß es sich bei der Volksetymologie prototypischerweise nicht um ein Phänomen des *Bedeutungs*wandels, sondern des *Bezeichnungs*wandels handelt. Der Innsbrucker Sprachwissenschaftler Oswald Panagl (1982:21) formulierte es so: „Volksetymologie ist für das Erkenntnisinteresse des Sprachwissenschaftlers (…) ein Fenster zur psychologischen Realität sprachlicher Veränderungen."

Etymologische Erklärungsversuche sind teilweise hanebüchene Irrwege gegangen und haben zu viel blühendem Unsinn geführt. So belehrt uns ein Blick in Eduard Müllers „Etymologisches Wörterbuch der englischen Sprache" (1865–1879), daß man den vermeintlichen Ursprung des englischen Parteinamens *Whig* in den Anfangsbuchstaben der Wörter „*We hope in god*" zu erkennen glaubte. Doch auch die deutsche Sprachforschung stand solchen Meisterleistungen nicht nach: Matthias Höfers „Etymologisches Wörterbuch der in Oberdeutschland, vorzüglich aber in Österreich üblichen Mundart" (1815) erklärt das Wort *Pfaf* (‚Pfaffe') aus den Anfangsbuchstaben der Wörter *Pastor fidelis animarum fidelium* (‚gläubiger Hirt gläubiger Seelen'). Herman Schrader (1897) kommt das Verdienst zu, in seinem Werk „Scherz und Ernst in der Sprache" eine Fülle vergleichbarer Fälle „aufgedeckt" zu haben.

Die Beschäftigung mit derartigen Phänomenen hat eine lange Geschichte und ist in zahllosen sprachwissenschaftlichen und sprachdidaktischen Abhandlungen zu verfolgen.[6] Schon im Jahre 1890 beschrieb der Sprachwissenschaftler Heymann Steinthal in seiner „Geschichte der Sprachwissenschaft bei den Griechen und Römern" (Teil 1, S. 6f.) die Einflüsse des Sprachgefühls durch Verweis auf „Volksetymologien":

„Aus *Xantippe* habe ich *Zanktueffe*, aus *gastrisches Fieber* ein *garstiges Fieber* werden hoeren … so denkt es – gleichviel ob mit Recht oder Unrecht – bei *selig* an *Seele*, bei *radical* an *kahl* und verwandelt, um auch beim ersten Teil dieses Wortes etwas denken zu koennen, gleichviel was, das Ganze in *ratzenkahl*.… Bei *Leumund*, *Vormund* denkt man an *Mund*, obwohl beide nichts mit ihm und miteinander zu tun haben."

Erläuternd schrieb Anfang des letzten Jahrhunderts Martha Siber (1914:83ff.), Oberlehrerin an der Königlichen Elisabethschule in Berlin:

„Wenn sich die deutsche Sprache auch im großen und ganzen als ein organisch gewordenes Gebilde darstellt, so kommen doch bei der Aufnahme von Ausdrücken und bei der Ausgestaltung der Wörter eine Reihe von Bildungen vor, die mit dem lautgesetzlichen Entwicklungsgang der Sprache nicht übereinstimmen. Träger und Pfleger solcher Wörter ist das ungebildete Volk. Diese Bildungen beruhen auf Unkenntnis der Herkunft des Wortes, die entweder durch lautliche Umbildung verdunkelt oder bei Fremdwörtern von vornherein unverständlich ist. In beiden Fällen bemächtigt sich das Volk der Wortform und gleicht sie, um schon beim bloßen Klange eine begriffliche Vorstellung zu haben, irgendeinem formverwandten Ausdruck aus seiner Umgangssprache an. Dieser verwandte deutsche Ausdruck hat aber inhaltlich nur in vereinzelten Fällen einen Zusammenhang mit der zu bezeichnenden Sache; die Beziehung ist viel öfter eine rein formale, der lautliche Zusammenklang ein rein zufälliger ... Besonders reich an volksetymologischen Bildungen ist die Militärsprache. Die von der Autorin angeführten Beispiele entbehren nicht einer gewissen unfreiwilligen Komik: *Hüfthorn* bildet das Volk aus *Hifthorn*, weil die Bedeutung des Wortes *Hift* (‚Jagdruf‘) aus der Sprache geschwunden ist; anderseits kam dem Volk die Sitte zu Hilfe, daß das Horn am Gürtel um die Hüfte getragen wurde. ... Zwischen dem volksetymologischen Ausdruck *Felleisen* aus französisch *valise* (‚Ranzen‘) und der zu bezeichnenden Sache erscheint die innere Beziehung noch gezwungener. *Beckelhaube* (mittelhochdeutsch *beckenhûbe*) hat den Namen von der beckenähnlichen Gestalt des bezeichneten Gegenstandes. Dieser Ausdruck lag aber dem Volke ferner als der lautlich verwandte *picken* (‚stechen‘), und es bildet *Pickelhaube*. Ein volkstümliches Heilmittel, *Reitersalbe*, sogar *Offizierensalbe* genannt, ist umgebildet aus dem holländischen Wort *ruitzalf* (‚Salbe gegen Räude‘). In *Wehrgeld* sieht das Volk etwas zum Schutze Gezahltes, während in Wirklichkeit das ausgestorbene *wër* (lateinisch *vir*, ‚Mann‘) zugrunde liegt und der ursprüngliche Sinn innewohnt: ‚Geldbuße‘ für einen getöteten Mann. Vgl. *Werwolf*, d. h. ‚zum Wolf gewordener Mann‘.“

In seinem Werk „Die deutsche Gaunersprache und verwandte Geheim- und Berufssprachen“ (1919:118) nahm auch Louis Günther, Professor an der Universität Gießen, in zwei Fällen sogar unter Rekurs auf dieselben Beispiele, zu diesem Thema Stellung:

„Neben ... volksetymologischen Ausdrücken, die ... längst ihr ‚literarisches Bürgerrecht‘ bei uns erworben haben, finden sich aber noch zahlreiche andere, die im wesentlichen nur auf die alltägliche Redeweise des ‚gemeinen Mannes‘ beschränkt geblieben sind (und daher wohl – eigentlich pleonastisch – als *vulgäre Volksetymologien* den sogenannten *literarischen* gegenübergestellt zu werden pflegen). Gerade bei diesen Fällen tritt dann

14

stärker der Unterschied zutage, ob sich bei den Umdeutungen der Begriffe zugleich auch wirklich etwas dem eigentlichen Sinne des Wortes Entsprechendes denken läßt oder nicht. Gar nicht so übel ist es z. B., wenn das Volk sich den Namen *Xanthippe* für eine zänkische Ehefrau zu einer *Zanktippe* umgeformt oder aus dem *Vagabunden* einen *Fahrebunden* (gleichsam mit Bezug auf die ‚fahrenden Leute‘ der Landstraße) gemacht hat, wenn es von einer *Ölumination* statt *Illumination*, von dem *garstigen* statt *gastrischem* Fieber spricht oder dem *Melancholischen* als *maulhängolisch* bezeichnet. Dagegen fällt es mehr oder weniger in das Gebiet des ‚höheren Blödsinns‘, wenn man die *Influenza* zur *Infaulenzia* verdreht hat (als ob nur faule Leute von der Krankheit befallen würden) oder den *panischen* Schrecken zu einem *spanischen*, wenn aus den *Akkumulatorwagen* – in Berlin – ein *Anklamer Torwagen* geworden, und unsere Soldaten gar den hohen Orden ‚Pour le mérite‘ zu einer *Pulle mit Sprit* herabgewürdigt haben u. dgl. m.“

Auch klassische Dichter und Schriftsteller wußten um das Problem der Volksetymologie und haben sich trefflich dazu geäußert. Ganz besonders der Dichter und Orientalist Friedrich Rückert (1788–1866) und Johann Wolfgang von Goethe (1749–1832) waren in ihren Werken bestrebt, den ursprünglichen Sinn der Worte wieder aufzudecken. Sie gingen dabei unterschiedliche Wege, nicht immer wissenschaftlich, aber durchaus lesens- und immer bedenkenswert.

Rückert spekulierte über Wortsippen und Einzelwörter, stets entsprechend seiner Äußerung „Wenn du einen Ausdruck willst beleben, mußt auf Wortes Ursprung Achtung geben.“ So sagte er einmal: „*Verstand* ist von *verstehn*, *Vernunft* ist von *vernehmen*, die beiden brauchen sich nicht ihres Stamms zu schämen“ oder „*Hören* kennst du, kennst du auch *gehören*? Und *aufhören* auch gehört dazu!“ oder: „Die *Höflichkeit*, o Sohn, ist von dem *Hof* benannt“; ein andernmal formulierte er: „Nur wer in dieser *Burg* sich *barg*, der ist *geborgen*“; ferner:

„Was ist ein *Sinnbild*? Was der schöne Name meint, ein *Sinn* mit einem *Bild* aufs innigste vereint, ein tiefer *Sinn*, der in ein schönes *Bild* sich senkt, ein schönes *Bild*, bei dem ein tiefer *Sinn* sich denkt: schön ist das *Bild* und klar, tief sei der *Sinn* und wahr, und miteinander eins, untrennbar sei das Paar.“

Goethe sagt in der Besprechung der Gedichte von Johann Heinrich Voß (1751–1826): „Die Pflicht des Schriftstellers ist es, auf die Abstammung der Worte zu merken. Die Ableitung führt ihn auf das Bedeutende des Wortes, und so stellt er manches Gehaltvolle wieder her und führt ein Mißbrauchtes in den vorigen Stand." Und in dem Gedichte „Etymologie", dessen Worte er dem Mephistopheles in den Mund gelegt hat, sagt er:

„Die Sprache bleibt ein reiner Himmelshauch, empfunden nur von stillen Erdensöhnen; fest liegt der Grund, bequem ist der Gebrauch, und wo man *wohnt*, da muß man sich *gewöhnen*. Wer fühlend spricht, beschwätzt nur sich allein! Wie anders, wenn die Glocke *Bimbam bammelt*, drängt alles zur Versammlung sich hinein. Von *Können* kommt die *Kunst*, die *Schönheit* kommt vom *Schein*. Und was ein Volk zusammen sich gestammelt, muß ewiges Gesetz für Herz und Seele sein."

Zwar irrt Goethe hier, wenn er *Schönheit* von *Schein* ableitet, richtig gibt der Dichter jedoch die Herkunft der Worte *Kunst* und *gewöhnen* an. Auch an anderen Stellen seines Werkes versteht er es, einzelnen Begriffen ihren ursprünglichen Sinn zurückzugeben: Im „Götz von Berlichingen" heißt es: „Ein Prophet gilt nichts in seinem Vaterlande, weil bei einer näheren Bekanntschaft mit den Herren der *Nimbus* der Ehrwürdigkeit und Heiligkeit dahinschwindet, den uns eine *neblichte* Ferne um sie herumlügt: und dann sind sie ganz kleine Stümpfchen Unschlitt." Hier erklärt Goethe das Wort *Nimbus* (‚Lichthof um den Kopf eines Heiligen') durch den Vergleich mit dem Lichthof einer Laterne. Im „Egmont" fragt er: „Hast du nie einen Stern sich *schneuzen* gesehen?" und deutet damit das Wort *Sternschnuppe*. In „Hermann und Dorothea" wird *Bildung* im Sinne von ‚Gestalt' gebraucht: „Die liebenden Eltern erstaunten über die *Bildung* der Braut, des Bräutigams *Bildung* vergleichbar."

Gudrun Schury (1997:188 ff.) kommt das Verdienst zu, in ihrem „Goethe-ABC" unter dem Stichwort „volksetümologisch" auf die bemerkenswerten Erlebnisse Goethes mit seinem eigenen Textkorpus zu verweisen. In einer „Miss Celle" [lies: Miszelle] des 1820er Jahrgangs seiner Zeitschrift „Über Kunst und Alterthum" subsumierte der Dichter nämlich einige solcher Volksetymologien unter den Titel „Hör-, Schreib- und Druckfehler" (WA 1, 41.1, 183 ff.) und bemerkte unter spezifischem Bezug auf die Hörfehler seines schreibenden Sekretärs:

„Hiervon kann ich aus eigener Erfahrung die wunderbarsten Beispiele anführen: denn da ich, von jeher an das Dictiren gewöhnt, oft auch ungebildeten oder wenigstens zu einem gewissen Fache nicht gerade gebildeten Personen dictirt, so ist mir daraus ein besonderes Übel zugewachsen. Vorzüglich geschah es, wenn ich über wissenschaftliche Gegenstände, denen ich nur Zwischenstunden widmen konnte, Blätter, ja Hefte dictirte, solche aber nicht sogleich durchsehen konnte. Wenn ich sie nun aber nach Jahren wieder vor die Hand nehme, so muß ich die wunderlichsten und unverständlichsten Stellen darin entdecken. Um ein solches Abracadabra zu entziffern, lese ich mir die Abhandlung laut vor, durchdringe mich von ihrem Sinn und spreche das unverständliche Wort so lange aus, bis im Fluß der Rede das rechte sich ergibt."

Es folgen die wunderlichen und unverständlichen Stellen, die falsch verstandene Laute zu eingängigen Begriffen umformten. Aus den mineralischen *Pyriten* machte der Schreiber *Beritten*, aus dem Engländer *John Hunter* ein *schon hundert; das Ideellste* hatte richtig heißen sollen *daß sie die älteste*, aus der *Löwengrube* wurde eine *Lehmgrube*, aus der *Kirchenseite* eine *Küchenseite*, aus dem *Tugendfreund* wurde ein *Kuchenfreund*.

Auf falsch verstandene Fremdwörter verwies Goethe unter der Rubrik „Verwandlung französischer Worte im Ohr und Sinn der deutschen Menge" und belegte sie mit zwei Beispielen: *Recruten* war als *Rückruthen, renoviren* als *reine führen* im Deutschen gelandet.

In allen Fällen begegnet uns hier aufgrund von Hörfehlern blühender Unsinn, zumeist in Form von Trivialisierungen. Freilich gibt es – worauf Gudrun Schury zu Recht verweist – auch dasselbe Phänomen mit umgekehrtem Vorzeichen: so bei Goethes Freund in Rom, Karl Philipp Moritz (1757–1793), in dessen Roman „Anton Reiser" sein Protagonist den Kirchenliedbeginn *Hüll o schöne Sonne* stets als ein arkanes *Hylo schöne Sonne* begreift.

Als Ursache für das Umformen falsch verstandener Sprachelemente hatte Goethe zwei Erklärungen parat; zum einen sagt er:

„Niemand hört als was er weiß, niemand vernimmt als was er empfinden, imaginiren und denken kann. Wer keine Schulstudien hat, kommt in den Fall, alle lateinischen und griechischen Ausdrücke in bekannte deutsche umzusetzen; dieses geschieht ebenmäßig mit Worten aus fremden Sprachen, deren Aussprache dem Schreibenden unbekannt ist."

Andererseits räumt der Dichter ein: „An den Hörfehlern aber ist der Dictirende gar oft selbst Schuld."

Nun wissen wir es also: Der Ausdruck *Volksetymologie* darf nicht abwertend verstanden werden, denn nicht allein Hör- und

Schreibfehler können eine Ursache für volksetymologische Fehlentwicklungen sein, sondern ebenso das unverständliche Gebrabbel schlecht diktierender Autoren. Dies gilt allerdings nicht nur für Sprachentwicklungen in vergangenen Jahrhunderten, sondern auch für modernere Epochen, mögen sich auch die Schreibmittel geändert haben, vom Federkiel über die Schreibmaschine bis zum Computer. Dabei müssen die Fehler nicht immer gleich so fatal ausfallen wie im Gedicht „O unberachenbere Schreibmischane" von Josef Guggenmoos (1967:17):

> O unberachenbere Schreibmischane,
> was bist du für ein winderluches Tier?
>
> Du tauschst die Bachstuben günz nach Vergnagen
> und schröbst so scheinen Unsinn aufs Papier!
>
> Du tappst die falschen Tisten, luber Bieb!
> O sige mar, was kann da ich dafür?

Vier Worte noch zur Auswahl der in diesem Buch zusammengeführten Sprachbeispiele. Erstens: Ich habe mich, wie schon erwähnt, nicht nur auf Wörter und Wendungen beschränkt, die auf (volks)etymologischen Mißverständnissen beruhen, sondern auch solche behandelt, die sachlichen Fehldeutungen entspringen, sowie solche, die nur auf den ersten Blick unsinnig erscheinen, letztlich aber doch eine überraschende Erklärung finden. Zweitens: Sicherlich hätte mancher Eintrag unter verschiedenen Gesichtspunkten mehreren der hier aufgeführten Kapitel zugeordnet werden können. Drittens: Wichtig ist, daß alle Belege nur exemplarischer Natur sind, weil es natürlich noch viel mehr gibt als die von mir genannten. Viertens: Ich habe mich zweier interessanter und sympathischer Referenzgruppen bedient; Studentinnen und Studenten aus meinen Lehrveranstaltungen am „Institut für Anglistik und Amerikanistik" der Universität Hamburg sowie Mitarbeiterinnen und Mitarbeiter des Verlags C.H.Beck haben für mich diejenigen Wörter ausgewählt, deren Erläuterungen ihnen besonders am Herzen lagen. Bei *einem* vorgeschlagenen Wort bin ich allerdings in der deutschsprachigen Fachliteratur in einen gewissen Erklärungsnotstand geraten; für die mir als deutungsbedürftig genannte *Missionarsstellung* nehme ich mir daher als Anglist das Recht, an dieser Stelle eine kulturhistorisch interessante englischsprachige Herleitung aus Graeme Donalds „The Dictionary of Modern Phrase" (London 1994, p. 231) zu präsentieren, die sich der männliche oder weibliche *Witzbold* (vgl. hierzu S. 178), von dem diese Anregung stammt, selbst übersetzen möge:

„*Missionary Position*: Known in Shakespeare's time as ‚making the beast with two backs', this arose in the heyday of the nineteenth century missionary operation in the South Sea islands and the like. It is unclear whether these interlopers found the native's healthy approach to enthusiastic sex disturbing and recommended a less enjoyable, and therefore more godly, position, or, and doubtless this is the more likely, that the missionaries themselves were not averse to a bit of ungodly activity but always assumed the aforementioned position."

Auch das „Wordsworth Dictionary of Sex", das 1994 von Robert Goldenson und Kenneth Anderson herausgegeben wurde, konstatiert auf S. 156, daß die *figura veneris prima* von Missionaren in Polynesien gutgeheißen wurde, obwohl ebendiese *Missionarsstellung* von den Polynesiern selbst als wenig attraktiv empfunden worden sein soll.

Ich komme, nun wieder auf gut deutsch, zum vorläufigen Fazit, liebe Leser. Kurt Tucholsky hat einmal folgenden Wunsch geäußert: „Ungeschriebene Sprache des Alltags! Schriebe sie doch mal einer! Genau so, wie sie gesprochen wird: ohne Verkürzung, ohne Beschönigung, ohne Schminke und Puder, nicht zurechtgemacht! Man sollte mitstenographieren!" Im Blick auf all die genannten Ungereimtheiten in sprachlichen Entwicklungen, ihre vielfältigen Aus- und Umdeutungen habe ich natürlich nichts mitstenographiert, sondern mir bei der Präsentation linguistischer Daten aus unterschiedlichen Zeitepochen und bewußt variierenden Textsorten letztlich nur ein bescheidenes Ziel gesetzt: Wer dieses Buch zur Hand nimmt, soll dazu angeregt werden, sich gelegentlich erstaunt und neugierig zu fragen: „Was reden wir uns eigentlich den ganzen Tag zusammen, wenn wir so reden, wie wir reden?"

Hamburg, im August 2001   Christoph Gutknecht

Nicht alles Unverständliche ist unsinnig,
nicht alles Verständliche sinnvoll.
Nicht jeder Sinn ist gescheit,
nicht jeder Unsinn töricht;
Umgekehrt kann manches Kluge sinnlos
und manches Dumme sinnvoll sein

Walter Blumenfeld,
Sinn und Unsinn (1933)

1 Wo nur Zahlen zählen,
führt der Buchstabe nicht das Wort

In diesem Kapitel behandele ich Beispiele, die ausdrücklich mit Buchstaben, Zahlen und Zeitangaben zu tun haben. Dabei versuche ich, falschen etymologischen Herleitungen *ein P vorzusetzen*, den Leserinnen und Lesern (ob sie nun zu den *oberen Zehntausend* zählen oder nicht) kein *X für ein U vorzumachen* und auf *Null-acht-fünfzehn*-Erläuterungen zu verzichten.

A: das ~ und O von etwas sein

„*Das A und O* von einer Sache ist wichtiger als ihr ABC", schreibt Wolfgang Funke (1990:122) und führt uns damit auf die heute geläufige Verwendung dieser Redensart mit ihrer Bedeutung: ‚die Hauptsache, das Wesentliche von etwas darstellen'. Wieso kommt gerade *das A und O* zu dieser semantischen Ehre und nicht etwa *das A und Z*, zumal wir doch beispielsweise den Ausspruch kennen, eine Sache sei *von A bis Z erlogen*? Ist die Wendung nicht eigentlich unsinnig? Viele kennen die erste Strophe des Weihnachtslieds „In dulci jubilo":

> In dulci jubilo,
> Nun singet und seid froh!
> Unsers Herzens Wonne
> Leit in praesepio,
> Und leuchtet als die Sonne
> Matris in gremio,
> *Alpha es et O, Alpha es et O!*

Die letzte Zeile führt uns zur Lösung des Problems, denn es hängt u.a. mit dem griechischen Alphabet zusammen. In Heinrich Heines „Lutezia" (1854), einer Zusammenfassung seiner politischen Berichte für die Augsburger „Allgemeine Zeitung", findet sich übrigens interessanterweise noch der Satz: „Das *Alpha und Omega* aller Spontinischen Beklagnisse ist Meyerbeer."

Wie zahllose andere hat auch die Redensart *das A und O von etwas sein* ihren Ursprung in einer Bibelstelle: Offb 1,8: „Ich bin *das Alpha und das Omega,* spricht Gott, der Herr, der ist und der war und der kommt, der Herrscher über die ganze Schöpfung." Heribert Steger (1998:9) gibt uns dazu diesen verdeutlichenden Kommentar:

„Im Griechischen ist *Alpha* der erste und *Omega* der letzte Buchstabe des Alphabets. Schon beim Propheten Jesaja im Alten Testament wird Gott als der ‚Erste und Letzte' bezeichnet (Jes 44,6; 48,12). In der Apokalypse des Neuen Testaments stellt sich Jesus Christus in einer himmlischen Vision dem Evangelisten Johannes als der ‚Erste und Letzte' vor (Offb 1,17). Das Alpha und das Omega neben dem Kreuz und der Jahreszahl auf der Osterkerze sind daher für die Kirche Symbole für Jesus Christus, der als Logos (Wort, Grundprinzip der Liebe) im Anfang bei Gott war und der als Weltenrichter am Jüngsten Tag wiederkommen wird. Nach Teilhard de Chardin ist Jesus Christus sogar der Endpunkt der Entwicklung des ganzen Kosmos. Wenn Gott auch heute noch *das A und O*, das Wichtigste und Wesentlichste des menschlichen Lebens sein will, kann er nach Paul Tillich als die letzte Wirklichkeit definiert werden, die uns unbedingt angeht und uns im tiefsten berührt."

Ergänzend sei auf Eduard Stemplingers Hinweis (1933:13f.) verwiesen:

„Seit dem 3. Jahrhundert erscheint Alpha und Omega (A + Ω) auch in der christlichen Kunst auf Grabinschriften, Sarkophagen, an Kreuzen, auf Münzen seit Konstantin, im Mittelalter auch auf Hostien, Glocken und Kerzen, ist auch in Zauberformeln oft nachzuweisen."

Der unserem heutigen Alphabet folgende, relativ moderne idiomatische Ausdruck *von A bis Z* bedeutet ‚ohne Ausnahme', ‚vollständig'. *A* steht dabei auch hier für den ersten Buchstaben des Alphabets oder eines alphabetisch geordneten Werkes, *Z* für den letzten; zur Erklärung der Wendung *bis zum TZ* vgl. S. 38.

Auch die Wendung *Wer A sagt, muß auch B sagen* folgt natürlich dem Aufsagen des Alphabets, das mit *A* beginnt und mit *B* fortgesetzt wird; hier schleicht sich allerdings in manchen Kontexten eine nicht unerhebliche Bedeutungsnuance ein: ‚wer den ersten Schritt tut, muß auch den zweiten tun – und dabei unter Umständen auch unangenehme Folgen in Kauf nehmen'. Diese Wendung, die übrigens auch in allen skandinavischen Sprachen und selbst im Rätoromanischen bekannt ist, tauchte in Deutschland erstmals 1640 in Christoph Lehmans Sammlung „Politischer Blumengarten (florilegium politicum)" auf.

Abc-Schütze

Diese merkwürdige und – besonders was den zweiten Teil des Wortes betrifft – im Grunde unsinnig erscheinende Bezeichnung für einen ‚Schulanfänger' ist schon in der 2. Hälfte des 16. Jahrhunderts belegt. Damals berichtete man (in einer Verkleinerungsform) von einem *jung a. b. c. schützigen.* Das Wort ist eine Zusammensetzung aus *Abc* (für ‚Fibel') und dem schülersprachlichen Ausdruck *Schütze,* das mit der Bedeutung ‚Anfänger, junger Schüler' eine Bedeutungsentlehnung aus dem lateinischen Wort *tiro* (‚Rekrut, Anfänger, Neuling') ist, wobei wohl erst der unsinnige etymologische Anschluß an das französische Verb *tirer* und das italienische Verb *tirare* – mit deren jeweiliger Bedeutung ‚schießen, abfeuern' – zur Wahl der Übersetzung *Schütze* geführt hat.

Amüsant ist der Erklärungsversuch, den Hubert Göbels in seinem Buch „Zauberformel ABC" (1988:154) im Zusammenhang mit einem um 1900 erschienenen Tierbilderbuch („Der kleine A-B-C-Schütz") anführt:

„*Abcschütz* ist eine noch heute sehr übliche scherzhafte Benennung der Schulneulinge; sie findet sich schriftlich fixiert bei Stieler (‚Der Teutschen Sprache Stammbaum u. Fortwachs', Nürnberg 1691) u. verdankte den Bacchanten ihre Entstehung. Diese *fahrenden Schüler* des 15./17. Jahrh., die Unterhalt und Unterricht suchend umherschweiften, führten regelmäßig kleine Knaben mit sich, vorgeblich, um sie zu unterrichten od. in guten Stadtschulen unterzubringen, in Wahrheit aber, um sich durch deren Singen, Betteln u. Stehlen erhalten zu lassen. Im besondern wurden diese Ärmsten von ihren jungen Gebietern beauftragt, Gänse zu *schießen,* d. h. durch Steinwürfe flügellahm zu machen und dann zu fangen … Nach andrer Auffassung wurde das Stehlen der Abcschützen auch ohne Bezugnahme auf das Gänse-*Schießen* im Gegensatze zum gemeinen Diebstahl allgemein *Schießen* genannt. Und so wurden im 15./16. Jahrh. die jüngeren Schüler durchweg als *Schützen* bezeichnet."

dezimieren

Wir alle wissen, daß ‚zehn‘ die Bedeutung von *decem* ist, daß ‚der Zehnte‘ im Lateinischen *decimus* heißt. Entsprechend bedeutete *decimare*: ‚jeden zehnten Mann töten‘. Auch im Deutschen wurde das Wort *dezimieren* zunächst in diesem Sinne verwendet, vorwiegend, so Kluge ([23]1995:176), in Schilderungen römischer Kriegsbräuche: „Bei der *decimatio*, der Strafe für Meuterei,

wurde durch Losentscheid jeder zehnte Mann zum Tode ver-
urteilt, während die übrigen Meuterer mit Kürzungen der Ratio-
nen davonkamen." Nur langsam löste sich das deutsche Wort
vom römischen Hintergrund; das ursprüngliche Benennungsmotiv ging verloren, und es kam zu einer Verallgemeinerung
der Bedeutung. Etwa seit dem 18. Jahrhundert versteht man unter *dezimieren*: ‚Verluste beibringen; in seinem Bestand vermin-
dern'.

F: Nach Schema ~

In der Werbebroschüre einer Firma, die Ratschläge zur Lösung
von Inkassoproblemen gab, las ich kürzlich: „Wir sehen uns Ihre
säumigen Schuldner genau an und bearbeiten sie nicht *nach Schema F*, sondern nach einer individuellen, erfahrungsgestützten
Strategie. Das zeitigt Erfolg!"

Was bedeutet in diesem Zusammenhang und in anderen Kontexten eigentlich *nach Schema F*, und wie ist es zu diesem Ausdruck gekommen, der bereits seit dem Ende des 19. Jahrhunderts
belegt ist? Die erste Frage ist relativ leicht zu beantworten, wenngleich es eine erhebliche Variationsbreite an Bedeutungsschattie-
rungen gibt. *Nach Schema F* kann heißen: ‚nach starrer Form',
‚nach gleichem Muster', ‚ohne Nachdenken', ‚unpersönlich', ‚förm-
lich', ‚mechanisch'.

Otto Ladendorfs „Historisches Schlagwörterbuch" (1906:278)
bietet diese Erläuterung:

„*Schema F* als Schlagwort bureaukratischer Schablonisierung scheint seit
den neunziger Jahren des 19. Jahrhunderts üblich geworden zu sein. So
läßt Wolzogen in seinem 1892 geschriebenen Romane ‚Die Entgleisten'
S. 70 f. das Titelstichwort folgendermaßen erklären: ‚Ich denke mir dar-
unter überhaupt alle die verfehlten Existenzen, die da immer massenhafter
werden, je accurater unser ganzes Staats- und Gesellschaftsleben regle-
mentiert, auf *Schema F* zugeschnitten wird.'"

Ladendorf verweist auch noch darauf, daß das *Schema F* auch von
der Freiin Frieda von Bülow in ihrem Roman „Tropenkoller" auf
S. 158 erwähnt worden sei, sagt aber leider nichts zum Ursprung
des Ausdrucks.

Das sei hiermit nachgeholt: Der Ausdruck ist hergeleitet von
den seit 1861 beim deutschen Militär vorgeschriebenen *Frontrap-*

porten, in denen Berichte über den Bestandsnachweis der vollen Kriegsstärke festgehalten wurden und die stets nach dem gleichen, keine besonderen Umstände berücksichtigenden *Schema F[front-rapport]* abgefaßt wurden. Klaus Müller (1994:517) gibt diese ergänzende Einschätzung:

„Mit dem Aufbau des preußischen Beamtenapparates kamen die Bürger mehr und mehr in Kontakt mit derartigen unsensiblen Verwaltungsakten, so daß sich die heutige abwertende Komponente der Redensart erklärt."

Effeff: etwas aus dem ~ verstehen (können/beherrschen)

Wer die Wendung *aus dem Effeff*, z.B. als fremdsprachiger Deutschlernender, zum erstenmal hört, kommt sicherlich ins Grübeln, denn der Ausdruck scheint auch bei näherem Nachdenken wenig Sinn zu machen. Den Weg zu einer Erklärung weist auch nicht der blühende Unsinn, *FF* als scherzhafte Abkürzung für ‚Viel Vergnügen!' zu verwenden oder gar zu deuten.

Für den muttersprachlichen Sprecher ist klar, welche Bedeutung dieser Ausdruck hat: ‚sich sehr gut auf etwas verstehen', ‚etwas gründlich können'. Bezüglich der Herkunft des Ausdrucks gibt es mehrere Deutungsmöglichkeiten.

Es wird die Ansicht vertreten – z.B. von Alfred Schirmer in seinem „Wörterbuch der deutschen Kaufmannssprache auf geschichtlichen Grundlagen" (1911) –, daß man in der Kaufmannssprache seit dem 17. Jahrhundert die Waren mit *f*, d.h. ‚fino' = ‚fein', und mit *ff*, d.h. ‚finissimo' = ‚sehr fein', gekennzeichnet hat. In diesem Sinne hat offenbar der schweizerische Volksdichter Jeremias Gotthelf (1797–1854) die Redensart verwendet, als er sagte, „daß die Leute Preise stellten *aus dem FF*".

Constantin von Wurzbach (²1866:100) hatte allerdings zu dieser Interpretation schon Mitte des 19. Jahrhunderts folgendes zu bedenken gegeben:

„Jedermann kennt ja die Bezeichnung der Kaufmanns-Waaren als *fein*, *feiner* und *sehr fein*, was durch die Buchstabenzahl *F* oder *FF* oder *FFF* ausgedrückt wird. *FF* ist weiter nichts als der Comparativ einer Qualität, die man eben an der Waare sucht. Diese Deutung hätte jedenfalls Vieles für sich und wäre sogleich anzunehmen, wenn man nachweisen könnte, wie alt die Redensart *aus dem FF* ist, die für den ersten Anblick jedenfalls älter erscheint als die sehr moderne merkantile Bezeichnung des *F*, *FF* und *FFF* für feine, feinere und feinste Waare."

Von Wurzbach nennt (ibid.) neben weiteren u.a. auch diese Deutung:

„aus der italienischen Beamtenwelt: … Die Magistratsbeamten der alten italienischen Städte pflegten nämlich auf den eingereichten Bittschriften, wenn sie diese für die Gewährung geeignet fanden, vorläufig ein *F* zu setzen, womit sie sagen wollten, *fiat*, d.i. ,es geschehe'. Ging dann das Gesuch mit Acclamation durch, so bezeichnete man auf demselben die Bestätigung mit einem *doppelten F*, d.h. *fiat fiat*, ,es geschehe ohne Weiteres'. Das nannten die Italiener *Biseffe*."

Eine andere Anregung von Wurzbachs wird auch von Herman Schrader (1886:304) übernommen: die Deutung des *FF* als …

„… Abkürzung der Pandekten (der Sammlung von Rechtssprüchen, welche 530 unter Justinian gesetzliche Kraft erhielten) … Pandekten, d.h. das Allumfassende. Die Glossatoren oder Rechtslehrer des 12. und 13. Jahrhunderts bezeichneten bei Citaten die Pandekten mit dem Anfangsbuchstaben P, griechisch π. Bei schnellem Schreiben oder auch von unwissenden Abschreibern wurde das Dach des π in die Mitte gesetzt und bekam so das Aussehen ff. Oder das mit einem Querstrich versehene D, d.i. Digesta, soll in solcher Weise in ein ff verwandelt [worden] sein. (Digesta = die von Justinian veranstaltete und nach Büchern, Titeln und Paragraphen abgetheilte größere Sammlung von Bruchstücken aus den Schriften älterer römischer Rechtsgelehrten, auch Pandekten genannt).
  Da nun die Digesta eine Hauptquelle des römischen Rechts waren und was aus ihnen bewiesen werden konnte, für recht und gültig galt, so wäre alles *aus dem ff* fest, wohlbegründet, sicher."

Lutz Röhrich (²1995:351f.) bevorzugt die letztgenannte Erklärungsvariante, nennt aber auch eine weitere, die beispielsweise von Herman Schrader favorisiert wird: In der Terminologie der Musik bedeutet *f* = ,forte', d.h. ,laut', *ff* = ,fortissimo', d.h. ,sehr laut'. „Dieser so sehr bekannte Ausdruck", so Schrader (ibid.), „konnte leicht auch in nicht musikalische Kreise übergehen und auch da angewandt werden, wo nichts weniger als musikalische Töne erzeugt werden, z.B. *eine Ohrfeige aus dem ff*." Ein Anklang daran findet sich offenbar in der schwäbischen Redensart *Man wird's dir aus dem ff geigen*; es gibt ja durchaus eine Reihe italienischer Ausdrücke in deutschen Redensarten (z. B. *in petto haben, Fiasko machen* usw.).

Röhrich verweist außerdem auf den mundartlichen Gebrauch: *jemanden aus dem Effeff verhauen* (‚jemanden tüchtig verdreschen‘) oder *Prügel aus dem Effeff.* Im Elsässischen sagt man über einen Pfiffikus: *Dies ist einer aus dem FF*; makaber ist der schwäbische Dysphemismus *Er pfeift aus dem FF* für ‚er wird bald sterben‘.

Elle: mit gleicher ~ messen

Der Barockdichter Hans Aßmann Freiherr von Abschatz (1646–1699) prägte den Satz: „Man mißt den Mann nicht *mit der Elle* aus,/Oft hat ein großer Geist ein kleines Haus."

In einem Bericht der NZZ vom 2. Februar 2000, der sich mit „Personalbeurteilungen auf dem gleichstellungspolitischen Prüfstand" befaßte, waren folgende Sätze zu lesen:

„Eine Frage, die in diesem Zusammenhang bis anhin kaum untersucht worden ist, ist jene nach der Geschlechterdiskriminierung bei der betrieblichen Personalbeurteilung. Werden Frauen *mit gleicher Elle gemessen* wie Männer?"

Und in einer Laudatio der Thüringer Landtagspräsidentin Christine Lieberknecht am 14. Februar 2000 hieß es:

„*Mit gleicher Elle* die Tauglichkeit von Einrichtungen und Ideen *zu prüfen* und dann gemeinsam nach vorne zu blicken ist auch das Rezept, das Sie uns Deutschen ans Herz legen, um Mißverständnisse zwischen Ost und West abzubauen."

Die Kontexte verdeutlichen die Bedeutung: *mit gleicher Elle messen* heißt: ‚unparteiisch sein‘. Heute erkennt nur noch der Bibelkundige, daß die Redewendung aus den Belehrungen des Moses stammt, in denen er die Israeliten vor dem Betrug mit Maßen und Gewichten warnt. Die entsprechende Bibelstelle (Lev 19,35) lautet: „Ihr sollt nicht unrecht handeln im Gericht, *mit der Elle*, mit Gewicht, mit Maß."

Mit *Elle* wurde nämlich früher sowohl ein Längenmaß (vom Ellbogen bis zu den Fingerspitzen) als auch der als Meßgerät verwendete Stab in dieser Länge bezeichnet.

fünf: ~(e) *gerade (auch:* eine gerade Zahl) *sein lassen*

„Wer fünfe gerade sein lassen kann, ist zwar ein guter Richter, aber nur ein mittelmäßiger Mathematiker." Dieser Spruch, den Werner Mitsch (1988:17) vom Stapel gelassen hat, führt uns zur Bedeutung (‚es nicht so genau nehmen') dieser Redewendung, die sehr geläufig ist – in der heutigen Alltagssprache ebenso wie bei älteren Schriftstellern. In Ludwig Tiecks (1773–1853) histori-schem Schauspiel „Die verkehrte Welt" sagt Pantalon: „Da muß man schon die Augen zudrücken und *fünfe gerade sein lassen,* denn das steht nicht zu ändern." In Tiecks Kindermärchen „Der gestiefelte Kater" meint der König: „Ach so! Ja freilich, den Damen und den Dramen tut man manches zu Gefallen und muß oft *Fünfe gerade sein lassen.*" Bei Jeremias Gotthelf (1797–1854) lesen wir in dessen Geschichte „Die Käserei in der Vehfreude":

„Der Senn halte die Geschirre sauber, salze fleißig, sei bei der Sache, lie-fere das Hüttengeld nach Vorschrift ab, aber ob alles, das wüßten sie nicht. Es sei da bös nachzusehen: man könne nicht jemanden haben, der da verkaufe und das Geld fasse. Darüber werde an allen Orten ge-klagt, aber abhelfen könne man kaum, man müsse da *Fünfe gerade sein lassen.*"

Bei der Erklärung dieser Redewendung tun sich die meisten Etymologen schwer. Vernünftig scheint der Versuch Ludwig Göhrings (1937:61), sie in die Nähe einer anderen Wendung zu stellen:

„*Durch die Finger sehen.* Es müßte eigentlich heißen: zwischen den Fin-gern der – leichtgespreizten – Hand hindurchsehen. Man hält die Hand vor die Augen, als wollte man nichts bemerken, was rügenswert wäre, spreizt aber die Finger leicht auseinander und sieht auf diese Art doch alles. Man ist nicht blind für Fehler und Nachlässigkeiten, aber ‚nachsich-tig'. Ähnliches besagt die Redensart *alle Fünfe grad' sein lassen* – [gemeint sind] nämlich die fünf Finger der Hand. Man weiß recht gut, daß fünf eine ungerade Zahl ist, erhebt jedoch keinen Einspruch, wenn jemand sagt, fünf wäre eine gerade."

Im sächsischen Dialekt gibt es sogar die Wendung *Das is mir fim-fe,* um auszudrücken: ‚das ist mir völlig einerlei'.

Fünfte: die ~ Kolonne

Mit dieser Bezeichnung können viele Sprachbenutzer überhaupt nichts anfangen. Richard Zoozmann ([12]1984:164) verweist auf ihren historischen Kern, ohne dessen Kenntnis sie nicht verständlich wäre:

„Im spanischen Bürgerkrieg bezeichnete damit General Emilio Mola 1938 die heimlichen Anhänger Francos in dem noch von den Republikanern besetzten Madrid. Seitdem wird der Ausdruck für Helfershelfer des Feindes im eigenen Land gebraucht."

Die „Brockhaus-Enzyklopädie" (Bd. 27, [20]1999:241) präzisiert:

„Der amerikanische Schriftsteller Ernest Hemingway, der sich im spanischen Bürgerkrieg auf der Seite der Republikaner engagierte, gab einem (1938 erschienenen) Theaterstück den Titel *The fifth column*. Später wurden dann faschistische Gruppen in westeuropäischen Ländern als fünfte Kolonne des nationalsozialistischen Deutschland, noch später die kommunistischen Parteien als fünfte Kolonne der Sowjetunion bezeichnet."

Hundertsten: vom ~ ins Tausendste kommen

In Walter Jens' Roman „Der Mann, der nicht alt werden wollte" heißt es: „(...) wir kamen *vom Hundertsten ins Tausendste*, und als wir uns nach zwei Stunden trennten, hatten wir den Anlaß unseres Gesprächs ... vergessen" (1963:83).

Diese Redewendung ist außerordentlich verbreitet und taucht bei allen möglichen Gelegenheiten auf. In einem Fernsehinterview hörte ich kürzlich folgende Äußerung:

„Wir werden darüber bestimmt im Laufe der Zeit noch genauer sprechen müssen, nur will ich jetzt nicht schon wieder *vom Hundertsten ins Tausendste kommen*. Jetzt möchte ich nur deutlich machen, daß auch meine Suche nach den nichtalltäglichen Wirklichkeitsebenen in allererster Linie künstlerische Gründe hat."

Einem Heft mit Hinweisen für ein erfolgreiches Studium entnahm ich diese beiden Tips:

„Einer der größten und zeitaufwendigsten Fehler, den Sie machen können, ist der, daß Sie ohne weitere Fragen über zehn Stunden inhaltliche Arbeit in Ihr Thema investieren, dabei *vom Hundertsten ins Tausendste kommen* und sehr schnell den Blick dafür verlieren, was an Ihrem Thema eigentlich für Ihr Referat wichtig sein könnte und was nicht ... Was sind die Probleme bei Team- und Gruppenarbeit? Keine klaren Ziele haben, nicht auf den Punkt kommen, zuviel reden, vom *Hundertsten ins Tausendste kommen*, gar nichts sagen, kein Ergebnis erreichen …"

Und in einer Werbeanzeige las ich:

„*Vom Hundertsten ins Tausendste kommen* ist ein Idiom mit negativen Konnotaten. Abstrahiert man diese, bedeutet das Idiom, ,dem freien Fluß der Gedanken zu folgen, ohne sich rationalen oder formallogischen Beschränkungen zu unterwerfen'. Hypertext unterstützt diese Art zu denken."

Man kann für das Idiom auch einfache Umschreibungen wählen: ,nicht bei einer Sache bleiben, immer wieder den Faden verlieren und von einem Punkt zum anderen springen' – seine Erklärung ist schon etwas komplizierter. „Wer *vom Hundertsten ins Tausendste* kommt, gerät in den Verdacht, ungenügend auf Nullen zu achten" – das schrieb Jupp Müller (1981:84), doch diese Belehrung ist wohl zu knapp. Hilfreicher ist ein Blick in die „Brockhaus-Enzyklopädie" (Bd. 27, [20]1999:732):

„Ursprünglich lautete die Wendung *das Hundert ins Tausend werfen* und bezog sich auf die bis ins 17. Jahrhundert viel benutzten Rechenbänke. Beim Rechnen auf diesen Rechenbänken konnte es beim Auflegen der Marken (Rechenpfennige) passieren, daß jemand auf 100 gleich 1000 folgen ließ, also 200, 300, 400 usw. übersprang. Die Wendung bezog sich also ursprünglich auf einen Fehler beim Rechnen und wurde dann im Sinne von ,alles durcheinanderbringen, ohne Sinn und Verstand drauflosreden' gebraucht. Als die Rechenbänke außer Gebrauch kamen, verblaßte die Beziehung, und mit der Wendung verband sich die Vorstellung, daß es sich um hundert und tausend Dinge handelte, auf die man im Gespräch zu sprechen kam. Im heutigen Gebrauch bedeutet die Redewendung ,immer mehr vom eigentlichen Thema abkommen'…"

Das gleiche Werk paraphrasiert übrigens auch die heute nach meiner Einschätzung wesentlich seltener vorkommende Wendung *vom Hölzchen aufs Stöckchen kommen* mit: ,mehr und mehr vom eigentlichen Thema abkommen, vom Hundertsten ins Tausendste kommen' und verweist auf folgendes Beispiel in einem Artikel des Nachrichtenmagazins „Der Spiegel" (Nr. 8, 1985, S. 32): „Er zitierte Laotse und Luther, Genscher und Schiller, *kommt vom Hölzchen aufs Stöckchen.*"

Jahr: nach ~ und Tag

Wenn wir sagen, daß wir jemanden *nach Jahr und Tag* endlich einmal wiedergesehen haben, so wollen wir damit ausdrücken, daß wir jemanden über einen ‚längeren Zeitraum‘ nicht gesehen haben. Ähnlich zu deuten ist die Formel in der Äußerung: „Ob ihre Entscheidung richtig war, das wird sich erst *nach Jahr und Tag* herausstellen." Die Vorstellung eines ‚längeren Zeitraums‘, die sich mit dieser seltsamen Wendung verbindet, ist sprachhistorisch gesehen erst jüngeren Datums. Die Wendung hat nämlich ihren Ursprung in einer alten Rechtsformel, die der Jahresfrist noch einen Tag hinzufügte. Ursprünglich verwies die Formel sogar auf eine genau festgelegte Frist von einem Jahr, sechs Wochen und drei Tagen, da das Landgericht zu Zeiten Karls des Großen (747–814 n.Chr.) alle sechs Wochen für drei Tage tagte. Nach Ablauf dieser Frist änderte sich in der Regel der bis dahin geltende Rechtszustand, u.a. „verjährte" die Einspruchszeit gegen Urteile. Wie gesagt: Erst später verband sich mit der Formel die Vorstellung eines längeren Zeitraums.

Die Erscheinung der sogenannten „Zugabezahlen" ist bei volkstümlichen Fristbestimmungen der deutschen Sprache keineswegs ungewöhnlich. So bezeichnet man noch heute vielerorts den ‚Zeitraum einer Woche‘ nicht mit sieben, sondern mit *acht Tagen*. Das Verstreichen einer Frist war eben nach altem Recht erst dann für voll zu achten, wenn auch die Zugabefrist verstrichen war. Ursprünglich war also eine Sache erst nach einem Jahr und einem Tag wirklich „verjährt".

Jubeljahr: alle ~ (einmal)

Im 3. Buch Mose (Leviticus) 25,10–11; 25 lesen wir im revidierten Text der Luther-Übersetzung aus dem Jahre 1964:

„Und ihr sollt das fünfzigste Jahr heiligen und sollt eine Freilassung ausrufen im Lande für alle, die darin wohnen; es soll ein *Erlaßjahr* für euch sein. Da soll ein jeder bei euch wieder zu seiner Habe und zu seiner Sippe kommen. Als Erlaßjahr soll das fünfzigste Jahr euch gelten. Ihr sollt nicht säen und, was von selber wächst, nicht ernten, auch, was ohne Arbeit wächst, im Weinberg nicht lesen... – Wenn dein Bruder verarmt und etwas von seiner Habe verkauft, so soll sein nächster Verwandter kommen und einlösen, was sein Bruder verkauft hat."

Die gleichen Stellen lauten in einer älteren Luther-Übersetzung (hrsg. von Lehmann et al., 1912):

„Ihr sollt das fünfzigste Jahr heiligen und im Lande ein Freijahr ausrufen für alle, die drinnen wohnen. Es sei euch ein *Jubeljahr*, da soll ein jeder wieder zu seinem Besitz und seinem Geschlecht kommen. Ihr sollt nicht säen, auch nicht ernten, was in ihm von selbst wächst, und nicht die Trauben von den unbeschnittenen Weinstöcken lesen. – Wenn dein Bruder verarmt, so daß er etwas von seinem Besitztum verkaufen muß, dann sollen seine nächsten Verwandten als Löser für ihn eintreten und einlösen, was ihr Verwandter verkaufen mußte."

Und in der Übersetzung von Hermann Menge (^{13}1954) heißt es:

„[sollt ihr …] so das fünfzigste Jahr heiligen und sollt im Lande Freiheit (oder: Befreiung) für alle seine Bewohner ausrufen: ein *Halljahr* (oder: *Jobeljahr*[*]) soll es für euch sein, indem ein jeder wieder zu seinem Besitz kommen und ein jeder zu seiner Familie zurückkehren soll. – Wenn einer deiner Volksgenossen verarmt und etwas von seinem Grundbesitz verkauft, so soll sein nächster Verwandter als Löser für ihn eintreten und das wieder einlösen (= für ihn zurückkaufen) dürfen, was sein Verwandter verkauft hat."

Das Sternchen hinter dem Wort *Jobeljahr* führt uns auf eine mögliche sprachgeschichtliche Fährte, denn ihm ist folgende Erklärung beigefügt: „so genannt vom Schall der Widderhörner (hebräisch *Jobel*), die seinen Beginn ankündigten". Das hebräische Wort *jobel* und das lateinische Wort *iubilum* (‚Aufjauchzen') dürften im Mittelalter miteinander verschmolzen sein.

Bei uns haben sich, wie wir alle wissen, weder die Ausdrücke *Halljahr*, *Erlaßjahr* noch *Jobeljahr* durchgesetzt, sondern *Jubeljahr* – vor allem, wenn wir mit der (seit dem 17. Jahrhundert belegten) Wendung *alle Jubeljahr einmal* ein Ereignis bezeichnen wollen, daß nur ‚in größeren Zeitabständen' eintritt.

Sicher ist nur, daß dieser Ausdruck *Jubeljahr*, wie die obigen Bibelstellen ausweisen, auf eine Vorschrift im alttestamentlichen Gesetz zurückgeht, der zufolge alle sieben Jahre der im vorausgegangenen Zeitraum veräußerte Grund und Boden wieder den ursprünglichen Besitzern zufallen sollte. Heinrich Krauss (1993: 107) äußert sich sehr vorsichtig hinsichtlich der sprachgeschichtlichen Herleitung:

„Das Wort kommt vermutlich vom Klang des Hornes (hebräisch *Jobel*), mit dem das Jahr eröffnet wurde. Luther übersetzte deshalb mit *Halljahr*, ob-

wohl vielleicht auch die hebräischen Wörter *jabal* (= ,als Gabe bringen')
oder *jebulk* (,Ertrag des Landes') zugrunde liegen. Die katholische Kirche
kennt vom Papst ausgerufene *Jubeljahre* als Anlaß zu einer Pilgerfahrt nach
Rom zwecks Ablaßgewinnung zum ersten Mal im Jahre 1300."

Null-acht-fünfzehn (oder Null-fünf-achtzehn?)

Auch in diesem Fall versetze man sich in die Rolle eines Nicht-
muttersprachlers. Wofür soll er den Ausdruck *Null-acht-fünfzehn*
halten? Für blühenden Unsinn, für höheren Blödsinn? Um die
Herkunft der Wendung als Bezeichnung für ,stumpfsinniges
Einerlei' oder für einen ,Ablauf nach üblichem Schema' zu klären, müssen wir weit ausholen; sie kennzeichnete – wie Roland
Michael (1990:219) erläutert – ursprünglich die Typenbezeich-
nung einer Waffe, nämlich

„das von dem amerikanischen Ingenieur Hiram Stevens Maxim im Jahre
1883 entwickelte erste kriegstaugliche Maschinengewehr, das die Vik-
kerswerke in England produzierten. 1899 wurde das Maxim-Maschinen-
gewehr im deutschen Heer eingeführt. 1908 und 1915 wurden wesentliche
Verbesserungen an der Waffe vorgenommen (Veränderungen des Schieß-
gestells, Gewichtsverminderungen). Danach hieß die Waffe *08/15: Ma-
xim-Maschinengewehr mit Veränderungen von* (19)08 *und* (19)15. Wohl
weil den Soldaten der ständige Unterricht über Bau und Bedienung des
MG 08/15 zum Hals heraushing, nannten sie fortan viele Erscheinungen
des Truppendienstes ebenfalls *08/15* – von der 08/15-Suppe bis zum
08/15-Exerzierdienst."

Den höchsten Bekanntheitsgrad erlangte der Ausdruck, der übrigens häufig (in der niederdeutschen Form) *Null-acht-fuffzehn*
verwendet wird, durch eine gleichnamige Romantrilogie; sie
stammt von Hans Hellmut Kirst und soll dem Leser nicht vorenthalten bleiben. Allerdings zitieren wir nicht aus dem Original,
sondern präsentieren eine Passage, die Robert Neumann 1962
veröffentlicht hat; er nannte sie „Null-fünf-achtzehn" und versah
sie mit dem zusätzlichen Untertitel:

Das tiefgründigste Werk über den deutschen Soldaten seit Fedor v.
Zobeltitz.
Volksabstimmung

Major Luschke warf die Meldungen auf den Schreibtisch. „Das", sagte er
und schlug mit der flachen Hand darauf, „das gibt es nicht. Schon gar

nicht in meiner Abteilung." Er schoß einen verächtlichen Blick auf den Österreicher, dessen k.u.k. Scharm wie ein welkes Blatt zu Staub zerfiel. „Also dann wollen wir mal", fuhr er fort. „Es meldet sich bei mir: Hauptwachtmeister Schulz. Er ist draußen? Um so besser. Auch die ... äh ... die Reinmachefrau der 3. Batterie soll antreten. Zuerst mal der Hauptwachtmeister!"

Schulz fuhr herein wie ein Panzerwagen. Er hatte tatsächlich das eine Ohr verbunden. Er hielt ruckartig, schmetterte seine Meldung herunter und wartete.

Luschke überlegte kurz, wie der wohl am raschesten zu knacken wäre. „Hauptwachtmeister", erkundigte er sich mit beinah werbender Stimme, „sind Sie verheiratet?"

„Jawohl, Herr Major."

„Kinder?"

„Nein, Herr Major", sagte Schulz mit Anstrengung.

„Lassen Sie's dabei, Hauptwachtmeister", sagte Luschke sanft. „Sie könnten einohrig zur Welt kommen. Denn Ihre Meldung hier, der Gefreite Asch habe Ihnen heute morgen das eine Ohr abgebissen – die ist ja Quatsch, nicht wahr? Darüber sind wir uns doch wohl einig, hoffe ich?" Er hob das Blatt angewidert mit zwei spitzen Fingern und ließ es in den Papierkorb flattern.

Schulz war sehr rot geworden. „Melde gehorsamst, Herr Major, daß der Gefreite Asch tatsächlich heute morgen ..."

Er verstummte verwirrt.

„Was Sie nicht sagen." Luschke tat höchlich erstaunt. „Also Sie wollen tatsächlich behaupten, ein Hauptwachtmeister meiner Abteilung lasse einen Gefreiten so nahe an sich heran, daß er ihm ein Ohr abbeißen kann? Wieviel Ohren haben Sie denn?"

„Derzeit eines, Herr Major."

„Na also, da fehlt Ihnen ja keines", sagte Luschke strahlend. „Ich erinnere mich nicht, Sie je mit mehr als einem Ohr gesehen zu haben. So wie eben jetzt! Wenn Ihnen der Gefreite tatsächlich ein Ohr abgebissen hätte, wären Sie doch jetzt ohrenlos, das muß sich doch wohl auch der geistig Minderbemittelte an den Fingern abzählen können."

„Jawohl, Herr Major", zog Schulz mit dem Rest der ihm noch zur Verfügung stehenden Strammheit zu melden vor, während sein Herz von Erbitterung erfüllt war.

Luschke nickte. Er wandte sich dem Adjutanten zu: „Und jetzt rein mit der Reinmachefrau!"

Die Wernicke marschierte herein, mit Besen, Bürste und Scheuerlappen, im Parademarsch.

„Reinmachefrau", sagte Major Luschke sanft, „wie ist das nun? Daß Ihnen ein Ohr des Herrn Hauptwachtmeisters in eines Ihrer Becken gespuckt worden sei, das ist doch wohl 'n Latrinengerücht?"

Sie sah ihm gerade ins Auge und meldete schmetternd:

„Das war 'n Schweinsohr, Herr Major. Vom Mittagbrot!"
„Na also", nickte Luschke. Meine Schule, dachte er.
Vernehmlich fuhr er fort: „Und nun woll'n wir mal – alle zusammen!"
Er kommandierte: „Hinlegen! – Auf! – Hinlegen! – Auf! – Hinlegen! –
Auf!"
Er war als erster wieder auf den Beinen und blickte kalt um sich. Der
Österreicher war natürlich wieder der letzte, der in eine halbwegs
brauchbare Verfassung zurückfand.
Die Wernicke war bei weitem am frischesten. Da stand sie, stramm und
kühl wie eine Gurke. Die Frau würde bei nächster Gelegenheit zur Ober-
klosettfrau zu befördern sein. Die übrigen – na. Luschke wandte sich dem
noch immer schwer keuchenden Schulz zu und sagte väterlich: „Und
jetzt, Hauptwachtmeister, Sie Armleuchter, kommen Sie mal mit mir hinüber zum Gefreiten Asch … ihm sagen, daß Sie ihn mir für das EK I vor-
geschlagen haben!"

null: ~ und nichtig

Polarer Ausdruck, *sprichwörtliche Formel*, *Parallelformel*, *Dop-
pelformel* und *Zwillingsformel*: all dies sind Bezeichnungen für ein
und denselben Begriff. Die glücklichste von ihnen, *Zwillingsformel*, ist von 1889 von Richard Moritz Meyer geprägt worden: in
seinem Buch „Die altgermanische Poesie nach ihren formalhaften
Elementen beschrieben". Unter *Zwillingsformeln* versteht er

„stehende, durch eine Partikel vermittelte Verbindungen zweier Worte
gleicher grammatischer Kategorie (Substantive, Adjektiva, Verba, Adver-
bia), die einen einheitlichen Sinn ergeben und auch durch ein einzelnes
Wort der gleichen Kategorie (schwächer) wiedergegeben werden können." (ibid., S. 240)

In diesem Sinne wird auch die Zwillingsformel *null und nichtig*
emotional verstärkend im Sinne von ‚ungültig' gebraucht, so z.B.,
wenn ein Gericht einen Vertrag für *null und nichtig* erklärt.

Nummer: eine ~ schieben

Die Zeitschrift „praline" wußte es im Jahre 1999 (Heft 21) ganz
genau: „Auch auf dem Couchtisch läßt sich *eine Nummer schieben*." Und beim Autor Edgar Hilsenrath heißt es in seinem
Roman „Der Nazi und der Friseur" (1990:92): „Der sieht aber
nicht aus, wie einer, der 'ne Menge *Nummern schieben* kann.
Ist doch bestimmt schon sechzig." Der Ausdruck *eine Nummer*

machen, *eine Nummer schieben*, den die „Brockhaus-Enzyklopädie" (Bd. 27, [20]1999:553) als „derbe Wendung" charakterisiert, steht für ‚Geschlechtsverkehr ausüben', ist seit ca. 1850 im Deutschen geläufig und wird von Heinz Küpper in seinem „Wörterbuch der deutschen Umgangssprache" ([4]1990:576) in einer Weise kommentiert, die bezüglich des Ursprungs der Wendung wohl eher als historisch anzusehen ist:

„Aus der Prostituiertensprache hervorgegangen, wohl herzuleiten von der Entgeltsberechnung bei Bordellprostituierten, die nach der Zahl ihrer Kunden entlohnt werden, oder von der Nummer, die im stark besuchten Bordell jeder Besucher erhält und nach der sich die Reihenfolge der Abfertigung richtet. Auch Anspielung auf die Zirkusnummer ist möglich."

Nummer: jemand ist eine ~ für sich

Die Zeitung „Der Mannheimer Morgen" überschrieb am 14. Februar 2000 einen Bericht über die dritte internationale Eislauf-Gala des Mannheimer Eis- und Rollsport-Clubs mit der Schlagzeile: „Die Russen sind *eine Nummer für sich*." Die Aussage ist in diesem Falle durchaus positiv, als Kompliment gemeint, doch wenn man über eine Person sagt, sie sei *eine Nummer für sich*, so kann das auch bedeuten, sie sei ein ‚gewöhnungsbedürftiger Sonderling'.

Zu Recht erläutert daher Klaus Müller (1994:442):

„Die Übertragung des Begriffs *Nummer* auf Personen hat verschiedene Quellen. In bestimmten Institutionen (etwa in Gefängnissen) werden Menschen mit Nummern versehen. Die Nummer gilt daher redensartlich auch als Sinnbild des Verlustes an Individualität. In anderen Redensarten wiederum ist die Nummer das Kennzeichen des besonderen, ausgezeichneten Menschen: *eine große Nummer sein*."

P: ein ~ davorsetzen/davorschreiben

Sagt uns jemand, sobald er von einer Handlungssituation oder einer gar schon vollzogenen Handlung erfährt, er wolle *ein P davorsetzen*, so haben wir die Gewißheit, daß er ebendiese Handlung verhindern oder verhüten will, daß er danach trachtet, ihr einen Riegel vorzuschieben oder den Plan zu durchkreuzen. Die noch heute durchaus gängige Wendung ergibt bei näherem

Nachdenken, wenn man ihre Formulierung wörtlich nimmt, überhaupt keinen Sinn. Hier hilft möglicherweise ein historischer Rückblick.

Eine sehr interessante und, wie ich finde, durchaus nachvollziehbare Deutung fand ich bei Agathe Lasch (1928:207):

„Ausländischen Tüchern, die nach Art der Püklaken gewebt waren, mußten die Lübecker Tuchbeschauer als Kennzeichen *ein P vorschlagen* (Wehrmann, *Lübecker Zunftrollen*, S. 489, vgl. *Niederdeutsches Korrespondenzblatt* 29, 74 ff.), um sie von englischem Tuch zu unterscheiden. Es ist hier also zunächst die Konkurrenz gehindert worden, sich für englisch auszugeben."

Ob dies die älteste Verwendung des Ausdrucks gewesen ist, muß dahingestellt bleiben. Fest steht, daß die Mehrheit der sprachwissenschaftlich orientierten Autoren (u.a. Herman Schrader 1886:305; Albert Richter [4]1921:157; Wilhelm Borchardt, Gustav Wustmann u. Georg Schoppe [7]1955:364; Erich Krack 1969:130; Heinz Küpper [4]1990:589) dahingehend spekuliert, die Wendung sei aus der Zeit überliefert, als Pest und schwarze Pocken noch in Deutschland wüteten. An die verseuchten Häuser sei ein großes *P* geschrieben worden. Daraus habe sich dann zunächst die Bedeutung ‚jemanden vor einem gefährlichen Schritt warnen' entwickelt, und erst in der Folge seien dann die von mir auf S. 36 erwähnten Bedeutungsvarianten entstanden. Borchardt, Wustmann u. Schoppe ([7]1955:364) zitieren ebenso wie Krüger-Lorenzen (1960:733) einen Spruch am Giebel eines alten Fachwerkhauses – *Ich schrieb ein P vor mein Haus/Bleib du da drauß!* – und den Satz des Dichters Sebastian Franck aus dem Jahre 1541: *Ich will ein P für das hauß schreiben!* Es leuchtet natürlich ein, daß Häuser, in denen die todbringende Krankheit wütete, *wie die Pest gemieden* wurden.

Übrigens: auch ein *P* steht nicht immer allein! Der von Otto A. Kielmeyer besorgten Überarbeitung des Werkes von Richard Zoozmann ([12]1984 [Erstausg. 1910]: 348) verdanke ich den amüsanten Hinweis auf folgende Inschrift im Kreuzgang der St.-Anna-Kirche in Augsburg: *P.P.P. – P.P.P. – P.P.P. – P.P.P.*; sie hat allerdings überhaupt nichts mit Pest oder Pocken zu tun, sondern bedeutet: ‚Piper Peperit Pecuniam – Pecunia Peperit Pompam – Pompa Peperit Paupertatem – Paupertas Peperit Pietatem' (auf deutsch: ‚Der Pfeffer [d.h. Handel mit Gewürz] brachte Geld,

Geld brachte Prunksucht, Prunksucht brachte Armut, Armut brachte Frömmigkeit.')

Dies ist die leicht modifizierte Form eines Hinweises, den Herman Schrader (1897:76) schon in seinem Buch „Scherz und Ernst in der Sprache" gegeben hat:

„Wie aber ein einzelner Mensch seinen Lebensgang in einem offenen Bekenntnis durch einen Buchstaben charakterisiert hat, davon ist, wie mir mitgeteilt wurde, in Augsburg im Kreuzgang der St. Annakirche ein hübsches Beispiel zu sehen. Dort nämlich befindet sich der Grabstein eines Gliedes des alten Patrizier- und Handelsgeschlechtes Vöhlin, wo in vier Reihen, also viermal, P.P.P. zu lesen steht. Die Deutung, die man aus sich selbst nicht zu erraten vermöchte, ist diese: *Piper peperit pecuniam, pecunia peperit pompam, pompa perit pauperiem, pauperies peperit pietatem,* ,der Pfeffer (nämlich der Handel mit Pfeffer, wie damals überhaupt alles ausländische Gewürz hieß) brachte Geld, Geld brachte Aufwand, Aufwand brachte Armut, Armut brachte Frömmigkeit'."

TZ: bis zum ~

Er ist auch heute noch durchaus geläufig, der Ausdruck *bis zum TZ;* er wird gebraucht und ohne weitere Schwierigkeit verstanden in der Bedeutung ,vollständig', ,bis zum Ende', beispielsweise in der Äußerung „Er beantwortete alle Klausurfragen bis zum TZ". Bei oberflächlicher Betrachtung scheint der Ausdruck indessen keinen Sinn zu ergeben; er erschließt sich erst, wenn man weiß, daß er alten Kinderfibeln entstammt, in denen das Abc nicht mit dem Z, sondern mit dem TZ schloß. Wer also *bis zum TZ* gelernt hatte, beherrschte das Alphabet bis zum Ende. Ausgehend vom schulischen Alltag, wurde diese Bedeutung später auf alle Lebensbereiche übertragen. Schon der Sprachforscher Albert Richter (1889:156) präzisierte:

„Wenn die Redensart *von a bis z* bedeutet: ,von Anfang bis Ende', so liegt in dem Ausdrucke *bis zum tz* gewöhnlich noch die Steigerung: ,bis zum äußersten Ende', so daß etwas Weiteres gar nicht mehr möglich erscheint."

Übrigens griffen die Römer in diesem Zusammenhang nicht zu einem buchstäblichen, sondern zu einem kulinarischen Wortspiel: „Vom Ei bis zu den Äpfeln" (*ab ovo usque ad mala*) sagten sie, Horaz folgend, wenn sie ,vom Anfang bis zum Ende' oder ,von A bis Z' in einem anschaulichen Vergleich ausdrücken wollten.

X: jmdm. ein ~ für ein U vor-
machen

Diese Wendung hat Satiriker, Schriftsteller und Journalisten auf den Plan gerufen. Karl Kraus (1874–1936) nahm sie indirekt aufs Korn: „Den Leuten ein X für ein U vormachen – wo ist die Zeitung, die diesen Druckfehler zugibt?" Und der Schweizer Dichter Hans Manz 1991:114), durch seine sprachspielerischen Verse bekannt geworden, widmete ihr sogar ein Gedicht, das die Bedeutung der Wendung implizit und explizit veranschaulicht:

> Achtung:
>
> Ich mache dir jetzt ein X für ein U vor:
> Ein Landwirt hexte,
> als das Pferd plötzlich schexte,
> was ihn gar nicht erfrexte,
> Jetzt muß du halt schaxen,
> den Vers umzubaxen,
> Sei aber schlax
> und mach es genax!
>
> Merke:
>
> Es gibt Menschen, die es tatsächlich aus dem FF verstehen, dir von A–Z ein X für ein U vorzumachen. Deshalb soll es dein A und O sein, das ABC gut zu kennen.

Der Gebrauch der Wendung ist uns allen natürlich geläufig: *jemandem ein X für ein U vormachen* bedeutet soviel wie ‚jemanden täuschen'. Wer sich *kein X für ein U vormachen läßt*, hat also ‚eine Täuschung durchschaut'.

Die Erklärung für die Wendung ist dagegen keineswegs klar. Aus heutiger Sicht erscheint sie – wörtlich genommen – als blühender Unsinn. Wieso sollte man ausgerechnet diese so unterschiedlich geformten Buchstaben miteinander in Beziehung setzen, sie gar verwechseln? Der eigentliche Sinn erschließt sich, wie so oft, erst durch einen historischen Rückblick. Im Mittelalter gebrauchte man noch nicht die arabischen Ziffern, sondern die römischen, und die benutzten – wie wir aus alten Texten wissen – für ‚zehn' das Zeichen *X* und für ‚fünf' das Zeichen *V*. Im übrigen unterschied man damals – wie auch die Römer – noch nicht zwischen den Buchstaben *U* und *V*. Darum heißt z. B. auch in der englischen Sprache das *W „Double(=Doppel)-U"* (vv).

Der Sinn der Redensart erschloß sich also ursprünglich so: Ließ man früher im Gasthaus anschreiben, so notierte sich der Wirt dies auf einer Tafel, die Schulden standen also *in Kreide*. Wenn ein unehrlicher Schankwirt einem des Lesens unkundigen Gast eine Zehn statt einer Fünf, also die doppelte Schuld ankreidete, indem er die beiden schrägen Striche der Zahl fünf (V) nach unten etwas verlängerte, so hatte er ihm ein X (eine Zehn) für ein U/(V = eine Fünf) vorgemacht und ihn mithin beschwindelt.

Im Anhang zum „Lalebuch" über die Schiltbürger (1597), einem Volksbuch, das an die Tradition der Narrenliteratur anknüpft, wird der Ursprung der Redensart mit folgenden Versen bestätigt:

> Der wirt war ein geschwinder man,
> Die kreid in sine Hand bald nam,
> Dieselb, wie es dann pflegt zu gen,
> Für einen strich recht kreidet zwen,
> Er macht ein X wohl für ein V (u),
> Damit kam er der Rechnung zu.

Wir alle können also nur hoffen, daß wir auf einen ehrlichen Menschen treffen, wenn wir bei jemandem *in Kreide stehen*.

Zehntausend: die oberen ~

Das „Lexikon des internationalen Films" nennt den unterhaltsamen Genre-Klassiker mit Bing Crosby, Frank Sinatra und Louis Armstrong „ein perfekt inszeniertes Musical mit parodistischen Zügen, dank witziger Dialoge und schwungvoller Musik"; die Musik stammt übrigens von Cole Porter: Ich spreche von dem bekannten Film „High Society" aus dem Jahre 1956, der im Folgejahr auch in Deutschland gezeigt wurde – unter dem Titel *„Die oberen Zehntausend"*.

Der Ausdruck *die oberen Zehntausend* wird auch in unserer demokratisierten Gesellschaft noch gern verwendet. So führte die Zeitschrift „Der Spiegel" am 18. Oktober 1999 in einem Artikel über „Pop in Musik und Mode" aus:

rauchen nur MANOLI

Zeitungsannonce der Berliner *Cigarettenfabrik Manoli** aus dem Jahre 1909.

„In der ersten Hälfte des Jahrhunderts war der Jazz nie weit über die Grenzen amerikanischer Großstädte hinausgekommen, und die Mode war, wenngleich von Coco Chanel revolutioniert, nie mehr gewesen als eine Sache für die *oberen Zehntausend*.“

Und der privatärztliche Bundesverband wirbt gegenwärtig im Internet mit dem Slogan: „Wir sind nicht die Ärzte für die *oberen Zehntausend*.“

Doch woher kommt eigentlich dieser Ausdruck, der die ‚Oberschicht‘ oder ‚die gesellschaftliche Oberklasse‘ bezeichnen soll und der angesichts der Zahl der Millionäre in Deutschland heute wohl eher als untertrieben gelten muß? Die Antwort führt uns in die erste Hälfte des neunzehnten Jahrhunderts in den Vereinigten Staaten von Amerika; dort war zwischen 1820 und 1860 die Kohleförderung um das Dreihundertfache gestiegen, der Wert der produzierten Industrie- und Manufakturwaren übertraf 1850 zum erstenmal den der Landwirtschaft. Diese Entwicklung rief den Journalisten Nathaniel Parker Willis (1806–1867) auf den Plan, der im Blick auf die sich im Norden des Landes herausbildende Geldaristokratie in einem Artikel der New Yorker Zeitung „Evening Mirror" vom 11.11.1844 schrieb: „At present there is no distinction between the upper ten thousand of the city." („Gegenwärtig gibt es keinen Rangunterschied unter den oberen Zehntausend der Stadt.") Die englische Wendung *the upper ten thousand* (häufig gekürzt verwendet als *the upper ten*) wurde in ihrer deutschen Übersetzung insbesondere nach dem oben skizzierten Film populär.

* Zum Namen *Manoli* vgl. Agathe Lasch (1928:205), die uns darauf hinweist, daß *manoli* soviel bedeutet wie ‚verdreht': „Geht zurück auf die Lichtreklame der Firma Manoli (90er Jahre des 19. Jahrhunderts), ein Lichtkreis, in dem sich scheinbar eine dunkle Kugel ständig drehte, die als eine der ersten dieser Art die Aufmerksamkeit besonders auf sich zog. Die (damals neue), ständig kreisende Bewegung bewirkte, daß entweder die Kugel oder der Beschauer ‚verdreht' wurde. Auch verglich man sie dem Kreis, den man vor der Stirn beschreibt. Die Bedeutungsübertragung ist charakteristisch berlinisch."

„Es ist doch sonderbar bestellt",
Sprach Hänschen Schlau zu Vetter Fritzen,
„Daß nur die Reichen in der Welt
Das meiste Geld besitzen."

G. E. Lessing (1729–1781)

2 Geld und gute Worte?

In diesem Kapitel geht es um das Geld, genauer: um Wörter und
Redewendungen, die, im weitesten Sinne, dem pekuniären Feld
unserer Alltagssprache zuzurechnen sind, denn *Geld regiert die
Welt* – so heißt es in der sprichwörtlichen Redensart, die schon
in Georg Henischs 1616 gedrucktem Wörterbuch „Teütsche
Sprach und Weißheit" aufgeführt ist. Ich will hier keine linguisti-
sche *Milchmädchenrechnung* aufmachen; gleichwohl präsentiere
ich einige sprachliche Erläuterungen zu diesem Thema, denn jeder
sollte den Satz verstehen können: Wer einen *Reibach/Rebbach/
Reiwach* macht, geht selten *bankrott*. Bemerkenswert hoch ist
nämlich die Zahl umgangssprachlicher und salopper Redewendungen, die in vielfältigen Vergleichen *Geldbesitz* und *Geld-
schwierigkeiten* thematisieren: *Wer den Pfennig nicht ehrt, ist des
Talers nicht wert*; man kann *zu Geld kommen, Geld scheffeln,
Geld wie Heu haben, das Geld auf den Kopf hauen* usw. *Ohne
Moos nix los* heißt es im Volksmund, und auch Wilhelm Busch
(1832–1908) wußte es genau: „Ach, reines Glück genießt doch nie,
wer zahlen soll und weiß nicht wie."

abknöpfen: jemandem etwas (z. B. Geld) ~

Der Informationsdienst „Computer Channel Newsticker" überschrieb kürzlich eine Meldung: „AMD will Intel weiter Marktanteile *abknöpfen*."

Bernd W. Klöckner und Carsten Möller erläutern ihr jüngstes
Buch „Der alltägliche Betrug" (1997) auf der Umschlagseite mit
einem längeren Zusatz: „Wie Strukturvertriebe, Versicherungen
und Finanzdienstleister Ihnen Ihr *Geld abknöpfen* und was Sie
gegen unseriöse Allfinanzanbieter tun können."

Die Fußball-Bundesligamannschaft des Hamburger Sportvereins träumt davon, so hört man, dem FC Bayern in der nächsten Saison möglichst drei *Punkte abzuknöpfen.*

Es ist schon ein ziemlicher Unsinn, den wir uns manchmal zusammenreden. Jemandem Marktanteile, Geld oder Punkte *abzuknöpfen* – das bedeutet nichts anderes, als sie ihm ‚abzunehmen‘, auf legale oder illegale Weise. Heinz Küpper (⁴1990:9) paraphrasiert den Ausdruck in seinem „Wörterbuch der deutschen Umgangssprache" deshalb auch mit ‚jemandem etwas abnötigen, abschwatzen, abhandeln, abnehmen‘. Seine folgende Erklärung ist relativ simpel, aber durchaus überzeugend: „Leitet sich wohl von alter Gaunerpraxis her: man knöpft dem Opfer die Uhr mit Kette ab und steckt sie ein; oder man stiehlt ihm den festgeknöpften Geldbeutel."

Berücksichtigt man, daß es früher auf dem Lande durchaus üblich war, seinen Wohlstand zu offenbaren, indem man Silbermünzen als Knöpfe, zuweilen auch Münzen oder Medaillen an den Röcken trug, dann dürfte Küpper recht haben mit seiner Vermutung, und damit erschließt sich dann auch endlich die Redewendung.

abzocken

Eine Warnung der Hamburger Polizei las sich kürzlich so:

„In der letzten Zeit ist eine Erscheinungsform der Kriminalität besonders unter Jugendlichen aufgetreten, die von Tätern und Opfern als *Abzocken* bezeichnet wird. Hierbei handelt es sich um das Wegnehmen von Gegenständen (wie z.B. Swatch-Uhren, Taschengeld, Walkmen, Bekleidungsstücken usw.) unter Anwendung von körperlicher Gewalt oder durch Einschüchterung oder Bedrohung der Opfer."

Andreas Nachama versucht, uns in seinem äußerst aufschlußreichen und zudem amüsant geschriebenen Buch über „Jiddisch im Berliner Jargon oder Hebräische Sprachelemente im deutschen Wortschatz" (⁵1997:73) den Weg zu weisen bei der Klärung der Frage,

„worum [es] geht ..., wenn man *zockt.* Dann geht es um Roulette, Kartenspiele oder andere Glücksspiele. *Sachok* heißt ‚das Spiel‘ und *lizchok* ‚spielen‘. Wie immer sich das *zocken* ableitet, gerade in diesen Tagen gibt es Zeitgenossen, die mächtig *abzocken,* was im Sinne von *absahnen* zu verstehen ist."

Das Wort *zocken* im Sinne von ‚Glücksspiel betreiben‘ basiert auf jiddischem *zachkenen*, *z(ch)o(c)ken* (‚spielen‘) – Siegmund A. Wolf (1993:346) führt einen Beleg schon für das Jahr 1840 an – und ist in Berlin seit dem späten 19. Jahrhundert und seit dieser Zeit allmählich in ganz Deutschland umgangssprachlich geläufig.

Während der „Duden – Die Rechtschreibung" (Bd. 1, [19]1986) – ebenso wie der „Duden – Das Herkunftswörterbuch" (Bd. 7, [2]1997) – nicht einmal das Wort *zocken* aufführt, definiert der „Duden – Rechtschreibung der deutschen Sprache" (Bd. 1, [20]1991: 909) das umgangssprachliche Wort *abzocken* als ‚jemanden [auf betrügerische Art] um sein Geld bringen‘; der „Duden – Deutsches Universalwörterbuch" ([3]1996:76) klassifiziert das Wort *abzocken* als salopp und nennt als Bedeutung: ‚(besonders beim Glücksspiel) jemanden um sein Geld bringen‘. Hermann Pauls „Deutsches Wörterbuch" ([9]1992) führt – ebenso wie Heinz Küppers „Wörterbuch der deutschen Umgangssprache" ([4]1990:948) – *abzocken* nicht auf, wohl aber *zocken* (‚Glücksspiele machen/betreiben‘); Paul ([9]1992:1081) stellt dazu noch das Wort *abgezockt* mit der Bedeutung ‚absolut cool, abgeklärt‘.

bankrott: ~ gehen

„Unbedingte Tätigkeit, von welcher Art sie sei, macht zuletzt bankerott" – das schrieb schon Goethe in seinen „Maximen und Reflexionen" (vgl. Goethe-HA Bd. 8, S. 286). Wer heutzutage *bankrott geht*, ist ‚seinen finanziellen Verpflichtungen, möglicherweise einer Bank gegenüber, nicht nachgekommen‘. Doch wie ist dieser Ausdruck entstanden? Als blühender Unsinn mag die Vermutung erscheinen, das Wort *bank(e)rott* habe tatsächlich etwas mit dem Wort *Bank* zu tun. Man wird es kaum glauben: Die gedankliche Verbindung geht durchaus in die richtige Richtung. Wer allerdings die Brücke zwischen den Wörtern schlagen möchte, bedarf der historischen Erläuterung, die Heinrich Raab (1981:24) wie folgt mutig präzisieren zu können glaubt:

„Man muß wissen, daß es in Italien ... üblich [war], daß die Geldwechsler ihre Zahltische (Bänke) im Freien hatten. Der Tisch (italienisch *banca*) wurde umgeworfen oder zerbrochen, wenn sich der Wechsler etwas zuschulden kommen ließ. Es wurde ihm das Symbol seiner Tätigkeit zerschlagen – *banca rotta* (‚ruptus‘), woher das Wort *Bankerott* sich herleitet.

Der deutsche Satiriker und Kanzelredner Abraham a Santa Clara (eigentlich: Johann Ulrich Megerle; 1644–1709) schrieb 1710 einem Kaufmann die Grabschrift: ‚Ich, spricht der Tod, – mach Bankerott.‘"

Der „Duden – Das Herkunftswörterbuch" (Bd. 7, ²1997:62) argumentiert abwägender, daß der Ausdruck *banca rotta* „wohl … eher bildlich als konkret zu verstehen ist", und gibt zu bedenken: „daß dem zahlungsunfähigen Geldwechsler der Wechseltisch öffentlich zerschlagen wurde, ist nirgends bezeugt."

berappen

Kürzlich las ich in einer Schweizer Wirtschaftszeitung die Überschrift *„Dieselfahrer müssen mehr berappen"*; gemeint war mit dieser burschikosen Formulierung natürlich, daß für den Kraftstoff zukünftig mehr ‚bezahlt' werden müsse.

Doch woher stammt das Wort *berappen*? Hat der *Rappe*, das ‚Pferd mit schwarzem Fell', für die Bezeichnung Pate gestanden? Nein, diese Vermutung ist mit Sicherheit falsch, obwohl es vom Pferd durchaus eine Beziehung zu dem Tier gibt, das bei den folgenden Spekulationen noch eine Rolle spielen wird. Franz Harder schrieb darum in seinem Buch über „Werden und Wandern unserer Wörter" (⁵1925:181): „*Rappe* [ist] dasselbe Wort wie *Rabe*; früher bezeichnete auch *Rappe* noch den Vogel, während das schwarze Pferd *môre* (‚Mohr') hieß."

Zurück zu *berappen*: Unter diesem Stichwort findet sich in Peter Schlobinskis „Berliner Wörterbuch" (²1993:40) folgender Eintrag: „‚bezahlen'. Abgeleitet vom *Rappen*, einer älteren Münze, deren Adlerkopf als *Rappe* (= ‚Rabe') verspottet wurde. Auch substantivisch *Barappung*: *Jetzt kommt 'ne schöne Berappungsarie*, ‚es muß noch ganz schön was bezahlt werden'." Der Autor steht mit seiner Deutung nicht allein, allerdings ist seine Herleitung sehr umstritten.

Vorsichtig äußert der Sprachforscher S. Hetzel (1896:46) bezüglich der Herkunft des Verbs die Vermutung: „aus der Studentensprache, wohl von *Rappen*, einer Schweizer Münze". Selbstbewußter gibt sich J. Ernst Wülfing in seinem Buch mit dem Titel „Was mancher nicht weiß" (1905:77): „*Rabe* steht neben *Rappe* wie *Knabe* neben *Knappe* … Es sei auch an *berappt* erinnert, was bedeutet: ‚mit Rappen versehen', d. h. ‚gut bei Kasse sein'."

Zu einem vergleichbar präzisen Schluß kommt die Autorin E.C. Werthenau in ihrem Buch „Interessante Wörter" (1910:20):

„*Rappe*, d.h. ,Rabe', wurde eine Freiburger Münze mit einem Rabenkopf genannt. In der deutschen Schweiz heißt der Centime noch allgemein *Rappen*. *Berappen* heißt also eigentlich: ,mit solcher Rabenmünze zahlen', ähnlich wie *blechen* bedeutet: ,Blech, d.h. Geld geben'. Bei *Rappe* für ein Geldstück mit einem Raben sei noch erinnert an den *Kreuzer*, der natürlich eine Münze mit aufgeprägtem Kreuz bezeichnet …"

Auch Edwin Wilke ([4]1910:293) vertritt die Anschauung, daß man den Vogelkopf auf der zuerst in Freiburg im Breisgau geprägten Münze für den eines Raben hielt, und leitet „von diesem *Rappen* das Zeitwort *berappen* = ,bezahlen'" her; Karl Faulmann (1893:50) führt in seinem „Etymologischen Wörterbuch der deutschen Sprache" *berappen* auf mittelhochdeutsch *rappe* (,Rabe') zurück, „eine zuerst in Freiburg im Breisgau geprägte Münze mit einem Vogelkopfe nach dem Freiburger Wappen".

Selbst die Herleitung von *Rappen* ist allerdings nicht ganz unumstritten. In dem von Michael North herausgegebenen „Lexikon des Geldes" (1995:326) heißt es zu dem Wort:

„Es wird auf schlechte, dunkle Basler Pfennige oder auf Münzen der Herren von *Rappoltstein* (Rabenwappen) oder – am wahrscheinlichsten – auf Freiburger Hohlpfennige (ab ca. 1290) mit dem vom Adler zum Rabenkopf umgedeuteten Gepräge (mittelhochdeutsch *rappe* = ,Rabe') zurückgeführt, die ab 1322 offenbar *Rappen Freiburger Münze* o.ä. genannt wurden. Jedenfalls war der Terminus am Oberrhein im 14. Jahrhundert für einseitige, oft eckige Münzen bekannt, bevor er dann durch den sogenannten *Rappenmünzbund* seine besondere Bedeutung erlangte."

Schon in Friedrich Ludwig Karl Weigands „Deutschem Wörterbuch" ([5]1910, Bd. 2, Sp. 528) findet sich ein Verweis auf „eine spöttische Bezeichnung der schlechten Pfennige, die der Herr von Rappoltstein bei Kolmar 1291 unbefugterweise prägte", und auch in Ferdinand Friedensburgs Werk „Die Münze in der Kulturgeschichte" (1909:209) wird die Gleichung aufgestellt „*Rappe* = Schwarzpfennig". Und Louis Günther ist sich in seinem Buch „Die deutsche Gaunersprache und verwandte Geheim- und Berufssprachen" (1919:67) ganz sicher:

„Der *Rappe(n)* … – bei schwäbischen Händlern in der Koseform *Räpple* zur Mark erhoben – hat Veranlassung gegeben zur Bildung des Zeitworts *berappen* (oder *berabbeln*) für ,bezahlen' (eigentlich ,Rappen geben'), dessen Gebrauch sich heute bekanntlich weit über den Kreis der Gauner und Kunden hinaus erstreckt."

Ludwig Göhring (1937:24) bringt einen weiteren Gedanken in die Debatte ein:

„Nachdem der Gast gegessen und getrunken hat, geht's ans *Berappen*, ans ‚Bezahlen der Zeche'. Der Ausdruck *berappen* fand sich früher in der Sprache der Tüncher. Ehe sie eine Wand tünchten, bewarfen sie die schadhaften Stellen mit Kalk und Mörtel und glätteten sie; dies nannten sie *die Wand berappen*. Die Herleitung davon ist aber ebenso unwahrscheinlich wie die immer wieder auftauchende von der Schweizer Scheidemünze, dem Rappen. Es gibt kein zweites Zeitwort, das aus einem Münznamen gebildet wäre, kein *begroschen*, *bekreuzern* usw."

Siegmund A. Wolf lehnt die vorgetragenen Münz-Herleitungen in seinem „Wörterbuch des Rotwelschen" (1993:264) ebenso kategorisch ab: „Für eine Ableitung [des Verbs] *berappen* von der Scheidemünze *Rappen* ... besteht kein Grund." Statt dessen leitet Wolf das Wort *berappen* aus *berabbeln*, dieses aus *berebbeln/beribbeln* her und bringt die gesamte Herleitungskette in Zusammenhang mit jiddischem *Rebbes/Rebbis* (‚Zins', ‚Gewinn', ‚Ertrag'); in der Tat führt schon Wilhelm Polzer in seinem 1922 erschienenen „Gauner-Wörterbuch für den Kriminalpraktiker" das Wort *Riwizer* für ‚Gauner, Dieb' auf.

Der „Duden – Deutsches Universalwörterbuch" (³1996:235) mag sich in dieser Streitfrage nicht entscheiden und zeigt lapidar beide Ursprungsmöglichkeiten auf: „berappen: vielleicht zu Rotwelsch *rabbes* = ‚Zins, Gewinn' oder zu *Rappen*." Diese Haltung ist überraschend angesichts der Tatsache, daß sich der „Duden – Das Herkunftswörterbuch" (Bd. 7, ²1997:74) zumindest in der negativen Abgrenzung gegenüber der Herleitung von *Rappen* schon expliziter festgelegt hatte:

„Die Herkunft des umgangssprachlichen Ausdrucks für ‚bezahlen', der aus der Studentensprache in den allgemeinen Sprachgebrauch gelangte, ist unklar. Er ist vielleicht rotwelschen Ursprungs, jedenfalls nicht von dem Münznamen *Rappen* abgeleitet."

In der germanistischen Forschung wird hinsichtlich dieser Frage nicht nur auf das Jiddische Bezug genommen, sondern es wird auch vermutet, *berappen* sei aus dem Hebräischen umgeformt worden; Moses Buttenwieser (1922) verweist auf die hebräische

Formulierung rappô *jᵉrappē* (‚Heilungskosten bezahlen‘), denn eine Bibelstelle (Exod 21,18 f.) lautet:

„Wenn Männer sich streiten und einer den andern mit einem Stein oder mit einer Hacke schlägt, so daß dieser zwar nicht stirbt, aber bettlägerig wird, dann bleibt der Schläger straffrei, muß jenem aber *Entgelt geben* für seine Arbeitsunfähigkeit und *für seine Heilung sorgen*, wenn dieser so aufkommt, daß er draußen mit dem Stock gehen kann.“

Am rigidesten und ernüchterndsten äußert sich in dieser philologischen Kontroverse das in der 23. Auflage von Elmar Seebold bearbeitete „Etymologische Wörterbuch des Deutschen“ von Friedrich Kluge:

„Das Wort [*berappen*] ist aus der Studentensprache in die Hochsprache gelangt; dorthin kam es offenbar aus schwäbischen Krämersprachen, also Ausprägungen des Rotwelschen. Die weitere Herkunft ist unklar: Sowohl gegen die Ableitung von der Scheidemünze *Rappen* wie auch gegen Anknüpfungen an das Jiddische und Hebräische können starke Bedenken geltend gemacht werden.“

Ich neige dazu, Lutz Röhrich (²1995:172) zuzustimmen, dessen Bewertung der erwähnten Buttenwieserschen These mir recht einleuchtend erscheint: „Der Übergang von *jerappé* zu *berappen* scheint ebenso leicht wie der Bedeutungsübergang von ‚Heilung bezahlen‘ zum allgemeinen Begriff ‚bezahlen‘.“

Eines ist wohl unbestritten: Wer an seine Steuererklärung denkt, der weiß den Hinweis Röhrichs in dessen „Lexikon der sprichwörtlichen Redensarten“ (ibid.) zu würdigen: „Eine Scherzbildung zu *berappen* ist *St. Berappius*, der Schutzheilige des Steuerzahlers, der für Berlin seit 1960 bezeugt ist.“

beschuppen

Heinz Küppers „Wörterbuch der deutschen Umgangssprache“ (⁴1990:97) wartet für das seit 1920 im Prostituiertenmilieu bekannte Wort, das auch die Bedeutung ‚bezahlen‘ haben kann, mit einer erstaunlichen Erklärung auf: „Hängt vielleicht mit der Sitte zusammen, Schuppen von dem zu Weihnachten oder Silvester gegessenen Karpfen in die Geldbörse zu tun, weil das nach einer Aberglaubensregel Glück und Geld bringt.“

betucht

„Was ist Pezzola? Kein italienisches Schoko-Knuspergebäck, sondern der letzte Schrei in Sachen Kopfputz: Bunte, kleine Dreieckstücher mit Bändern, die gerade so den Kopf bedecken und im Nacken verknotet werden ..." – so begann ein Artikel der Zeitung „Berliner Kurier" vom 3. August 2000; überschrieben ist er mit der Schlagzeile: *„Gut betucht"*. Der Redakteur hat seine Leser hier natürlich mit einem Wortspiel erfreut, denn das Wort *betucht* im Ausdruck *gut betucht*, der im Sinne von ‚finanziell abgesichert dastehend' verwendet wird, hat absolut nichts mit Textilien zu tun. Das hier gemeinte Wort *betucht* ist vielmehr abgeleitet vom hebräischen Wort *batuach* (‚sicher, zuverlässig'). Fazit: Nicht jede mit einem Kopfputz betuchte Dame muß auch *gut betucht* sein.

blechen

Hat jemand etwas zu bezahlen, so hört man oft umgangssprachlich, er müsse *blechen*, und jeder versteht, was gemeint ist, ohne sich freilich auf den ersten Blick diesen vermeintlich unsinnigen Ausdruck erklären zu können. Ernst Wasserzieher ([2]1930:27) verrät in seinen „Sprachgeschichtlichen Plaudereien" die einfache Lösung: *„Blech* heißt in der Gauner- oder Kundensprache ‚Geld'; *blechen* also ‚Geld geben'." Schon ein altes deutsches Sprichwort sagt daher: *Aus fremden Beuteln ist gut blechen.* Besonders in der „Sturm- und Drangzeit" der deutschen Literatur war dieses Verb sehr beliebt; so sagt der Brautvater im 2. Akt von Goethes „Götz von Berlichingen": „Ist mir mancher schöne Taler nebenaus gangen. Das unerhörte *Blechen!"* Und Miller sagt in Schillers „Kabale und Liebe" im 5. Akt, 5. Szene: „Aber da hab' ich ja nun Alles und Sie nichts, und da werd' ich nun das ganze Gaudium wieder *herausblechen* müssen? Heh?"

Deut: keinen ~ besser/schlechter (als ein anderer) sein

In einer Kritik zum Film „Der Exorzist" las ich kürzlich: „Daß die aufregende Geschichte mit einer Liebesstory garniert ist, macht den Film *keinen Deut schlechter*, zumal dadurch die Zwangslage, in die Tarek gerät, noch verzweifelter ist." *Keinen*

Deut schlechter bedeutet hier: ‚um nichts schlechter‘; doch wie kommt es zu diesem Ausdruck?

Die Wendungen *keinen Deut wert sein, keinen Deut besser/ schlechter sein* usw. gehen auf die Münze des *Deut* (ursprünglich niederländisch *Duit*) zurück, die seit dem 14. Jahrhundert bis zum Ende des 18. Jahrhunderts geprägt wurde. Sie war anfangs aus Silber, später ersetzte man das Silber zunehmend durch billigeres Material. Ab 1573 bestand sie dann nur noch aus Kupfer. Eine Sache, *die keinen Deut wert* ist, wird also ähnlich geringgeschätzt wie diese unedle Münze.

In Friedrich Gerstäckers Roman „Unter dem Äquator" (1990) spielt der Autor mit der wörtlichen und der übertragenen Bedeutung von *Deut*:

„Er kommt noch immer nicht", brummte der Alte endlich zwischen seinem Kauen, „daß ihn der Blitz treffe, den langzöpfigen gelben Schuft; er hat mich betrogen und den weiten Weg von Bandong umsonst hier heruntergelockt. Noch immer nicht, und *keinen Deut* mehr im Gürtel, *keinen einzigen Deut* mehr – um nur zurückzugehen."

Es ist daher schlüssig, daß die Wendung *sich einen Deut um die Meinung anderer scheren* ausdrückt: ‚sich so gut wie gar nicht um die Meinung anderer scheren‘.

Eulen: ~ nach Athen tragen

Rund 250 Nymphensittiche haben Züchter aus Deutschland, der Schweiz und Frankreich am 19. März 2001 im Dülmener Kolpinghaus zur Schau gestellt. Sie nahmen an der 12. Standard-Nymphensittich-Meisterschaft teil, die zum vierten Mal von den Dülmener Mitgliedern der SNV (Standard Nymphensittich-Vereinigung e. V.) ausgerichtet wurde.

In einem Grußwort hieß der Bürgermeister die Aussteller, Besucher und Vogelzüchter aus nah und fern herzlich in Dülmen willkommen:

„Unsere Stadt hat gern Gäste, und wir freuen uns besonders, an diesem Wochenende wieder Ziel vieler Menschen zu sein, die eine enge Beziehung zur Natur und zu Tieren haben und auch bereit sind, dafür Verantwortung zu tragen. Ihnen allerdings erklären zu wollen, wie sehr unsere gefiederten Freunde das Leben bereichern können, hieße *Eulen nach Athen zu tragen*."

Die Wendung *Eulen nach Athen tragen* ist „sprichwörtlich" geworden und bedeutet, wie wir der Ansprache des Bürgermeisters entnehmen können: ‚etwas gänzlich Überflüssiges tun'.

Bis in die jüngere Zeit haben sich immer wieder Dichter aufgerufen gefühlt, die Redewendung zu kommentieren, wenn nicht sogar zu persiflieren. So dichtete Helmut Arntzen (1966:19):

> Sie sollten mehr reisen, riet die Gans der Eule.
> Die großen Städte zum Beispiel: Rom,
> London, Paris, Athen.
> Athen, sagte die Eule und blinzelte, Athen;
> Davon habe ich, es ist längere Zeit her,
> irgend etwas geträumt.

Und der österreichische Autor Reitfloh Widersinn (in: KLEN 1995:8) witzelte:

> Dumm, wenn Athen auf noch mehr Eulen hofft,
> Noch dümmer, mit den Wölfen heulen oft.

Die Wendung ist sogar schon von Dichtern der Antike benutzt worden. Sie findet sich (als griechisch: *glaukas Athenaze*) bei Aristophanes, dem Hauptvertreter der älteren attischen Komödie (vgl. „Vögel", 301) sowie (als griechisch: *glauk'eis Athenas*) beim Wanderredner Lukianos aus Samosata (etwa 120–189 n.Chr.; vgl. „Nigrinos" 1). Auch der römische Schriftsteller Cicero (um ca. 50 v.Chr.) hat sie schon verwendet (z.B. in „Epistulae ad Quintum fratrem" 2,16 u. „Epistolae ad familiares" 6,3).

In „Brehms Tierleben" lesen wir: „Eulen sind geistig plump." Das ist eine überraschende Feststellung, denn: weil die Eule sehen kann, wo für andere nur Finsternis ist, galt und gilt sie als Inbegriff der Klugheit. Deshalb war sie nämlich auch das Attribut der griechischen Göttin der Weisheit, *Athene*.

Man hat die Wendung *Eulen nach Athen tragen* meist aus der Häufigkeit des heiligen Vogels in Athen erklärt. Es lassen sich auffällig viele vergleichbare Wendungen in allen möglichen Gegenden und Sprachen nachweisen: Es gibt das lateinische *lignam in silvam (ferre)*, ‚Holz in den Wald tragen' (bei Horaz in den „Satiren" 1, 10, 34); in Slowenien trägt man *Wasser in die Drau,* in Wien *Wasser in die Donau*, in Bayern *Bier nach München*, in England *coals to Newcastle*, in Rußland *Schnee nach Lappland* und in Amerika *surfboards to California*. Auch der Berliner modifizierte früher die

Wendung zu *Adler nach Berlin tragen*, da überall an den Amtsge-
bäuden der preußische Adler hing; der Schwabe Thomas Murner
klagte schon in der „Schelmenzunft" (1512):

> Die junge welt ist so verkert,
> Mich dunckt, wer sy ietz bosheyt lert,
> Der dreit (trägt) das wasser in den ryn (Rhein).

Der weltberühmte Parömiologe (Sprichwortforscher) Wolfgang
Mieder nennt in der Internet-Zeitschrift „Deproverbio.com"
(Vol. 6, No. 2:2000) weitere englischsprachige Wendungen (u.a.
to carry straw to Egypt; *to carry brine to Apamaea*; *to carry fish to
Acco*; *to carry fir-trees to Norway*; *to carry tea to China*; *to carry
pepper to Hindustan*; *to carry indulgences to Rome*) und ruft
gleichzeitig zur Einsendung weiterer (auch nicht-europäischer)
Wendungen auf.

Wie gesagt, die Wendung *Eulen nach Athen tragen* wird meistens erklärt aus der Häufigkeit der Eule in Athen, des heiligen
Vogels der Athena. Doch Hans Lamer und Paul Kroh geben uns
in ihrem „Wörterbuch der Antike" ([10]1995) eine wesentlich plau-
siblere Erklärung:

„In Wirklichkeit bezieht sich das Sprichwort wohl auf die athenischen
Geldstücke, die wegen des Münzbildes einer Eule im Volksmunde den
Namen *Eulen* führten (ähnlich wie die aiginetischen Münzen kurz *Schild-
kröten*, die korinthischen *Fohlen* genannt wurden); denn von diesen
aus den reichen Silberschätzen des attischen Lauriongebirges geprägten *Eulen* waren im Staatsschatz so viele vorhanden, daß die Bürger
keine Steuern zu zahlen brauchten und eine Zeitlang sogar jährlich
die Überschüsse verteilt werden konnten." (ibid., s.v. *Eulen nach Athen
tragen*)

Aristophanes läßt, wie angedeutet, in der Komödie „Vögel" eine
Eule herbeifliegen, worauf gefragt wird: „Wer hat die Eule nach
Athen gebracht?" Da auf der Akropolis in Athen eine Vielzahl
von Eulen anzutreffen war, erschloß sich für die zeitgenössischen
Zuschauer klar, was damit gemeint war: „Wer bringt Eulen nach
Athen, wo es dort doch schon so viele gibt – echte und abgebil-
dete?"

Fersengeld: ~ geben

Vom österreichischen Lyriker Aloys Blumauer (auch: Aloys Obermayer; 1755–1798) stammt eine nach der Vorlage der „Aeneis" von Vergil (70–19 v. Chr.) verfaßte, Fragment gebliebene Travestie mit dem Titel „Virgils Aeneis travestirt". Dieses u. a. von Goethe heftig abgelehnte Werk wurde vielfach nachgedruckt, „weitergedichtet" oder durch Gegenentwürfe bekämpft. In Strophe 1 lesen wir: „Aus Troja nahm er's *Fersengeld*".

Doch so wie wir einerseits bereits im Mittelhochdeutschen auf die Wendung stoßen, finden sich andererseits auch rund einhundert Jahre nach Blumauer in der Literatur noch zahlreiche Belege für das Wort *Fersengeld* bzw. die Wendung *Fersengeld geben*, der wir hier nachspüren wollen.

So lesen wir in Friedrich Spielhagens Roman „Sturmflut" (1877):

„… als der Herr Kapitän, der mit den gnädigen Herrschaften in Golmberg war, in der Tür steht, und hast du nicht gesehen ein paar Pistolen herauszieht; und *da werden sie ja wohl Fersengeld geben*." (3. Buch)

Und auch in Theodor Fontanes Roman „Vor dem Sturm" (1878) gibt es eine vergleichbare Stelle:

„Nun', sagte Reetzke, ,es war ja ein Überfall, und die Franzosen *mußten Fersengeld geben*. Sie haben vier Tote gehabt.'" (4. Bd., 6. Kap.)

Der von Heine und Brecht beeinflußte deutsche Lyriker Volker von Törne (auch: Waldemar Graf Windei; 1934–1980) nannte den ersten Band seines Werkes, der 1962 in Berlin erschien, „*Fersengeld*".

Nun könnte man meinen, die Redewendung *Fersengeld geben* (für: ,fliehen', ,sich davonmachen') sei veraltet. Doch das scheint keineswegs der Fall zu sein. Auf einer Internetseite mit verkehrstechnischen Ratschlägen heißt es bezüglich des Verhaltens nach einem Unfall: „Wenn Sie jetzt *Fersengeld geben*, machen Sie sich strafbar und müssen mit einer Geldstrafe in erheblicher Höhe oder gar mit einer Freiheitsstrafe rechnen."

Bezüglich der Herkunft dieser Wendung haben sich viele Sprachwissenschaftler geäußert, am differenziertesten Lutz Röhrich ([2]1995:435 f.) in seinem „Lexikon der sprichwörtlichen Redensarten". Er verweist darauf, daß *Fersengeld geben* eine seit dem 13. Jahrhundert gebräuchliche Wendung ist für: ‚fliehen, sich davonmachen, ohne zu kämpfen oder zu zahlen', schon im Mittelhochdeutschen belegt als *versengelt geben*;

„das Substantiv *Fersengeld* erscheint ebenfalls zuerst im 13. Jahrhundert und stammt aus der Rechtssprache. Es bezeichnete eine bestimmte Abgabe, über deren Natur noch keine völlige Klarheit herrscht. Das *Deutsche Rechtswörterbuch* (Band 3, Spalte 503 f.) zieht zwei Bedeutungen in Betracht: eine ‚die Eigenbehörigkeit beurkundende Abgabe' oder eine ‚Buße für rechtswidriges Verlassen des Ehegatten'. Schon der älteste Beleg für diesen Rechtsausdruck im ‚Sachsenspiegel' ... nennt eine wirkliche Summe als Entschädigungsgeld für einen Wenden, den seine Ehefrau verläßt: ... die wendischen Frauen konnten nach wendischem Rechte den Mann jeden Augenblick verlassen gegen Zahlung der „versne penninge". Es ist nicht unmöglich, daß dies der Rest eines viel älteren Rechtsbrauches ist und daß das Strafgeld, das nach alemannischem Volksrecht der Schlachtflüchtige zahlen mußte (160 Solidi), zuerst den Namen *Fersengeld* erhielt."

Röhrich schreibt die Entstehung der Redensart letztlich einem Volkswitz zu:

„Statt mit gültiger Münze zu zahlen, gab der Fliehende *Fersengeld*, wobei man vielleicht die schnell abwechselnd sichtbar werdenden Fersen eines Entfliehenden mit springenden Geldstücken verglich oder einfach mit *Fersengeld* den Tritt auf die Ferse des Vordermanns bezeichnete. Diese witzige Bedeutungsänderung von *Fersengeld* war um so eher möglich, als die Ferse auch in vielen anderen Ausdrücken zur Bezeichnung der Flucht vorkommt, schon mittelhochdeutsch *mit der vérsen geségenen*, neuhochdeutsch ‚mit den Fersen hinter sich schlagen' usw. Als Redensart kommt *Fersengeld geben* zuerst in Ottokars ‚Österreichischer Reimchronik' ... vor."

Röhrich verweist zu Recht darauf, daß die Redewendung heute häufig in erweiterter, also nicht mehr ausschließlich auf die Sphäre des Krieges beschränkter Bedeutung verwendet wird und daß der logische Anwendungsbereich der Redensart heutzutage vielen Sprechern und Schreibern offenbar nicht mehr bewußt ist. Er verweist auf den Bericht eines Verlegers über die Buchproduktion von jungen Autoren, in dem davon die Rede ist, daß diese „sich mit ersten kleinen Proben *ihr Fersengeld verdienen* müssen", und kommt zu dem Schluß:

„Wahrscheinlich ist dem Berichterstatter dabei eine unbewußte Verwechslung von *Fersen* und *Versen* unterlaufen. Falsch ist *Fersengeld verdienen* allemal. Witziger ist das Wortspiel in dem Ausspruch, der 1948 anläßlich der Währungsreform und der Entnazifizierung einem ins Stammbuch geschrieben wurde: ‚Wer keine Kopfquote bekommt, muß *Fersengeld geben‘.*"

Fiasko: ein ~ erleben/erleiden

„Die Diskussion um die Anbindung der ‚Fulda Galerie‘ an die Haderwaldstraße zeigt erneut, daß ein Gesamtverkehrskonzept für Fulda mehr als überfällig ist", so verlautete die SPD-Stadtverordnetenfraktion in einer Pressemitteilung vom 11. März 2001, in der es weiter heißt:

„Wenn diese Beziehungen weiter vernachlässigt würden und weiterhin keine Offenheit gegenüber den Nachbarstadtteilen gezeigt werde, dann werde die Stadt an dieser Stelle *ein* städtebauliches *Fiasko erleben*, prophezeit Fraktionssprecher Tritschler."

Und Konrad Freiberg, Bundesvorsitzender der Gewerkschaft der Polizei (GdP), erklärte auf einer GdP-Pressekonferenz am 24. April 2001 in Berlin:

„Wenn die Strafverfolgungsbehörden bei uns und in Europa insgesamt weiterhin mit angezogener Handbremse arbeiten müssen und nicht schnellstens personell und rechtlich in die Lage versetzt werden, nachhaltig durchzugreifen, werden wir bei der Einführung des Euro und der geplanten Osterweiterung der EU *ein Fiasko erleben*."

Das Wort *Fiasko* wird in diesen beiden wie in anderen Kontexten im Sinne von ‚Mißerfolg, Zusammenbruch‘ verwendet. Kaum jemand macht sich Gedanken über dieses seit ca. 1840 im Deutschen bezeugte Wort, das eine hochinteressante Geschichte hat.

Lutz Röhrich ([2]1995:442) schildert die Bedeutungsentwicklung und berichtet auf amüsante Weise darüber, wie der Ausdruck *Fiasko erleiden* im Sinne von, ‚Mißerfolg haben, scheitern, durchfallen‘ zunächst nur bezüglich mißglückter Bühnenaufführungen gebraucht wurde und später auch auf das Scheitern geschäftlicher Unternehmungen übertragen worden ist.

„Ausgangspunkt der Redensart ist französisch *bouteille* = ‚Flasche‘, was in der Schülersprache die Bedeutung von ‚Fehler, Schnitzer, Bock‘ hat; vgl. die französische Redensart *faire une bouteille* = ‚einen Bock schießen‘ (in der Schülersprache heute nicht mehr gebräuchlich). Das Italienische hat diese Wendung mit *far fiasco* übersetzt. Nach 1837 ist der Ausdruck aus dem Französischen *faire fiasco* zu uns gelangt; den deutschen Mundarten ist er weitgehend fremd geblieben. Die Wendung *far fiasco* tauchte zuerst im venezianischen Dialekt auf. Sie beruht auf der Tatsache, daß es der Kunst eines erfahrenen Handwerkers bedarf, um gelungene Gläser herzustellen. Wenn Laien oder Lehrlinge der Glasbläserkunst ein Trinkgefäß oder anderes Glasgefäß herzustellen versuchten, kam meist nichts anderes heraus als eine gewöhnliche Flasche – zum großen Vergnügen der Umstehenden, die jeden weiteren Versuch und Fehlschlag mit Gelächter und dem Ruf *Altro fiasco! Altro fiasco!* begleiteten. *Far fiasco* wurde so gleichbedeutend mit: ‚etwas Mißratenes produzieren‘. Diese Gleichsetzung des Begriffs *Flasche* mit einem ‚Fehlschlag, über den andere lachen‘, wurde so selbstverständlich, daß der Begriff in diesem Sinne auch auf andere Gebiete übertragen wurde, z.B. auf Künstler im Theater, wenn sie falsche Töne produzierten oder auf andere Weise das Mißfallen des Publikums erregten. Selbst wenn der Sänger nur einen einzigen falschen Ton herausbrachte, waren die Worte *Ola, Ola, fiasco!* zu hören. Und obendrein wurde dem Schauspieler oder Sänger am Schluß der Vorstellung an Stelle eines Lorbeerkranzes eine Flasche als Sinnbild des Versagens umgehängt. Im Deutschen hat sich die Wendung *So ein Fiasko* im Sinne von ‚Fehlschlag, Reinfall, Versagen‘ auf allen Gebieten durchgesetzt.“

Der Bedeutungswandel vom ‚Reinfall auf dem Theater‘ zum allgemeinen ‚Fehlschlag‘ vollzog sich um die Mitte des 19. Jahrhunderts; in einem Brief Theodor Fontanes aus dem Jahre 1857 heißt es: „ich werde mich nie den Eseln zugesellen, die hinterher das Feld bespotten, auf dem sie *Fiasko gemacht* haben.“

Schon Heinrich Sabersky (1906:274) hat die Herkunft der aus dem Italienischen übernommenen Redensart diskutiert:

„Die einen meinen, die Leere der Flasche (*fiasco*) diene als Sinnbild der Leere und deute auf einen Mangel der Leistung, aus dem ein Mißerfolg hervorgehe. Andere glauben, die Redensart sei darauf zurückzuführen, daß bei Verfertigung der Flaschen viele durch Mißlingen und Zerbrechen vergebliche Mühe gemacht haben; *far fiasco* sei also gleichbedeutend mit ‚vergeblich arbeiten‘.“

Schließlich wird von Sabersky noch auf eine ältere italienische Redensart hingewiesen (*appiccar il fiasco ad alcuno*, wörtlich: ‚jemandem die Flasche anhängen‘, welche die Bedeutung hatte: ‚jemanden in üblen Ruf bringen, ihn beschimpfen, verleumden‘ usw.), die auch von Oskar Weise in seinen Hinweisen berücksichtigt wurde:

„Wie noch im 18. Jahrhundert (z.B. in Wurzen) den klatschhaften Weibern Schandflaschen zur Strafe an den Hals gehängt wurden, so früher auch den auf der Volksbühne durchgefallenen Schauspielern …“

(¹¹1929:210); „… ebenso wie in Italien (vgl. italienisch *appiccar il fiasco ad alcuno*, woraus sich der Sinn von *fiasco* [‚Flasche' =] ‚Mißerfolg' entwickelt hat". (⁴1915:81, Anm. 1)

Goldwaage: (nicht) jedes Wort auf die ~ legen

‚Jedes Wort sorgfältig planen/überlegen' bzw. ‚(nicht erst) lange überlegen' oder ‚es (nicht) übertrieben genau nehmen' – das ist gemeint mit dieser Wendung. Doch wie ist sie entstanden?

Hans Dittrich gibt uns in seinem Buch „Redensarten auf der Goldwaage" (1975:84f.) einen interessanten kulturgeschichtlichen Hinweis auf den Zusammenhang zwischen der Goldwaage und den auch in unserer Umgangssprache noch geläufigen *Geldschneidern*:

„Noch zu Zeiten unserer Ururgroßmütter mußte ein Goldstück auf der Waage genau nachgewogen werden, weil es oft am Rande (beschabt) beschnitten war. Beim Wiegen glichen einst *Geldschneider*, die man auch Kipper nannte, das Fehlgewicht durch schnelles Kippen der Münzen auf die Waagschalen und geschicktes Manipulieren beim Wiegevorgang (wippen) aus. Diese *Kipper* und *Wipper* gaben einer ganzen Zeit ihren Namen."

Hier wird auf die sogenannte „Kipper- und Wipperzeit" von 1618 bis 1623 angespielt, das sind die ersten Jahre des Dreißigjährigen Krieges: besonders beim Wiegen wendeten Edelmetallaufkäufer durch Kippen und Wippen der Waage betrügerische Methoden an. Der große Geldbedarf und die Silberknappheit veranlaßten die Landesherren, das vollwertige Geld einzuschmelzen und mit Kupferzusatz unterwertig in „Kippermünzen" auszuprägen, was zur ersten großen Inflation der Neuzeit führte.

Das Stadtmuseum Naumburg schildert eindringlich die schwere Krise des deutschen Münzwesens:

„Der Grund für die Entstehung der Kipper- und Wippermünzen lag in einer schweren Krise des deutschen Münzwesens im frühen 17. Jahrhundert, deren Höhepunkt um 1620 erreicht war. Schuld daran war eine allgemeine Knappheit an kleiner Münze, die wiederum auf die zunehmende Silberknappheit zurückging. Der Versuch, das Münzwesen durch die Reichsmünzordnung von 1559 zu regulieren, hatte wenig Erfolg gehabt, denn die Herstellungskosten der Kleinmünzen überstiegen bald deren nominalen Wert und machten damit die Prägung unwirtschaftlich. Dies hatte zur Folge, daß die Kleinmünzprägung letztlich ganz ausblieb.

Um die Kleingeldnot zu nutzen, begannen regionale Münzstände mit der Einschmelzung großer Silbermünzen und der Ausprägung schlechter Kleinmünzen, die einen immer höheren Kupferanteil aufwiesen. Der Name dieser Münzart entstand durch das Wippen (Wiegen) und Kippen (Aussondern) durch die Münzaufkäufer. Der Wert des Kreuzers sank in der Folge stark ab: während 1570 auf einen Taler noch 68 Kreuzer gemünzt wurden, waren es 1611 schon 90 Kreuzer. Die beginnende Kriegsgefahr zu Beginn des 17. Jahrhunderts beschleunigte diese inflationäre Entwicklung. Sie fand ihren Höhepunkt im Herbst 1622, als auf 1 Taler 1000 Kreuzer zu 429 Groschen kamen. Auf dem Höhepunkt der Inflation in den Jahren 1620–1622 stießen neben den Reichsmünzstätten noch zahlreiche regionale Heckenmünzen Unmengen schlechten Geldes aus."

Und das virtuelle „MoneyMuseum" gibt diesen ergänzenden Bericht:

„Als … seit 1619 auch größere Staaten und deren Landesherren diesen Münzbetrug mitmachten, wuchs die Inflation von Jahr zu Jahr. Hunger und Not entstanden. Geistliche erhoben ihre Stimme gegen die Kipper und Wipper.

Das Volk reimte Spottlieder: ‚Sie mauscheln ja und wechseln ein, / nichts darf sich blecken lan./Die kip die wip, die kip die wip! / Sie liefern's in die Münz geschwind, / kippen's nach der Mark dahin/und nehmen zehnfachen Gewinn/mit dem losen Münzergesind.'

Man beschuldigte die Münzmeister der Fälschung, während die wahren Schuldigen die Münzherren, Fürsten und Bischöfe, waren. Nachdem es in Österreich und dann auch im ganzen Heiligen Römischen Reich Deutscher Nation zu offenem Aufruhr gekommen war, wurde 1622 schließlich das Kippergeld verboten. 1623 kehrte man überall wieder zu den alten Münzen zurück."

Die Redensart *seine Worte auf die Goldwaage legen* findet sich, wenn man vom Deutschen absieht, bereits seit der Antike in der Rhetorik, wo sie von den römischen Schriftstellern Varro (116–27 v. Chr.; *unum quodque verbum statera auraria pendere*) und Cicero (106–43 v. Chr.; „De oratore" II, 38, 159) gebraucht wurde.

Entscheidend für das Eindringen der Redensart in die *deutsche* Umgangssprache, in der sie seit dem 16. Jahrhundert oft gebraucht wird, war jedoch Luther mit seiner Bibelübersetzung. Er übersetzte Sirach 21,27: „Die unnützen Wäscher plaudern, was nicht zur Sache dient, die Weisen aber *wägen ihre Worte mit der Goldwaage*", Sirach 28,29: „Du wägest dein Gold und Silber ein; warum *wiegst Du nicht auch Deine Worte auf der Goldwaage?*" und schrieb in den „Tischreden" (4, 536): „darum lese man der väter bücher mit unterscheid und bedachtsam, *lege sie auf die goldwage* und bedenke wohl".

Heller: etwas ist keinen (roten) ~ wert

Bei Franz Stelzhamer (1802–1874), dem bedeutendsten Mundart-dichter des bayrisch-österreichischen Raumes, lesen wir in seiner Erzählung „Reisel, der Wildschütz und Geiger":

„Nu, er sagte, wenn ich dir's schon wiederholen soll", warf der Pocher herüber, „und wenn er mir's gesagt hätte, ich wollt' ihm schon geantwortet haben! – er sagte: Dein Platz im Himmel ist wohl *keinen roten Heller wert,* aber du glaubst daran, und darum will ich dir dafür die paar lumpigen Sechser geben ja, hier ist sogar noch ein Sechser, dafür mußt du mir aber deinen Handschlag leisten, daß unser Handel gültig ist ..."

Mit der Wendung *keinen roten Heller wert sein* wird ausgedrückt, daß etwas ‚von sehr geringem Wert' ist. Ein *Heller* bezeichnete ursprünglich den

„seit der Zeit um 1200 in der königlichen Münzstätte (Schwäbisch) Hall geprägten denarius Hallensis ... Durch massenhafte Prägung und durch Übernahme des Heller-Münzfußes in vielen Münzstätten des Rheingebietes, Frankens und Schwabens sank der Wert, so daß im 14. Jahrhundert der Haller Pfennig (Heller) nur mehr den vierten Teil eines Regensburger Pfennigs galt. 1494 wurde die Hellerprägung in Schwäbisch Hall aufgegeben." (Wilhelm Volkert [2]1999:110).

Der *Haller* – oder *Häller,* wie er ursprünglich auch hieß – war als Kupfermünze rot und, wie geschildert, von geringem Wert. Die Bedeutung dieser Wendung liegt demnach auf der Hand; *er hat auf Heller und Pfennig* bezahlt, meint: ‚er hat alles vollständig bezahlt, bis zum geringsten Betrag'.

Kapital/Geld: ~ aus einer Sache (heraus)schlagen

Die Bedeutung und das Verwendungsspektrum dieses Ausdrucks sind offensichtlich: ‚an einer Sache gut verdienen', ‚Gewinn herausholen', ‚von etwas profitieren', ‚aus etwas Vorteile ziehen'.

Die Herkunft dieses Ausdrucks ist den meisten Sprachbenutzern nicht mehr bewußt. Er geht auf die Zeit zurück, als die Münzen noch einzeln von Hand aus dem Metallblech herausgeschlagen werden mußten, weil es keine Prägemaschinen gab. Hier haben wir also den kognitiv-linguistisch interessanten Fall, daß ein Ausdruck bestimmte Umstände gleichsetzt mit einem Edelmetallblech, aus dem *Geld herausgeschlagen* werden kann.

Kleinod

Zwei Strophen aus Heinrich Heines Gedicht „Jehuda ben Halevy" (in: „Hebräische Melodien") sollen uns zum Wort *Kleinod* führen:

> Eine kleine güldne Truhe,
> Mit Miniaturbildwerken
> Und mit inkrustierten Steinen
> Und Kameen reich geschmückt –
>
> Dieses Kästchen, selbst ein *Kleinod*
> Unschätzbaren Wertes, diente
> Zur Bewahrung von *Kleinodien*,
> Des Monarchen Leibjuwelen.

Ein ‚kostbares Schmuckstück', das ist unbestreitbar, bezeichnen wir mit dem Wort *Kleinod*. Doch was verbindet dieses Wort mit dem englischen Wort *clean*? Wer die Frage für blühenden Unsinn hält, übersieht die sprachhistorischen Bezüge. *Kleinod* ist ein mit demselben Suffix wie z.B. *Einöde* gebildetes Substantiv (mittelhochdeutsch *kleinōt*) und schließt sich an *klein* in dessen älterer Bedeutung ‚fein, zierlich' an. Schon im Althochdeutschen bedeutete *kleini* nämlich soviel wie ‚glänzend, kostbar, zierlich' und ist sprachgeschichtlich durchaus zum englischen Wort *clean* (‚sauber', ‚blank') zu stellen. Zunächst bezeichnete *Kleinod* darum eine ‚kunstvoll gearbeitete, zierliche Kleinigkeit', die z.B. als Aufmerksamkeit oder Gastgeschenk überreicht wurde, und erst dann – wie heute – einen ‚wertvollen Gegenstand' oder einen ‚unersetzlichen Wert'.

Mammon: schnöder ~

In E. T. A. Hoffmanns Erzählung „Das öde Haus" (Erstdruck 1817) findet sich dieser Dialog:

„So könnt es auch', fuhr ich fort, ‚dämonischen Kräften verstattet sein, feindlich verderbend auf uns zu wirken?' – *Schnöde Kunststücke* gefallner Geister', erwiderte der Mediziner lächelnd." (S. 4)

Eine Formulierung wie *schnöde Kunststücke* im Sinne von ‚armselige Kunststücke' ist uns kaum mehr geläufig, aber von *schnöden Antworten* und *schnöden Worten* hört und liest man gelegentlich noch heute; *schnöde* bedeutet dabei ‚rücksichtslos, verachtend'.

Häufiger ist die Verbindung *schnöder Mammon*; so bringt auch die Musikgruppe „Erste Allgemeine Verunsicherung" in ihrem Song „Geld oder Leben!" u. a. diese Strophe zu Gehör:

> Der *Mammon*, sagt man, sei ein *schnöder*,
> doch ohne ihn ist's noch viel öder.
> Im Westen, Osten oder Süden
> überleben nur die Liquiden.
> Ohne Rubel geht die Olga
> Mit dem Iwan in die Wolga.
> Für Karl-Otto gilt dasselbe:
> Ohne Deutschmark in die Elbe!

Doch auch der hier scherzhaft gebrauchte umgangssprachliche Ausdruck *schnöder Mammon* für ‚Bargeld (als etwas Verachtenswertes, das man gleichwohl begehrt)' erschließt sich erst nach einigen historischen Erläuterungen.

Das aramäische Wort *mamona* bedeutete ‚Besitz' und geht auf das altägyptische *mnmnt* (‚Vieh') zurück; es entspricht demnach der Bedeutungsentwicklung von gotisch *faihu* (‚Geld, Vieh') im Verhältnis zu lateinisch *pecunia*. *Mammon* war bei den Syrern der vorchristlichen Jahrhunderte der ‚Gott des Reichtums', dem man an bestimmten Festtagen huldigte. Erst bei Luther ist der *Mammon* ein Sinnbild heidnisch-ungerechten Reichtums; so heißt es in der Bibel: „Ihr könnt nicht Gott dienen und dem Mammon" (Matth. 6,24); „Macht euch Freunde mit dem *Mammon* der Ungerechtigkeit, damit sie, wenn er ausgeht, euch aufnehmen in die ewigen Hütten" (Luk 16,9). In der Verbindung *schnöder Mammon* ist das Wort *schnöde* also – ebenso wie im Eingangszitat und in den Wendungen *schnödes Geld* und *schnödes Almosen* – in seiner früheren Bedeutung ‚armselig' zu verstehen. „Ein *schnödes*, unheimliches körperliches Übel" hieß es noch bei Goethe, der auch von einer „*schnöden* Verirrung" und einem „*schnöden* Irrtum" sprach.

Milchmädchenrechnung

Kurt Meyer (1989:206) führt in seinem Buch „Wie sagt man in der Schweiz?" folgende Definition an: ,laienhafte, zu einfache Rechnung, die der Komplexität der Gegebenheiten nicht gerecht wird'; er ordnet sie einem Begriff zu, der uns in Deutschland verblüfft: *Milchbüchleinrechnung.* Der Autor verweist auch auf ein Verwendungsbeispiel aus der „Neuen Zürcher Zeitung" (23./24.1.1982, S. 17): „Der direkte Vergleich der Zinssätze von Spargeldern einerseits und Hypotheken andererseits ist nämlich eine *Milchbüchleinrechnung …".* „Typisch schweizerisch", werden dazu die meisten deutschen Leser sagen, denn im Deutschen ist man weniger galant und kennt nur den Ausdruck *Milchmädchenrechnung.* So prägte auch Werner Mitsch (1978:5) den Spruch: „Butterberge sind die Folge von *Milchmädchenrechnungen.*"

„Die Redewendung *eine Milchmädchenrechnung aufmachen"* – so Lutz Röhrich (²1995:1034) – „wird bildlich auf eine ,unlogische Gedankenkette' angewandt, auf ,eine an unzureichende Bedingungen geknüpfte Erwartung'. Sie dient zur Verächtlichmachung und Kritik des Gegners besonders bei Haushalts- und Finanzdebatten, wenn man die vorausberechneten Einnahmen anzweifelt." Der Verfasser des „Lexikons der sprichwörtlichen Redensarten" hält es für möglich, daß der Ausdruck auf die Fabel „Die Milchfrau" von Johann Wilhelm Ludwig Gleim (2. Buch, Berlin 1757, S. 14) und die Fabel „Der Milchtopf" von Johann Benjamin Michaelis („Fabeln, Lieder und Satyren", Leipzig 1766, S. 49) zurückgeht, die beide wiederum Bearbeitungen von La Fontaines Fabel „La laitière et le pot au lait" sind. Deshalb möchte ich den Lesern die Fabel in der jeweiligen Fassung bei La Fontaine und Gleim nicht vorenthalten.

Jean de La Fontaine („Fabel IX"):
Das Milchweib und der Milchtopf

Vorsichtig trug Perrette 'nen milchgefüllten Topf
Auf einem Kissen auf dem Kopf;
Sie hofft, ohn' Hindernis glücklich zur Stadt zu eilen.
Ganz leicht und kurz geschürzt, geht schnellen Schritts sie zu;
An Kleidung trug sie heut, um sich nicht zu verweilen,
Nur einen Rock und flache Schuh.
Schon zählt das Weibchen mit dem schlanken

Und drallen Mieder in Gedanken
Den Preis für ihre Milch; schon legt das Geld sie an,
Kauft hundert Eier ein zum Brüten, und nach Franken
Rechnet sie den Gewinn, den sie draus ziehen kann.
„Leicht wird es mir" – sagt sie mit Lachen –
„Zu Hause aufzuziehn die Küchlein, zart und klein;
Sehr schlau müßt Meister Fuchs es machen,
Ließ er mir nicht genug zum Ankauf für ein Schwein!
Ein Ferkel mästen, das kann auch so schlimm nicht sein;
Fett soll's schon werden, hab ich's erst, in jedem Falle!
Verkauf ich's dann, bringt's mir ein rundes Sümmchen ein.
Wer will mich hindern, daß, als schönstes Paar im Stalle,
'ne Kuh, ein Kälbchen auch ich für den Preis ersteh,
Das in der Herde dann ich lustig hüpfen seh?" –
Perrette hüpft dabei vor Freude. Jähen Falles
Stürzt hin die Milch: Kuh, Kalb, Schwein, Küchlein – hin ist alles.
Die Herrin all des Guts sah nun betrübten Blicks.
In Trümmern ihre Schätze liegen
Und fürchtet', ob des Mißgeschicks
Prügel von ihrem Mann zu kriegen.
Zur Posse ward der Scherz gemacht:
Der Milchtopf wurde viel belacht.

Wer liebt zu schweifen nicht im Blauen,
Und wer Luftschlösser nicht zu bauen?
Picrocholus, Pyrrhus, das Milchweib – jeder fällt,
Der Narr dem Weisen gleichgestellt,
Dem wachen Traum anheim, der uns gefangenhält;
Ein schmeichelnd Trugbild, mit des Geistes Aug zu schauen,
Zeigt: uns gehört die ganze Welt,
Uns alle Ehren, alle Frauen.
Bin ich allein, tret ich dem Tapfersten zu nah;
Ich schwärme weiter, ich entthrone Persiens Schah;
Ein König, steh auf hoher Zinne
Der Macht ich, auf mein Haupt regnet ein Kronenflor.
Ein Zufall wirkt, daß ich mich auf mich selbst besinne;
Sieh da: Jean bin ich wie zuvor.

Johann Wilhelm Ludwig Gleim (1719–1803) veröffentlichte 1820
in Hamburg seine Version dieser Fabel:

Der Milchtopf

Gehörig aufgeschürzt, mit starken Schritten,
Den Milchtopf auf dem Kopf, ging Marthe nach der Stadt,
Um ihre Ware feil zu bieten.
Weil doch nun beim Verkauf ein Jeder Sorgen hat,

So überdachte sie, was, wenn's das Glück ihr gönnte,
Sie wohl damit verdienen könnte.
Sechs Groschen, dachte sie, gibt mir wohl jedermann,
Denn in der Stadt ist alles teuer,
Die streich' ich also ein, und lege sie mir an,
Und kaufe mir, so weit sie reichen, Eier,
Die bring' ich wieder in die Stadt;
Das Glück hat oft sein Spiel, für das, was ich gewann,
Kauf' ich mir lauter Hühner ein;
Dann legt mir eine jede Henne;
Und ich zieh dreimal Brut. Wie will ich mich erfreun,
Wenn so viel Hühner um mich flattern!
Kein Marder soll sie mir ergattern. –
Sind sie dann groß genug, so kauf' ich mir ein Schwein,
Die Kleie hab' ich schon dazu;
Das Schwein verkauf' ich auch, und kauf' dann eine Kuh;
Die wirft ein Kalb, ein Kalb voll Muth und Feuer.
Hei, wie es springt! – Hopf, Anne Marthe, hopf:
– Hier springt sie. – Bauz, da lag der Topf!
Nun gute Nacht zugleich, Kuh, Kalb, Schwein, Hühner, Eier!

Heinz Küpper (⁴1990:536) ist sich bezüglich der Herleitung des Ausdrucks, der offenbar seit 1900 besonders geläufig ist, nicht ganz sicher und schreibt daher: „Nach anderer Deutung ist auszugehen von der geringen Rechenfertigkeit der Dorfmädchen, die die Milch zu den städtischen Haushalten brachten."

Miese: in den ~n sein

Wer *in den Miesen* ist, hat ‚Schulden', sein Konto überzogen oder Minuspunkte bei bestimmten Kartenspielen. Die letztere Bedeutung ist seit 1870 belegt, die ‚Debetziffern auf dem Kontoauszug' werden laut Heinz Küppers „Wörterbuch der deutschen Umgangssprache" (⁴1990:535) seit etwa 1960 so genannt. Die Substantivierung *Miese* geht auf das jiddische Wort *mi(e)s* zurück, das dort die Bedeutung ‚schlecht, miserabel' hatte und seinerseits zurückgeht auf das hebräische *mĕ'is* (‚schlecht, verächtlich').

Miete: das ist schon die halbe ~

„Männer sind *die halbe Miete*" – so heißt das 1998 erschienene Buch von Terry McMillan. Und auch die deutsche Version des

1998 unter der Regie von Kevin Rodney Sullivan entstandenen amerikanischen Films „How Stella Got Her Groove Back" trug den verdeutlichenden Titel: „Stellas Groove: Männer sind *die halbe Miete*."

Am 25. Oktober 1999 berichtete die österreichische „Sportzeitung" über einen favorisierten Fußballverein:

> „Die *halbe Miete* hat der FC Tirol nach dem 1:1 beim GAK schon in der Tasche. Um die Winterkrone wird's für die Jara-Elf noch einmal eng. Zuerst kommt Salzburg, dann wartet Rapid …"

Die Bedeutung des Ausdrucks oszilliert zwischen ‚das Wesentliche', ‚ein großer Vorteil' – so in den ersten beiden Beispielen – und ‚die Hälfte der zum Spielgewinn nötigen Punkte bringen (von einem Stich mit 31 Augen)'. Die letztere Bedeutung ist natürlich nur im Kontext des Kartenspiels zu verstehen: *die halbe Miete (sein/bringen)* ist in der Sprache der Skatspieler ein gängiger Ausdruck.

Was dem Stadtbewohner nicht unbedingt geläufig ist: Als *Miete* bezeichnet man auch eine mit Stroh oder Erde abgedeckte Grube, in der Rüben oder ähnliche Feldfrüchte zum Schutz gegen Frost aufbewahrt werden. Die etwas rustikalere Erklärung unserer Redewendung ist daher durchaus nicht abwegig: War *die halbe Miete* gefüllt, so war bereits die Hälfte der Ernte eingebracht.

Moneten

Der Landesverband Thüringen des „Bundes für Umwelt- und Naturschutz Deutschland" stellte im August 2000 die Forderung auf, einen Teil der UMTS-Milliarden für eine grundlegende Sanierung und Modernisierung der Bahn in den neuen Bundesländern zu verwenden, und überschrieb seinen entsprechenden Aufruf mit der Zeile: „Her mit den UMTS-*Moneten*!" Das Wort *Moneten* wurde hier, wie heute umgangssprachlich üblich, im Sinne von ‚Geld' verwendet. Der Ausdruck ist erst im späten 18. Jahrhundert durch Studenten eingebürgert worden, und wer behauptet, es sei blühender Unsinn, ihm – wie dem *Mammon* (vgl. S. 62) – einen göttlichen Hintergrund nachzusagen, der irrt. Herbert Rosendorfer (geb. 1934), einer der einfallsreichsten und vielseitigsten Autoren der deutschen Gegenwartsliteratur, war sich nicht zu fein, den ADAC-Reiseführer über Rom zu schreiben, und gibt darin folgende penible Beschreibung ([5]2000:20):

„Wieder zurück zum Asylum: Links am Senatorenpalast vorbei, gelangt man zu einem schmalen Platz, von dem aus einerseits ein Weg abwärts zum Forum führt, andererseits eine Treppe zum Seiteneingang der Kirche S. Maria in Aracoeli, die auf der Kuppe des Arx-Hügels steht. In antiker Zeit befand sich hier der Tempel der Juno Moneta, der mahnenden Juno. Da entweder im Tempel oder in der Nähe die römische Münzstätte eingerichtet war, verschob sich der Begriff *Moneta* aufs Geld. Im 6. Jahrhundert errichteten griechische Mönche, von denen es damals viele in Rom gab, im oder über dem Juno-Moneta-Tempel eine Kirche, die 1250, nachdem der Papst den Ort dem neu gegründeten Franziskaner-Orden geschenkt hatte, dem romanisch-frühgotischen Bau weichen mußte, den wir heute vor uns haben."

Es war also in der Tat die räumliche Nähe der römischen „Geldfabrik" zur *Juno Moneta*, der „mahnenden Juno", die den Geldmünzen ihren Namen einbrachte.

Das lateinische Wort *moneta* ist auch die Quelle für das französische Wort *monnaie* (‚Münze, Geld'), bewahrt in unserem Fremdwort *Portemonnaie*, und das englische *money* (das unmittelbar aus dem Altfranzösischen entlehnt wurde).

Moos

„Wer rastet, rostet", sagt man bei uns. Der Engländer sagt: „A rolling stone gathers no moss" – ‚Ein rollender Stein setzt kein Moos an'. Wenn Steine *Moos angesetzt* haben, sind sie mit Moos bedeckt, also mit jener den Boden, Baumstämme o. ä. überziehenden immergrünen, oft als Polster wachsenden Pflanzendecke. Der Ausdruck *Moos ansetzen* kann auch im übertragenen Sinne, nicht zuletzt auf Menschen bezogen, verwendet werden: im Sinne von ‚alt werden', ‚veralten', ‚an Aktualität verlieren'. Doch wer kennt nicht auch den großspurigen, um nicht zu sagen *großkotzigen* Spruch: *Ohne Moos nix los*? *Moos* hat hier eine ganz andere – umgangssprachliche – Bedeutung, auf die uns schon Rudolf Fröhlich (1851) aufmerksam macht: „*Moos* = ‚das Geld'. *Ins Torf gehen und Moos holen* bedeutet: ‚jemandem Geld aus der Tasche stehlen'." Dieses besonders im Gaunertum und soziolektal verbreitete Wort entstammt dem Jiddischen, das es dem sephardisch-hebräischen Wort *ma'ôth* (‚kleine Münze[n], Kleingeld') entlehnt hat. Hier ist im Jiddischen – wie auch bei anderen Lexemen – die hebräische Herkunft durch ein gleichklingendes deutsches Wort verdunkelt worden (vgl. *betucht*, S. 50).

Interessant ist, was Wasserzieher ([2]1930:27) in diesem Zusammenhang schreibt:

„Die Redensart *Er weiß, wo Barthel den Most holt* gehört wahrscheinlich hierher; *Most* wäre dann verderbt aus *Moos*, während *Barthel* ohne Frage ‚Brecheisen‘ bedeutet. Es ist aus hebräischem *schabar* (‚brechen‘) und *barze* (‚Eisen‘) zusammengesetzt und hat mit dem Vornamen *Bartholomäus* nichts zu tun.“

Obolus: seinen ~ entrichten

Zu Beginn ihres unter dem Stichwort *Mammon* (vgl. S. 62) bereits zitierten Songs „Geld oder Leben!“ belehrt uns die Musikgruppe „Erste Allgemeine Verunsicherung“ mit dieser Erkenntnis:

Es beherrscht der *Obolus*
seit jeher unsern Globulus.
Mit anderen Worten: Der Planet
sich primär um das eine dreht!

Laut Wörterbuch bezeichnet der *Obolus* [griechisch-lateinisch] eine ‚kleine Geldspende‘, einen ‚kleinen Beitrag‘. Wer *seinen Obolus entrichtet* – die Wendung ist seit dem 18. Jahrhundert in Deutschland nachgewiesen –, zahlt also einen ‚kleinen Beitrag‘ bzw. seinen ‚Eintritt‘.

Im antiken Griechenland bezeichnete der *Obolos* die kleinste griechische Münze, sechs davon ergaben eine Drachme. Von der griechischen Unterwelt wird berichtet, daß der Fährmann Charon nur jene Toten sicher über den Unterweltsfluß Acheron brachte, denen man einen Obolus unter die Zunge gelegt hatte. Dieser Obolus, den der Fährmann als Lohn nahm, war demnach das Eintrittsgeld in den Hades.

Klaus Müller (1994:445) gibt uns diesen interessanten Ergänzungshinweis:

„Etymologisch verwandt ist *Obelisk*, da *obelos/obolos* eigentlich ‚Spieß, Bratspieß‘ bedeutet. Auch der Gallier Obelix hat seinen Namen davon, daß er gewöhnlich mit einem Jagdspieß nach Wildschweinen jagt, die er am Bratspieß brät.“

Pfennigfuchser

Auch wenn niemand mehr eine *müde Mark* auf dem Konto hat, sondern nur noch *Euros* und *Cents* – die Hoffnung auf einen *Batzen* Geld oder eine *schnelle Mark* wird ebensowenig schwinden wie die Abrechnung auf *Heller und Pfennig* (obwohl der *Heller* schon 1873 mit der Einführung der *Mark* als gemeinsame Währung im damaligen Deutschen Reich aus den Geldbeuteln verschwunden ist). Man gewöhnt sich daran, daß man jetzt mit „Haste mal ’nen Euro" statt wie früher mit „Haste mal ’ne Mark" angebettelt wird, aber viele alte Münzbezeichnungen werden mit Sicherheit in den Redewendungen erhalten bleiben; wer anderes erwartet, *ist nicht ganz bei Groschen*. Und so werden wir nicht vom *Centfuchser*, sondern weiterhin vom *Pfennigfuchser* sprechen, wenn wir einen ‚besonders geizigen Menschen' charakterisieren wollen.

Es wird allerdings schwierig bleiben, die Herkunft des Wortes zu erklären. Hermann Pauls „Deutsches Wörterbuch" (⁹1992: 298) bedauert unter dem Stichwort *fuchsen*, daß „der ursprüngliche Sinn von *Feder-* und *Pfennigfuchser* nicht festgestellt" sei. Bei Friedrich Kluge heißt es im „Etymologischen Wörterbuch der deutschen Sprache" (²³1995: 625) lapidar, *Pfennigfuchser* bedeute „eigentlich ‚wer wegen Pfennigen die Leute *fuchst*, d. h. plagt.'"

Beim Verb *fuchsen* gibt es bezüglich der Ableitung allerdings nur vage Vermutungen. Kluge (ibid. 289) hält ebenso wie Pfeifer et al. in ihrem „Etymologischen Wörterbuch des Deutschen" (²1993: 330) einen Zusammenhang mit *fucken* (‚hin- und herfahren') für möglich. Dabei wird auf den abwertenden Begriff des *Federfuchsers* verwiesen, auf den man, ob in älteren oder neueren Texten, immer wieder stößt.

So lesen wir in Karls Mays Original-Roman aus der Zeit des deutsch-französischen Krieges „Die Liebe des Ulanen" („Deutscher Wanderer", Lieferung 9 vom 17. 11. 1883, S. 129):

„Als Hugo von Königsau am anderen Morgen vorgeschriebenermaßen zu Blücher kam, um sein Rittmeisterpatent in Empfang zu nehmen, sagte dieser:
‚Höre, mein Sohn, das ist eine ganz verteufelte Geschichte. Da habe ich am zweiten April den Befehl über das schlesische Heer niedergelegt, und nun denken diese *Federfuchser*, ich hätte nichts mehr zu sagen.'"

Und am 10. Juni 1999 schrieb die „Neue Westfälische Zeitung" in einem Vorbericht zu einer Ausstellung im Mindener Museum (mit dem Titel „Preußen, aber wo liegt es? Begriffe und Mythen"):

„Die letzte Raumnische der Abteilung ,Preußen, aber wo liegt es?' zeigt unter dem Titel ,Bücklinge und *Federfuchser*? – Der preußische Beamte', daß heutige gängige Klischeevorstellungen wenig mit der altpreußischen Beamtenschaft zu tun haben, sondern eher von einem Beamtenbild des 19. Jahrhunderts geprägt sind …"

Oskar Weise ([11]1929) hält bezüglich des Wortes *Federfuchser* einen Zusammenhang mit dem thüringischen *fuchsen* (,hin- und herlaufen') für wahrscheinlich; ein *Federfuchser* wäre demnach ein ,Schreiber, der schnell mit der Feder über das Papier hin und wieder zurück fährt'.

Moriz Heyne (1904–1906) leitet *Federfuchser* vom studentischen *fuchsen* (,als Fuchs behandeln, plagen, quälen') ab, umschreibt *etwas fuchsen* oder *einfuchsen* mit ,es mit Anstrengung und Mühe betreiben'; ein *Federfuchser* ist folglich ein ,Schreiber, der angestrengt mit der Feder arbeitet'.

Für Ludwig Göhring (1937:97) ist die Sache so klar, daß er sogar mutig den Bogen vom *Federfuchser* zum *Pfennigfuchser* schlägt:

„Das Wort *fuchsen* ist, allerdings unter Anlehnung an *hunzen*, eine Eindeutschung des lateinischen Wortes *vexare* (,quälen, mißhandeln'), das wir auch in der Form *vexieren* gebrauchen. Ein Vorgesetzter fuchst mich: er quält, ärgert mich.

Fuchsen ist der Ausgang für *Federfuchser*. Ein *Federfuchser* ist ein mit der Feder umgehender Beamter, der die Leute schikaniert. Dagegen ist ein *Pfennigfuchser* kein Mensch, der die Leute um jeden Pfennig fuchst, sondern eine Entlehnung von *penny-father*, wobei nicht an Vater, sondern an *farthing* (¼) zu denken ist: ein Mensch, der sich um einen Viertelpfennig abtut, ,die Laus um den Balg schindet', ein ,Kümmelspalter'."

In der Tat definiert und belegt auch E. Cobham Brewer (1810–1897) in seinem „Dictionary of Phrase and Fable" (1898) das Wort *penny-father* als einen ,Geizhals, einen knauserigen Menschen, der seine Pfennige zusammenhält': „A miser, a penurious person, who ,husbands' his pence: ,Good old *penny-father* was glad of his liquor.'" [Pasquil: *Jests* (1629)]

Eines ist sicher: der *Pfennigfuchser* wird auch im Eurozeitalter seine *Cents* (wie früher seine *Groschen*) *zusammenhalten*; und wahrscheinlich wird er den *Euro* (wie früher die *Mark*) *dreimal umdrehen*, bevor er ihn ausgibt.

Reibach

„Die Leichtigkeit des Seins als Fußballfan hat einen neuen Namen: *Canal Barça*, den vereinseigenen Fernsehsender des FC Barcelona. Er überträgt exklusiv." Oliver Lück gab seinem Beitrag in der Zeitung „taz" vom 23. September 2000, in dem wir diese Zeilen lesen konnten, die Überschrift: „Der rollende *Reibach*".

Man stößt in Zeitschriften allenthalben auf vergleichbare Formulierungen: „Großer *Reibach* mit Sport-Tourismus: Kommerzielle Auswertung von Megaevents und Freizeittrends" oder: „*Reibach* bei Intranets: Und wo bleiben die Ärzte?" Lapidar konstatierte die Zeitung „Berliner Tagesspiegel" am 6. März 2001 anläßlich des „Aufstands" der Kleinaktionäre nach dem Niedergang der Telekom-Aktie: „Jeder *Reibach* hat ein Ende."

Gemeint ist mit *Reibach* ein ‚Gewinn' oder ‚Profit'. Das aus der Gaunersprache stammende Wort, das seit dem Beginn des 19. Jahrhunderts auch in den Formen *Rebbach* oder *Reiwach* benutzt wurde, geht auf das jiddische Wort *rewach* (‚Zins') zurück, das sich seinerseits aus dem hebräischen Wort *rewah* herleitet.

Reptilienfonds

Helmut Karasek schrieb am 1. April 2000 in der Zeitung „Der Tagesspiegel" über den „Fall Helmut Kohl":

„Nach Bismarck heißen Straßen, Plätze, öffentliche Einrichtungen. Und der Bismarck-Hering. Wer weiß, ob nicht eines Tages, wenn Straßen und Plätze auch an den zweiten Einiger erinnern werden, ob dann nicht junge Menschen denken werden, die Kohl-Roulade sei so etwas wie der Bismarck-Hering – die kulinarische Erinnerung an den Kanzler der Vereinigung. Von schwarzen Kassen, von Ehrenwort und Ehrenvorsitzenden wird dann nicht mehr die Rede sein. Übrigens hatte Bismarck ja den (illegalen) *Reptilienfonds*, mit dem er den bayrischen König für die deutsche Einheit kaufte und sich Journalisten willfährig machte."

Wer nicht versteht, wovon Karasek hier redet, dem sei ein Blick in das von Ute Arentzen und Ulrike Lörcher herausgegebene „Gabler Wirtschaftslexikon" ([15]2000) empfohlen. Dort findet sich s.v. *Reptilienfonds* folgende Erläuterung:

„Dispositionsfonds, Verfügungsmittel des Bundeskanzlers, die der Präsident des Bundesrechnungshofes kontrolliert. Die Ausgaben müssen nicht offengelegt werden; im Haushalt sind sie als geheim ausgewiesen. Der Begriff stammt aus der Zeit des Kaiserreichs; Bismarck verfügte über einen Fonds zur Bestechung von Journalisten, ‚um die Reptilien in ihre Höhlen zu jagen‘."

Die Bismarcksche Verfügung erläutert uns Zoozmann in seiner Sammlung „Zitatenschatz der Weltliteratur" (¹²1984:382):

„Als das noch in Preußen vorhandene Vermögen des Kurfürsten von Hessen im Januar 1869 mit Beschlag belegt werden sollte, wurde Bismarck verdächtigt, daß er wohl den ihm schon zur Verfügung stehenden Geheimfonds zur Korruption der Presse verwenden werde. Er sagte darauf am 30. Januar 1869: ‚Ich bin nicht zum Spion geboren, meiner ganzen Natur nach, aber ich glaube, wir verdienen Ihren Dank, wenn wir uns dazu hergeben, die Reptilien zu verfolgen, bis in ihre Höhlen hinein, um zu beobachten, was sie treiben.‘ Danach nannte man diese einbehaltenen Gelder den *Reptilienfonds* und einen Zeitungsschreiber *Reptil*, wenn er in Beziehungen zu den Behörden stand."

Daß Bismarck über die Politik auch die Kunst nicht vergessen hat, entnehmen wir beispielsweise einer Broschüre der Stadt Kassel:

„Die Neue Galerie liegt an der Schönen Aussicht oberhalb der Karlsaue. Sie wurde in den Jahren 1871–1877 von dem Architekten Heinrich von Dehn-Rotfelser errichtet. Als Baumaterial dienten unter anderem die Steinquader der unter Kurfürst Wilhelm I. von dem Architekten Heinrich Christoph Jussow begonnenen, nie vollendeten ‚Kattenburg‘. Finanziert wurde der Neubau im wesentlichen aus dem Bismarckschen *Reptilienfonds*. Am 28. Dezember 1877 konnte die Galerie eröffnet werden."

Scherflein: sein ~ zu etwas beitragen

In einem Prospekt über Anti-Aging-Medizin las ich kürzlich:

„Weitere Hormone, deren Spiegel nach und nach absinken und die somit ihr *Scherflein* zum Altern des Körpers beisteuern, sind beispielsweise das ‚männliche‘ Sexualhormon Testosteron (produziert auch vom weiblichen Körper), außerdem Melatonin, Wachstumshormon sowie DHEA (Dehydroepiandosteron)."

Das Wort *Scherflein* ist hier vom Verfasser – ohne Bezug auf Geld – synonym mit einer unbestimmten Maßangabe (‚ein wenig‘) gebraucht worden. Üblicherweise verwendet man *Scherflein*, wenn man ‚einen kleinen, bescheidenen finanziellen Beitrag für etwas leisten' möchte, zumeist in der Wendung *sein Scherflein zu etwas beitragen*.

Der Ausdruck geht nämlich zurück auf das Neue Testament. Dort wird sowohl im Lukas-Evangelium (21,2) als auch im Markus-Evangelium (12,42) vom *Scherflein* der Witwe berichtet:

Lk 21,1–21,4
21,1 Er blickte aber auf und sah, wie die Reichen ihre Opfer in den Gotteskasten einlegten. 21,2 Er sah aber auch eine arme Witwe, die legte dort zwei *Scherflein* ein. 21,3 Und er sprach: Wahrlich, ich sage euch: Diese arme Witwe hat mehr als sie alle eingelegt. 21,4 Denn diese alle haben etwas von ihrem Überfluß zu den Opfern eingelegt; sie aber hat von ihrer Armut alles eingelegt, was sie zum Leben hatte.

Mk 12, 41–12,44
12,41 Und Jesus setzte sich dem Gotteskasten gegenüber und sah zu, wie das Volk Geld einlegte in den Gotteskasten. Und viele Reiche legten viel ein. 12,42 Und es kam eine arme Witwe und legte zwei *Scherflein* ein; das macht zusammen einen Pfennig. 12,43 Und er rief seine Jünger zu sich und sprach zu ihnen: Wahrlich, ich sage euch: Diese arme Witwe hat mehr in den Gotteskasten gelegt als alle, die etwas eingelegt haben. 12,44 Denn sie haben alle etwas von ihrem Überfluß eingelegt; diese aber hat von ihrer Armut ihre ganze Habe eingelegt, alles, was sie zum Leben hatte.

Das Wort *Scherflein* ist die Diminutivform eines bis ins 18. Jahrhundert gebräuchlichen *Scherf*, der die Bezeichnung für einen halben Pfennig oder *Obol* war – und zwar seit den Karolingern im 8./9. Jahrhundert. „Das *Scherflein*" – so Lutz Röhrich (²1995: 1322) – „auch *Schärft, Helbing, Großler, Halmkäppchen* genannt, war eine sächsische und niedersächsische Scheidemünze aus Silber. Das Wort ist entstanden aus althochdeutsch *scarbōn*, mittelhochdeutsch *scherben*: ‚in kleine Stücke zerschneiden'."

Schmu(h): ~ machen

Theodor Fontane schildert in seinen „Wanderungen durch die Mark Brandenburg" (1862/82) folgende kleine Begebenheit:

„Im selben Jahre 1780, am 1. Dezember, publizierte ich das neue Gesangbuch und kündigte an, daß ich über vierzehn Tage ausführlicher von dieser Sache reden wollte.
Währenddem entstanden schon allerhand Unruhen in dem orthodoxen Nachbardorf, gestiftet und unterhalten von dem Küster, wie das allerorten der Fall war. Madame Oberamtmann redete von nichts, als daß man wolle ‚neuen *Schmu*' machen."

Auch in Hans Falladas (1897–1943) populärstem Roman „Kleiner Mann – was nun" (1932:79) gibt es eine entsprechende Stelle: „... weil die immer *Schmu* mit den Schnäpsen machten und falsch anschrieben".

Schmu machen bedeutet auch im heutigen Sprachgebrauch soviel wie ‚einen leichten Betrug begehen', ‚ein wenig schummeln'. Der Ausdruck ist aus der rotwelschen Gaunersprache in die Umgangssprache eingegangen; seine Herkunft ist jedoch nicht eindeutig geklärt: rotwelsches *schmuh* ist in der Bedeutung ‚Profit', ‚Gewinn' belegt.

Rudolf Köster (1999:158) gibt den Hinweis, daß er nicht nur in der allgemeinen Umgangssprache, sondern auch in der Mundart (z.B. im Südhessischen) seit dem 18. Jahrhundert weit verbreitet ist, verweist u.a. auf Josef Stolls „Bensheimer Idiotikon", eine Sammlung von Wörtern und Ausdrücken der Bensheimer Mundart, und spekuliert:

„Vermutlich liegt Verwandtschaft mit hebräisch *semua* (‚Gerede', ‚Geschwätz') vor: Der Makler, der einen Kauf zustande bringen wollte und den Kunden mit vielen Worten zu überreden suchte, verband damit oft den Versuch, diesen zu übervorteilen. Der *Schmu* wäre dann sozusagen das Ergebnis des während der Kaufverhandlungen geführten Gesprächs. Verwandt ist jiddisch *schmueß* (‚Unterhaltung'), das in unserem *Schmus* weiterlebt."

Ähnlich argumentieren Kluge ([23]1995:733); und Siegmund A. Wolf (1993:292) schreibt:

„*Schmuser* = Schwätzer, Vielredner, Gauner, der die Aufmerksamkeit des Ladeninhabers durch allerlei Geschwätz ablenkt, damit er oder sein Komplice unbemerkt stehlen kann."

Und *schmusen*, dessen heutige Bedeutung, wie bei *kosen*, vom liebevollen Wort zur Liebeshandlung übergegangen ist, leitet sich her aus rotwelschem *schmußen* (‚schwatzen'). Die ältere Bedeutung ist eben nur noch in *Schmus* (‚Gerede') bewahrt. Die rotwelschen Wörter gehen zurück auf westjiddisches *schmues* (‚Gerüchte'), aus hebräisch *š[e]mūōt* Pl. (‚Gerüchte'). Kluge (ibid. 734) mutmaßt: „Vielleicht ist der Singular des Wortes in *Schmu* übernommen."

In der Sammlung „Jüdische Sprichwörter und Redensarten" führt Abraham Tendlau (1860, Nachdr. 1988) u.a. folgende Wendungen auf:

„*Mach mir kaan Schmues vor!* (‚Wolle mir durch dein Geschwätz keinen blauen Dunst vormachen.' – Daher auch die Redensart: *Schmue an etwas machen*, ‚durch schlaues oder trügerisches Geschwätz sich einen Gewinn verschaffen'); *Die Schmue hot kaan Ponim un kaan Zure* (‚Das Gerede hat kein Gesicht und keine Gestalt.'); *Das sen Schabbes-Schmues!* (Ebenfalls: ‚leeres Geschwätz', ‚Sabbat-Unterhaltungen, womit man sich am Sabbbat, etwa nach Tisch, die Zeit vertreibt').“

Siegmund A. Wolf (1993:291 f.) bringt zum rotwelschen *Schmuh* noch eine weitere Erklärungsvariante ins Spiel:

„[Es] kann vielleicht auch *Schmu* (‚Vulva') insofern herangezogen werden, als *Vulva* oft mit *Tasche* gleichgesetzt wird. Das Niederdeutsche kennt den Ausdruck *Bifickengeld* für ‚kleines Geldgeschenk' im Sinne einer unerheblichen Bestechung. Da niederdeutsch *Ficke* ‚Tasche' ist, kann bei *Schmugeld* ein ähnlicher Gedankengang vorliegen.“

Taler

Taler, *Dollar* und *Tala* – wissen Sie, was diese Begriffe miteinander gemeinsam haben? Die Antwort gibt uns Andrea Stiberc, die in ihrem Buch „Sauerkraut, Weltschmerz, Kindergarten und Co." (1999:94) ein facettenreiches Bild der deutschen Sprache in der Welt vermittelt:

„Der *Taler* kam über das Niederdeutsche oder Niederländische und ist eine Verkürzung aus *Joachimstaler*. Die Münzbezeichnung geht zurück auf den Ortsnamen Sankt Joachimsthal im Erzgebirge (heute Jáchymov in Tschechien), wo das Silber abgebaut wurde. Ab 1540 hieß die Münze aus Joachimstaler Silber *Thaler*, was im Englischen zu *dollar* wurde. Der Dollar ist seit 1792 Hauptwährungseinheit der USA und in Zusammensetzungen die Bezeichnung für die Währungseinheit zahlreicher Länder, beispielsweise in Kanada; das Zahlungsmittel von Westsamoa ist der *Tala*. Sogar auf der deutschen Schreibmaschinentastatur hat das Dollarzeichen ($) einen Platz bekommen, zugegeben nur eine halbe Taste, die mit der *4* geteilt werden muß.“

Zaster

In ihrem von mir mehrfach zitierten Song „Geld oder Leben!" kommt die Musikgruppe „Erste Allgemeine Verunsicherung" u. a. zu diesem weisen Schluß:

> Es ist vom Volksmund eine Linke,
> daß das Geld gar übel stinke.

> Wahr ist vielmehr: Ohne *Zaster*
> beißt der Mensch ins Straßenpflaster.

Dieser Erkenntnis wird sich kaum jemand verschließen wollen. Den Spruch *Her mit dem Zaster* kennt jeder, die Kenntnis über die Herkunft der Bezeichnung *Zaster* für ‚Geld' dürfte allerdings nicht sehr verbreitet sein: Das Wort stammt aus dem Rotwelschen, ist, von Berlin und Mitteldeutschland ausgehend, in die Umgangssprache eingegangen und beruht ursprünglich auf dem zigeunerischen *sáster* für ‚Eisen'.

Neben den Ausdrücken *Zaster, Kies, Kohle(n), Moneten* und *Moos*, die den meisten Sprechern bekannt sind, gibt es eine Vielzahl weiterer umgangssprachlicher Kollektivbezeichnungen für das Geld sowie Bezeichnungen für einzelne Münzen oder Scheine, deren Gebrauchswert, Stilebenen und kontextuelle Verwendungsmöglichkeiten z.B. Ausländern, die Deutsch lernen, erst vermittelt werden müssen, weil sie sich größtenteils keineswegs von selbst erschließen und außerdem in Lexika nicht immer leicht auffindbar sind: z.B. *Asche, Bargeld* (*lacht*), *Bimbes* (im Rheinland und in der Pfalz), *Blauer* (früherer 100 DM-Schein), *Brötchen, Cash, ä Chischtä* (in der Schweiz für eine ‚Kiste' = CHF 1 Mill.), *Kohle* (schweizerisch: *Chole*), *Diridari* (in Bayern), *Eier, Emmchen, Flocken, Flöhe, Fludi* (in Vorarlberg), *än Foifliber* (in der Schweiz = CHF 5), *Glocken, Heu,* (*das nötige*) *Kleingeld, Knaster, Knete, äs Kilo* (in der Schweiz für CHF 100.–), *Kröten, Lappen, Linsen, Mäuse, Mammon, Marie, Mittel, Money, Möpse, Mücken, Patte, Penunze, ein Pfund* (früher in Berlin für 20 DM), *Piepen, Pimperlinge, Pinke(-Pinke), Pulver,* (*der*) *Rubel* (*rollt*), *Riese* (früherer 1000 DM-Schein), *Schotter, än Schnägg* (in der Schweiz: ‚eine Schnecke' = CHF 5), ein *Sechser* (früher in Berlin: eine Fünfpfennig-Münze), *Steine, Stutz* (in der Schweiz), *Taler, Zocke,* ein *Zwanni/Fuffi/Hunni* (früher ein 20 DM-, 50 DM-, 100 DM-Schein) usw.

Das Menschlichste, was wir haben,
ist doch die Sprache, und wir haben sie, um zu sprechen.

Theodor Fontane (1819–1898)

3 „Der Körper ist der Übersetzer der Seele ins Sichtbare"

Dieser Ausspruch Christian Morgensterns führt uns zum Kapitel, in dem ich einige Erläuterungen zu körperbezogenen Wörtern und Wendungen *auf Herz und Nieren* prüfe, und zwar auch solche, die *im Geruch stehen*, fragwürdig zu sein. Dabei möchte ich u. a. aufzeigen, daß Nicht-Muttersprachler es nicht leicht haben, sich manche „unsinnige" Bildungen zu erklären, beispielsweise bei der Frage: Kann ein *Geizhals* eigentlich *auf großem Fuße leben?*

Armbrust

Die *Armbrust*, ‚ein mit einem Schaft versehener Bogen zum Abschießen von Pfeilen und Bolzen', hat eine starke Durchschlagskraft; da hilft auch kein Brustpanzer mehr! Ihr Nachteil ist die umständliche Spannung der hart ausgeführten Sehne, meist unter Zuhilfenahme einer Winde. Die Waffe wurde vorwiegend im (adligen) Jagdsport während des Mittelalters und in der Renaissancezeit eingesetzt. Noch heute gibt es, besonders in der Schweiz, viele Vereine, die das Armbrustschießen als Sport betreiben, entsprechend zahlreiche regionale Wettbewerbe, sogar Nationalmannschaften und eine Weltmeisterschaft, auf der sich die besten Schützen messen.

Merkwürdig ist sie schon – die Bezeichnung für das Gerät, *Armbrust*, hat nämlich nichts mit dem *Arm* und nichts mit der *Brust* zu tun. Andresen (⁷1919:1) schreibt daher: „Dergleichen Wörter werden der sogenannten Volksetymologie überwiesen, die gewissermaßen als eine Kraft zu bezeichnen ist, durch welche zwei etymologisch in der Regel ganz unverwandte Wörter miteinander verknüpft werden." Die Bezeichnung *Armbrust* ist nämlich entlehnt aus dem mittellateinischen *arbalista*, welches aus *arcubalista*, *arcuballista* (‚Bogenwurfmaschine') zusammengezogen worden ist, dieses ist zusammengesetzt aus dem lateinischen Wort *arcus* (‚Bogen') und dem vom griechischen βάλλειν (,werfen') gebildeten *ballista* (,Wurfmaschine').

Arsch: jemandem geht der ~ auf Grundeis

Die Tageszeitung „Die Welt" zitierte am 14. Juni 2001 in einem Bericht über die Wahlchancen der Parteien einen Redebeitrag der „Regenbogen"-Abgeordneten Heike Sudmann aus der Hamburger Bürgerschaft: „Der SPD *geht der Allerwerteste auf Grundeis.*" Man mag der Parlamentarierin den Euphemismus als vornehme Zurückhaltung zurechnen, denn wer wollte es für möglich halten, daß die Redewendung in ihrer groben Originalformulierung von einem verunglückten Adelsdichter geprägt worden ist!

Richten wir unseren Blick zurück auf das Ende des 19. Jahrhunderts. Die romantisch-nationalen Gedichte, Versepen und Prosawerke des deutschen Dichters Joseph Victor von Scheffel (1826–1886) gehörten damals zum äußerst beliebten Lesestoff der gebildeten Bürger. Manche von Scheffels Kneip- und Kommersliedern werden noch heute gesungen, so z.B. „Alt-Heidelberg, du feine …" und „Als die Römer frech geworden …".

Im Jahre 1864 durchforschte der Dichter – gemeinsam mit dem Lehrer Richard Aussfeld – von Seeon aus die Moränenlandschaft zwischen Aare und Reuß. Die Erlebnisse im Verlauf dieses gewagten Unternehmens fanden Eingang in ein Gedicht; eine einzelne Zeile dieses Gedichts haben die angesprochenen Bürger wegen der Deftigkeit des Vergleichs als schockierend und belustigend zugleich empfunden: sie wurde – man glaubt es kaum! – prägend für eine uns heute wohlbekannte, allerdings immer noch als verhältnismäßig derb empfundene Redensart. Das Gedicht des adligen Dichters, der im Jahre 1865 sogar sächsischer Hofrat wurde, trägt den Titel „Der erratische Block" und lautet so:

Einst ziert' ich, den Äther durchspähend,
Als Spitze des Urgebirgs Stock,
Ruhm, Hoheit und Stellung verschmähend,
Ward ich zum erratischen Block.

Man sagt, wenn's dem Denker zu wohl ist,
So wagt er sich kecklich auf's Eis:
Mir winkten, wo's klüftig und hohl ist,
Schneejungfraun, verführend und weiß.

Doch als ich mit Poltern und Lärmen
Abstürzend aufs Firnfeld mich hub,
Verbüßt' ich mein jugendlich Schwärmen
Mit tausendjährigem Schub.

Scharf wies mir der Gletscher die Zähne:
„Hier, Springinsland, wirst du poliert
Und im Schutt meiner großen Moräne
Als Fremder talab transportiert."

Geritzt und gekritzt und geschoben
Entrollt' ich in spaltige Schluft,
Ward stoßweis nach oben gehoben,
Gewälzt und geknufft und gepufft.

Da bleib' einer sauber und munter
In solchem Gerutsch und Geschlamm;
… Ich kam immer tiefer herunter,
Bis der Eiswall ins Urmeer zerschwamm.

Und der spielt die traurigste Rolle,
Dem die Basis mit Grundeis ergeht …
Ich wurde auf treibender Scholle
In des Ozeans Brandung verweht.

Plimp, plump! Da ging ich zugrunde,
Lag elend versunken und schief,
Bis in spät erst erlösender Stunde
Sich Gletscher und Sündflut verlief.

Den entwässerten Seegrund verklärte
Die Sonne mit wärmerem Strahl,
Und mit der Rhinozerosherde
Spazierte der Mammut durchs Tal.

Nun lagern wir Eiszeitschubisten
Nutzbringend als steinerne Saat
Und dienen dem Heiden wie Christen
Als Baustoff für Kirche und Staat.

Dies Lied ist zwei Forschern gelungen
Im Gau zwischen Aare und Reuß;
Das Wirtshaus, in dem sie es sungen,
War ganz von erratischem Gneus.

Sie sungen es ernst und dramatisch
In die Findlinglandschaft hinein
Und schoben sich selbst dann erratisch
Mit Holpern und Stolpern vom Wein.

Sollten Sie also demnächst in eine schwierige Situation geraten, so spielen Sie nicht den Helden; trösten Sie sich über ihre Ängstlichkeit mit der Erinnerung an obiges Gedicht hinweg, in dem Victor von Scheffel, aus dessen Feder übrigens auch „Der Trompeter von Säckingen" (1854) stammt, uns schildert, wie ihm *der Arsch* – Verzeihung! *die Basis – mit Grundeis geht*!

Benötigen Sie noch eine realistische Erläuterung für die Redewendung? Heinz Küpper ([4]1990:46) umschreibt die Bedeutung von *ihm geht der Arsch mit Grundeis* durch ‚er hat lange Befürchtungen' und fügt ergänzend hinzu: „Grundeis ist die untere Eisschicht oberhalb des Bodens; es bricht polternd los und steht hier im Vergleich mit dem Geräusch des abgehenden Durchfalls."

Auge: ~ um Auge, Zahn um Zahn

„*Eye For an Eye – Auge um Auge*" – so hieß der im Jahre 1995 gezeigte Film des berühmten Regisseurs John Schlesinger: Als der Mörder ihrer Tochter aufgrund eines Verfahrensfehlers freigesprochen wird, sieht die verzweifelte Mutter Karen rot. Vom Gedanken nach Rache getrieben, sucht sie den Schuldigen. Auch ihr besonnener Ehemann kann sie nicht aufhalten.

Diese kurze Zusammenfassung zeigt: Es geht in dem spannungsgeladenen Thriller um Selbstjustiz, Rache und Vergeltungsdrang. Es hätte der Zusammenfassung allerdings kaum bedurft, denn allein der Titel, den man im Geiste ergänzt zu *Auge um Auge, Zahn um Zahn*, legt die Forderung nach harter und möglichst gleichartiger Vergeltung für angetanes Unrecht nahe.

In diesem Zusammenhang sei kurz ein Gedicht von Hans Manz (1991:218) eingeblendet, dem er einen vielsagenden Titel gab:
Bibelwort, zu wörtlich genommen.

Auge um Auge um Auge um Auge.

Zahn um Zahn um Zahn um Zahn um Zahn um
Zahn um Zahn um Zahn um Zahn um Zahn um
Zahn um Zahn um Zahn um Zahn um Zahn um
Zahn um Zahn um Zahn um Zahn um Zahn um
Zahn um Zahn um Zahn um Zahn um Zahn um
Zahn um Zahn um Zahn um Zahn um Zahn um
Zahn um Zahn um Zahn um Zahn um Zahn um
Zahn um Zahn um Zahn um Zahn um Zahn um

Zahn um Zahn um Zahn um Zahn um Zahn um
Zahn um Zahn um Zahn um Zahn um Zahn um
Zahn um Zahn um Zahn um Zahn um Zahn um
Zahn um Zahn um Zahn um Zahn um Zahn um
Zahn um Zahn um Zahn um Zahn.

Nase um Nase.

Das Bibelzitat wird in der Tat fast ausnahmslos zu wörtlich genommen und dabei offenbar gänzlich mißverstanden. Heinrich
Krauss (1993:21) gibt uns dafür diese theologische Begründung:

„Die Formel im alttestamentlichen Gesetz (Ex 21,24) ist nicht, wie oft
unterstellt, ein typischer Ausdruck *alttestamentarischer* Härte und Grau-
samkeit. Sie zielte im Gegenteil gerade darauf ab, exzessive Rachegelüste
zu begrenzen, meint also: ‚*nur* Auge um Auge, Zahn um Zahn‘. Für eine
wortwörtliche Anwendung der archaischen, auch in anderen altorientali-
schen Rechtssystemen anzutreffenden Formulierung gibt es in biblischer
Zeit keine Anzeichen. Vielmehr war bei vorsätzlicher oder fahrlässiger
Verletzung anderer eine Kompensation in Geld üblich. In der *Bergpredigt*
setzt Jesus dem Spruch seine Forderung entgegen, dem Bösen keinen Widerstand zu leisten (Mt. 5, 38 f.).“

Augenweide

„Neben bekannten Marken wie Dolce & Gabbana, Calvin Klein, Versace,
Diesel usw. bietet die Firma *Augenweide* die folgenden Produkte an, welche sich in ihrer Art und Ausführung von herkömmlichen Produkten
stark abheben …“

So beginnt die Werbung einer Schweizer Optikerfirma aus Wae-
denswil. Es wäre auch merkwürdig gewesen, wenn der Name
Augenweide ungenutzt geblieben wäre, denn bei diesem Wort
vollzieht sich das, was Albert Waag (1915:72 ff.) in seinem „Blick
in das Seelenleben der Wörter" – so der Untertitel seines Buches –
als „metaphorische Bedeutungsentwicklung" bezeichnet hat: „Als
eine Übertragung vom Geschmack aufs Gehör stellt sich … der
Ausdruck *Ohrenschmaus* dar, ebenso *Ohrenweide*, wie *Augenweide* als solche auf den Gesichtssinn."

Das Wort *Augenweide* im Sinne von ‚was den Augen gefällt‘ –
eigentlich: ‚Speise, Labsal für die Augen‘ – ist dem Lateinischen
entnommen (bei Cicero heißt es: *oculos pascere re aliqua*) und
schon seit dem Mittelhochdeutschen bekannt. Der Dichter und
Minnesänger Hartmann von Aue (gest. zwischen 1210 und 1220)

(Hans Fischer) Augenweide

verglich den Anblick der Schönheit mit der Freude der Herde über sommerliche Weide: noch heute sprechen wir von einer *wahren Augenweide*. Auch in den politischen Gedichten Walthers von der Vogelweide (ca. 1170–1230) findet sich das Wort:

> Diu krône ist elter danne der künec Philippes sî:
> dâ muget ir alle schouwen wol ein wunder bî,
> wies ime der smit sô ebene habe gemachet.
> Sîn keiserlîchez houbet zimt ir alsô wol,
> daz si ze rehte nieman guoter scheiden sol:
> ir dewederz dâ daz ander niht enswachet.
> Si liuhtent beide ein ander an,
> daz edel gesteine wider den jungen süezen man:
> die *ougenweide* sehent die fürsten gerne.

(,Die Krone ist älter als der König Philippus; ihr alle könnt darin ein Wunder erblicken, wie passend für ihn der Schmied sie geschaffen hat. Sein kaiserliches Haupt paßt so gut zu ihr, daß kein Wohlmeinender von Rechts wegen sie mehr trennen soll; weder tut sie ihm noch er ihr Abbruch. Sie lachen beide einander an, der Edelstein und der herrliche junge Mann; diese *Augenweide* sehen die Fürsten gern.')

Geizhals

Der von mir bereits erwähnte österreichische Lyriker Johann Aloys Blumauer (1755–1798; vgl. S. 54) arbeitete in seinen satirischen Gedichten mit vielfältigen Gestaltungsmitteln und Überraschungseffekten; so schrieb er u. a. das Gedicht „Der Geizhals":

> Ein *Geizhals* fiel in einen Fluß, der tief
> Und reißend war. Ein Fischer, der das Leben
> Ihm retten wollte, sprang hinein und rief:
> Er möchte nur die Hand ihm geben;
> Allein der *Geizhals* sprach, indem er untersank:
> Ich kann nichts geben, und ertrank.

Aber auch moderne Dichter und Schriftsteller haben sich immer wieder mit den unangenehmen Zeitgenossen beschäftigt. „Geizhälse sind die Plage ihrer Zeitgenossen, aber das Entzücken ihrer Erben", schrieb Theodor Fontane (1819–1898), und auch der Schriftsteller Karl Heinrich Waggerl (1897–1973) brachte es auf den Punkt: „Ein *Geizhals* ist ein Mensch, der sich an das Geld verliert, nachdem er es gewonnen hat."

Hier wird das Wort *Geizhals* als Kennzeichnung oder Schimpfwort verwendet für einen ‚knauserigen Menschen, der von seinem Besitz nichts abgeben will'. Doch diese Bedeutung des Wortes *Geiz* ist erst seit Martin Luther (1483–1546) geläufig. Heinrich Krauss (1993:67) gibt den richtigen Hinweis:

„Das Wort wurde von Luther zur Kennzeichnung von ‚Habgier' geprägt (Lk 16,14*; 1 Kor 5,10f. und 6,10), da *Geiz* in seiner ursprünglichen Wortbedeutung nicht ‚Knauserigkeit', sondern ‚Gier' bedeutete, wie dies noch in *Ehrgeiz* erhalten ist."

In der Tat hat sich die Bedeutung ‚Knauserigkeit' für *Geiz* erst langsam durchgesetzt. So findet man bis ins 18. Jahrhundert bei den deutschen Klassikern noch eine Fülle von Verwendungen des Wortes *Geiz* im ursprünglichen Sinne von ‚Gier': Friedrich Schiller spricht von „des eitlen Ruhmes Geiz" („Maria Stuart" 2,6), Christian Fürchtegott Gellert (1715–1769) vom „Geiz nach Siegen", Gotthold Ephraim Lessing (1729–1781) vom „Geiz nach Gefahren", Johann Gottfried Herder (1744–1803) betrachtet „mit liebevollem Geiz das engelgleiche Bild". Christoph Martin Wieland (1733–1813) dichtete sogar in „Horazens Brief an L. Calpurnius Piso und seine Söhne":

> Den Griechen, Freunde! (immer komm ich wieder
> auf dies zurück) den Griechen gab die Muse
> zugleich Genie und feines Kunstgefühl,
> die Gabe der Empfindung und des schönen
> und runden Ausdrucks: aber ihre Seelen kannten
> auch keinen andern Geiz als den nach Ruhm.

* Lk 16,14: „Als das alles die Pharisäer hörten, die *geizig* waren, spotteten sie über ihn." Im revidierten Text von 1964 wird von *geldgierig* gesprochen.

Geizkragen

Vom Dichter Johann Christoph Friedrich Haug (1761–1829) stammt das Gedicht „Geiz nach dem Tode":

> Als nach des Wucherlebens Endung
> Um Harpagon die Höllenflamme schlug,
> Rief er: O teuflische Verschwendung!
> Ein Drittheil heizte schon genug!

Stärker kann man die Schwäche des Geizes wohl nicht charakterisieren; ihr Träger ist der *Geizhals* oder *Geizkragen*, wie man früher sagte. Daher werden diese beiden Bezeichnungen auch synonym benutzt bei Rainer Nitsche (1990:22f.), der uns auf die selbstgestellte Frage „Wie erkenne ich einen *Geizhals* oder *Geizkragen*" in seiner Antwort folgende Definition anbietet:

„Auf keinen Fall ist der *Geizhals* mit dem Spießer zu verwechseln. Der Spießer ist gutmütiger und vor allem zufriedener. Das mag damit zusammenhängen, daß die durchschnittliche Existenzform eines Spießers nicht die scharfe, prüfende Intelligenz eines Geizhalses voraussetzt. Ein Spießer liebt die Gesellschaft von Gleichartigen, ein Geizhals ist darauf angewiesen, seine Charaktereigenschaften in einer nicht-geizigen Umgebung zu profilieren. Der Spießer ist eher aufdringlich, der *Geizhals* eher distanziert (weswegen man ihn gelegentlich mit Schüchternen verwechselt).

Der *Geizhals* ist auch zu unterscheiden vom Schmarotzer. Der Schmarotzer nistet sich auf Kosten anderer ein und läßt es sich dabei gut ergehen. Der *Geizhals* vermeidet Umstände, in denen er etwas geben oder zahlen muß, gleichzeitig aber auch Situationen, in denen er sich durch Einladungen oder Geschenke zu späteren Gegenleistungen verpflichtet fühlt. Dieses Schuldgefühl ist dem Schmarotzer völlig fremd.

Die sicherste Methode, einen *Geizhals* zu erkennen, ist, ihn zu fragen, ob er einen *Geizhals* kenne. Antwortet er: ‚Natürlich, aber mehr noch kenne ich Verschwender', so ist er ein *Geizkragen* mittlerer Qualität. Antwortet er mit ‚Nein!', so ist das keine Lüge, sondern der Beweis, daß man es mit einem kapitalen *Geizkragen* zu tun hat, neben dem alle Welt nur aus Verschwendern besteht."

Nun wissen wir also nicht nur, was ein *Geizhals* ist, sondern auch, was ein *Geizkragen* ist. Heinrich Raab (1981:56) sinniert und spekuliert:

„Er ist knickerig und ‚schindet', wie der Volksmund sagt, ‚die Laus um den Balg'. Das Wort kommt daher, daß der Geizige sich nicht das nötige Essen gönnt, wodurch er einen dürren Hals bekommt und der Kragen ihm zu weit wird."

Richtig ist freilich, daß die Wörter *Kragen* und *Hals* bis ins 18. Jahrhundert völlig synonym gebraucht wurden; erst später wurde *Kragen* auf die Bekleidung des Halses eingegrenzt (z.B. im Wort *Hemdkragen*).

Übrigens: Klaus Müller (1994:337) weist im Zusammenhang mit der umgangssprachlichen Wendung *es geht jemandem an den*

Kragen (im Sinne von ‚gegen jemanden wird eingeschritten') zu Recht auf einen gefährlichen Umstand hin:

„Alle Redensarten, in denen eine grobe (Angriffs-)Handlung oder eine Strafe durch den Gebrauch von *Kragen* ausgedrückt wird, beziehen sich daher im Grunde auf den Hals und meinen eine konkrete Bedrohung von Leib und Leben, da sie sich auf alte Rechtsstrafen (wie Hängen und Enthaupten) beziehen."

Geruch: in schlechtem ~ stehen

Die von einem unbekannten Verfasser geschriebene Anekdote „Wie die Schildbürger in den Ruf der Narrheit kamen" lautet in ihrem ersten Absatz wie folgt:

„Die Schildbürger, so genannt nach dem Städtchen Schilda im Regierungsbezirk Merseburg, *standen* ehemals keineswegs *im Geruch* der Narrheit. Im Gegenteil, ob ihrer Weisheit wurden die Männer als Ratgeber an auswärtige Höfe berufen, und ihr eigenes Hauswesen geriet darob in Unordnung und Verfall, denn ‚wo ein Weib ist ohne Mann, da ist der Leib, kein Haupt daran'."

Und Gerhard Rohlfs schreibt in seinem spannenden Bericht „Quer durch Afrika. Reise vom Mittelmeer nach dem Tschad-See und zum Golf von Guinea" (1874):

„Bei den Rhadamsern, die für besonders fromm gelten wollen und sehr scheinheilig sind, *stehen* die Bewohner von Derdj, Tugutta und Tefelfelt *in schlechtem Geruch*, weil sie Lakbi trinken, während die von Matres, obgleich sie sich diesen Genuß auch nicht versagen, ihm aber nur heimlich fröhnen wie die Rhadamser selbst, von ihnen wohlgelitten sind."

Der Ausdruck *in schlechtem/keinem guten Geruch stehen* ist eigentlich nur verständlich, wenn man weiß, daß er nicht dem Verb *riechen* zuzuordnen ist. Er gehört nämlich – ähnlich wie *anrüchig, ruchbar* und *berüchtigt* – zur Wortgruppe von *rufen*. *Geruch* wird nur aus Unverständnis volksetymologisch an *riechen* angelehnt; sprachhistorisch korrekt steht es eigentlich für ‚Gerücht' oder ‚Ruf', das im Mittelhochdeutschen noch *geruofte* (‚Geschrei') hieß. *Ruch* ist dasselbe wie *Ruf*, da in unseren Mundarten die Laute *f* und *ch* häufig wechseln.

Hals- und Beinbruch

Wenn wir jemandem *Hals- und Beinbruch*, also ‚viel Erfolg‘, wünschen, sind wir uns oft nicht darüber im klaren, woher dieser Ausdruck eigentlich stammt, denn – wörtlich genommen – drückt er ja eigentlich gerade das Gegenteil, also Mißerfolg, aus. Die Lösung: Er ist dem hebräischen Glückwunsch entlehnt: *hazlacha* (‚Erfolg‘) und *beracha* (‚Segen‘).

Fuß: auf großem ~e leben

In einem Artikel, den Armin Fuhrer am 22. Februar 1999 in der Tageszeitung „Die Welt" unter dem Titel „DDR-Haftopfer klagen zu Recht" veröffentlichte, heißt es:

„Die meisten der Betroffenen müssen heute mit einer sehr kleinen Rente auskommen, während ehemalige SED-Bonzen *auf großem Fuße leben*. Im übrigen läßt die Gesetzeslage ohnedies nur eine Entschädigung für die Haftzeit als solche zu."

Die Bedeutung der Redewendung ist klar: sie charakterisiert ‚jemanden, der einen gewaltigen Aufwand treibt‘. Ron Kritzfeld (1984; Bd. 9) kennzeichnet ihn so: „Verschwender: Wer auf zu großem Fuße lebt, wird bald merken, wo ihn der Schuh drückt."

Heinrich Raab (1981:52) kolportiert, daß die Redensart ihren Ursprung einer Mode des Mittelalters verdanke:

„Angeblich stammt sie vom Ritter Gottfried von Plantagenet, der um 1090 in Paris lebte. Um einen Auswuchs an der großen Zehe des rechten Fußes zu verbergen, verfiel er auf die Idee, Schuhe mit aufgehobenen Schnäbeln zu tragen. – Das wurde bald große Mode, und je höher einer auf der gesellschaftlichen Stufenleiter stand, desto länger mußte der Schuh sein. Während die Schuhspitzen der Bürger nur 30 cm lang sein durften, maßen die Schuhschnäbel der Ritter schon 45 cm und die der Fürsten und Prinzen gar 70 cm und mußten mit güldnen Kettlein am Knie festgebunden werden. Daß diese Schnabelschuhe mehr fürs Reiten geeignet waren und das Gehen erschwerten, mußten die in der Schlacht bei Sempach abgesessenen habsburgischen Ritter erfahren, die dem Ansturm der einfach beschuhten Schweizer nicht standzuhalten vermochten. Daher ließen sie, wie der Chronist meldet, ‚die langen spitz an stifflen abhöwen‘. Freilich diente die so gewonnene Behendigkeit nur der Flucht; sie sorgten, es möchten ihnen die erzürnten Bauern die Schnäbel samt den Zehen abhauen."

Diese Erläuterung, die sich ähnlich schon bei Adolf Josef Storfer (1935:132f.) findet und die bezüglich ihres kulturgeschichtlichen Hintergrunds auch Lutz Röhrich (²1995:491f.) vertritt, wird neuerdings heftig zurückgewiesen. Dieser Wendung liege – so Klaus Müller (1994:152) – eine Bedeutung von *Fuß* zugrunde, die sich im 17. Jahrhundert herausgebildet habe. In der Tat wird vom „Deutschen Wörterbuch" der Brüder Grimm (Bd. 4, Sp. 970 u. 1006) *Fuß* auch mit ,als Grundlage geltende Bestimmung und Einrichtung' umschrieben. Entsprechend schreibt die „Brockhaus-Enzyklopädie" (Bd. 27, ²⁰1999:64): „Das Wort *Fuß* steht in dieser Wendung in der veralteten Bedeutung von ,Grundlage', ,Verhältnis'." Der „Duden" (Bd. 11, 1992:66) erkennt im Bezug auf die Größe der Schnabelschuhe in der mittelalterlichen Mode lediglich „eine nette erfundene Geschichte" und verweist auf seine Erläuterung zur Wendung *mit jemandem auf freundschaftlichem Fuß stehen*: „Die Wendung knüpft an die früher übliche Verwendung von *Fuß* im Sinne von ,Stand', ,Zustand', ,Grundlage', ,Maß' an, an die sich auch Zusammensetzungen wie *Kriegsfuß*, *Duzfuß*, *Zinsfuß* anschließen."

Nun verzeichnet das „Deutsche Wörterbuch" (ibid.) in der Tat eine Stelle bei Kaspar Stieler (1691) mit der abgeblaßten Bedeutung von *Fuß* im Sinne von ,Grundlage', aber das muß nach meiner Meinung nicht bedeuten, daß die Redewendung *auf großem Fuße leben* nicht ursprünglich dadurch motiviert war, daß die Größe des Schuhwerks – so im 14. Jahrhundert – der Maßstab für das Ansehen eines Menschen war, wofür Röhrich (ibid.) entsprechende französische Beispiele sowie die niederländische Wendung *Hij leeft op een grooten voet* anführt. Warum sollte man Storfer (1935:133) nicht zustimmen, wenn er ausführt:

„Die Redensart *auf großem Fuße leben* im heutigen Sinne stellt also eine Übertragung aus dem Wörtlich-Konkreten ins Seelische, Sittliche dar; und wenn wir heute scherzhaft die Redensart auf jemand anwenden, der große Füße hat, so findet eine Rückübertragung aus dem Abstrakten ins Konkrete statt."

Herz: auf ~ und Nieren prüfen

Der ADAC warb im Sommer 2001 für eine neue Publikation mit den Worten:

„Als Klassiker in neuem Gewand präsentiert sich das ADAC Special ‚Auto 2001‘. Im Mittelpunkt des Magazins, das optisch und inhaltlich gründlich überarbeitet wurde, stehen 238 aktuelle Automodelle. Tester des ADAC haben diese für den deutschen Markt besonders wichtigen Neuwagen mit der Kompetenz von Deutschlands größtem Automobilclub *auf Herz und Nieren geprüft.*"

Da Autos bekanntlich kein Herz und keine Nieren besitzen, ist die Bedeutung der Wendung in diesem Kontext offenkundig: die Neuwagen sind ‚gründlich‘ geprüft worden.

Es mag überraschen – doch auch diese Wendung entstammt der Bibel, und das hat seinen Grund. Heinrich Krauss (1993:91) verweist zu Recht darauf, daß Herz und Nieren dem biblischen Menschen als Sitz der Empfindungen galten, insbesondere das Herz als Sitz des Mutes und des Verstandes. Die Prüfung auf Herz und Nieren gilt daher als eine Prüfung des Innersten eines Menschen. So heißt es in der „Geheimen Offenbarung" 2,23: „Und alle Gemeinden sollen erkennen, daß ich es bin, der die *Nieren und die Herzen erforscht,* und ich werde geben einem jeglichen unter euch nach euren Werken."

Vergleichbare Stellen gibt es in den Psalmen:

> 7,10:
> Laß der Gottlosen Bosheit ein Ende nehmen,
> aber die Gerechten laß bestehen;
> denn du, gerechter Gott,
> *prüfest Herz und Nieren.*
> 26,2:
> Prüfe mich, HERR, und erprobe mich,
> *erforsche meine Nieren und mein Herz!*

Ähnlich lautet es zweimal bei Jeremia:

11,20:
„Aber du, HERR Zebaoth, du gerechter Richter, der du *Nieren und Herz prüfst,* laß mich sehen, wie du ihnen vergiltst; denn ich habe dir meine Sache befohlen."
17,10:
„Ich, der HERR, kann *das Herz ergründen und die Nieren prüfen* und gebe einem jeden nach seinem Tun, nach den Früchten seiner Werke."

hinterfotzig

Die „Roth-Hilpoltsteiner Volkszeitung", ein unabhängiges Heimatblatt, berichtete am 21. März 2000 über ein Konzert der Musikgruppe „Dreyschlag", die es offenbar gekonnt verstand, altertümliche Instrumente, wie Krummhorn oder Rankett, mit witzigen und modernen Texten zu verbinden:

„Die drei Musikerinnen und drei Musiker entpuppten sich nicht nur als wahre Meister auf ihren Instrumenten, sie hielten auch jeder Stimmlage stand. Mal hintersinnig, mal *hinterfotzig*, ihre Pointen wechselten sich nachdenklich, grüblerisch oder einfach nur lustig ab."

Und in einem Werbeprospekt für Leon de Winters Roman „Der Himmel von Hollywood" (2000) las ich kürzlich:

„Ein Buch, erzählt wie ein Kinofilm, ein Thriller, dessen raffinierte Geradlinigkeit amüsiert und zugleich einlullt, nur um am Schluß *hinterfotzig* ein paar scharfe Haken zu schlagen. Drei abgetakelte Schauspieler finden die Leiche eines Gangsters, erfahren von einem Millionen-Coup und beschließen, als Polizisten verkleidet, dem Schicksal endlich ihren Oscar abzufordern. Natürlich läuft dabei nichts wie geplant, schließlich ist Leon de Winter nebenher auch Filmregisseur, der weiß, was er dem Genre schuldet."

Wenn ich Studenten nach der Herkunft des Wortes *hinterfotzig* befragte, herrschte meistens peinliches Schweigen. Die germanistisch Geschulten mögen an Goethe gedacht haben, der in den „Zahmen Xenien" (seit 1815: AGA, 414) *Fotze* im Sinne von ‚Vulva' gebrauchte: „Und doch kann dich nichts vernichten,/Wenn, Vergänglichem zum Trotz,/Willst dein Sehnen ewig richten/Erst zur Flasche, dann zur ✳✳✳✳." Goethe war bekanntlich in seiner Wortwahl manchmal recht kraß; dies läßt sich u. a. am „Hexensabbath" im „Faust" demonstrieren oder an dem deftigen, 1775 entstandenen „mikrokosmischen Drama" mit dem Titel „Hanswursts Hochzeit oder der Lauf der Welt". Von diesem Werk ist nur der Anfang erhalten, gleichwohl zählt die Szenensammlung neben den „Bäsle-Briefen" von Wolfgang Amadeus Mozart zu den berühmten Beispielen für Koprolalie (d. h. der Neigung zum Aussprechen unanständiger und obszöner Worte) bzw. Skatologie (d. h. der Vorliebe für das Benutzen von Ausdrücken aus dem Analbereich) in verschriftlichter Form.

„Hanswursts Hochzeit" berichtet von dem reichen Bauerntölpel *Hanswurst*, der *Ursel Blandine* zur Frau nehmen soll. Während sein Vormund *Kilian Brustfleck* ihn auf das Ereignis vorbereiten soll, denkt der Bräutigam nur an die Hochzeitsnacht:

Ihr mögt wohl meine Pritsche schmieren
Und sie zur Tür hinaus formieren,
Indes was hab ich mit den Flegeln,
Sie mögen fressen, und ich will vögeln.

Beeindruckend ist die Liste der Hochzeitsgäste, die fast ausnahmslos Schimpf- und Ekelnamen tragen; zu ihnen gehören u. a. Tante *Ursel mit dem kalten Loch*, *Peter Sauschwanz*, die Nichten *Reckärschgen* und *Schnuckfözgen*, *Spritzbüchse*, *Lapparsch*, *Nimmersatt*, *Piphan*, Herr *Bumbam*, *Jungfer Arschloch*, die Paten der Braut *Hosenscheißer* und *Leckarsch*, *Dr. Bonefurz*, *Hans Arsch von Rippach*, *Dr. Saft* – und eben *Fozzenhut*, der ‚Hahnrei, der den Ehebruch seiner Frau duldet'.

Das Wort *hinterfotzig* hat mit all diesen Namen nichts zu tun. Völlig unschuldig und ohne jede Anspielung waren daher die Worte des früheren Bundesfinanzministers Waigel aufzufassen, als er im Jahre 1997 Rücktrittsforderungen der CDU als „hinterfotzig und unanständig" zurückwies.

Waigel stammt aus Bayern, und im oberdeutschen Sprachgebrauch – so weist es auch Heinz Küppers „Wörterbuch der deutschen Umgangssprache" ([4]1990:349) aus – ist die/der *Hinterfotze* (seit 1900 ff.) ein ‚hinterlistiger Mensch'. Das Wort „gehört zu *Fotze* = ‚Mund' und betrifft die üble Nachrede." Entsprechend bedeutet *hinterfotzig/hinterfötzig* ‚heimtückisch, unaufrichtig'.

hirnverbrannt

In Michael Endes Theaterstück „Traumfresserchen" begegnet uns u. a. der Hofarzt Professor Dr. *Hirnverbrannt*, den wir wohl nicht weiter kommentieren müssen.

Die Zeitung „Der Tagesspiegel" überschrieb am 2. Dezember 1999 anläßlich der Diskussion über die Besteuerung von Kapitallebensversicherungen einen Artikel mit folgender Zeile: „Die Schutzgemeinschaft der Kleinaktionäre hält eine Aktiensteuer für *hirnverbrannt*."

Das Wort *hirnverbrannt*, seit dem 19. Jahrhundert geläufig – vorher sprach man von *hirnverrückt* –, ist eine Lehnübersetzung des französischen Ausdrucks *cerveau brûlé* und bedeutet ‚verrückt, unsinnig‘.

Hühnerauge

Viele Menschen haben sie schon als unangenehm erfahren: die ‚durch chronischen Druck auf knochennahe Haut bedingte, umschriebene, meist schmerzhafte Hornschichtverdickung (Hyperkeratose) einer Zehe mit zentralem, von der Verhornung in die Tiefe gerichtetem Sporn (im Gegensatz zur einfachen Schwiele)‘. Der Hautarzt spricht von *clavus*, der Patient – je nach Region – von *Leichdorn* oder *Hühnerauge*.

E. Charlotte Werthenau (1910:55) stellt apodiktisch fest:

> „*Hühnerauge* hat gar keine Beziehung zum Auge des Huhns, sondern hieß ursprünglich *hürnenes Auge*, d.h. ‚Hornauge‘, hartes Auge, harte Stelle der Haut.“

Hans Dittrich (1975:107) widerspricht dieser Erklärung heftig und gelangt zu einer völlig anderen Herleitung:

> „An den Fingern schwieliger Arbeitshände gibt es hornige Gebilde in Erbsengröße, die man *Hühnerwarzen* oder *Hühnerwurzeln* nennt. Bei Bauern herrscht die Ansicht – ob berechtigt, sei dahingestellt –, daß man sich solche häßlichen und lästigen Hautgebilde zuzieht, wenn man mit den Händen im Erdreich dort buddelt, wo Hühner ‚baden‘. Kindern verbietet man an solchen Hühnerbadestellen zu spielen. Bei dem früher allgemein üblichen Brauch im Dorfe, sommers meist barfuß zu gehen, sind sicherlich öfters auch an den Füßen ähnliche Hautknoten aufgetreten, die man wohl auch mit diesem Namen belegt hat, der sich schließlich, als das Wort *Leichdorn* abstarb, auch auf die Druckstellen zu engen Schuhwerkes übertrug. Die Herleitung von *hürnen ouge* = ‚Hornauge‘ (vgl. der *hürnen Siegfried*) ist mehr als zweifelhaft (konstruiert).“

Kopf: den ~ hängen lassen

Bevor ich auf diese Redewendung eingehe, soll auf einige generelle Aussagen zur Organismus-Metaphorik verwiesen werden, die Klaus Müller (1994:328f.) unter dem Stichwort *der Kopf von etwas sein* in überzeugender Weise getroffen hat:

(Thyrso A. Brisolla)
Laß den Kopf nicht hängen

„Als Träger der wichtigsten Sinnesorgane und Sitz des Verstandes ist der
Kopf von zentraler Bedeutung für jeden lebenden Organismus. Diese Bedeutung spiegelt sich in der sehr großen Anzahl von Redensarten wider,
in denen der Kopf direkt (im Sinne einer körperlichen Symptomatik) oder
indirekt (im Sinne der mit dem Kopf verknüpften Funktionen und der
ihm beigemessenen Eigenschaften) eine Rolle spielt. Im Sinne der Organismus-Metaphorik repräsentiert der Kopf die Leitung eines Unternehmens oder allgemeiner die Macht. Insbesondere die jahrhundertelang
übliche Strafe der Enthauptung hat die existentielle Bedrohung des *Kopf-
verlustes* redensartlich festgefroren. Der richtig plazierte und demnach
oben getragene Kopf ist auch Sinnbild der Ordnung: Große Unordnung
wird demnach dadurch ausgedrückt, daß *etwas auf den Kopf gestellt* ist. Der
Kopf ist einerseits sprichwörtlich hart, andererseits aber auch sehr verletz-
lich. Die Schmerzen, die er durch Schläge zugefügt bekommt oder dadurch,
daß man auf ihm *herumtanzt*, haben jedenfalls zu einer ganzen Reihe abge-
leiteter Bedeutungen Anlaß gegeben. Das meiste *Kopfzerbrechen* aber
scheint das Nachdenken zu erzeugen, das im Extremfall auch dazu führen
kann, daß der Kopf *raucht.* So kann man sich beispielsweise *etwas durch den
Kopf gehen lassen*, und im Kopf *stecken* Ideen, Pläne oder Erinnerungen
und Gelerntes, das man *aus dem Kopf* (auswendig) aufsagen kann: Lieder,

Gedichte und so weiter. Der Kopf des dummen Menschen dagegen ist *leer* oder er steckt *voller Stroh*, Viele Redensarten aus diesem Bereich finden sich auch unter den Begriffen *Sinn*, *Hirn*, *Schädel* oder *Haupt.*"

Zurück zu unserer Redewendung: Wer *den Kopf hängen läßt*, ist ‚deprimiert'. „Wenn Köpfe rollen, lasse deinen nicht hängen!" – dieser verzweifelt-aufmunternde Satz, vor 1966 entstanden, stammt von Stanisław Jerzy Lec (1971:193).

Gerade in der Bibel findet sich eine Fülle von Beispielen für die Organismus-Metaphorik. Deshalb ist es nicht verwunderlich, wenn auch sicherlich den wenigsten bekannt, daß auch diese Wendung der Heiligen Schrift entstammt. Der Prophet Jesaja beschreibt mit ironischem Unterton die äußeren Gebärden eines heuchlerischen Fastens: „Soll das ein Fasten sein, an dem ich Gefallen habe, ein Tag, an dem man sich kasteit, wenn ein Mensch *seinen Kopf hängen läßt* wie Schilf und in Sack und Asche sich bettet?"

Bei Goethe finden wir sogar noch das entsprechende Adjektiv. In seiner Autobiographie „Dichtung und Wahrheit" (HA, Bd. 9, S. 358) lesen wir: „Er war dabei ein verständiger Mann und keineswegs *kopfhängerisch* in seinem Tun und Lassen."

Kratzfuß; einen ~ machen

Bezeichnungen für Körperteile finden sich in vielen Wortkombinationen; dadurch kommt es zu oft amüsanten Bedeutungsverschiebungen und Bedeutungsübertragungen. Das hat auch Hans Manz (1991:195) keine Ruhe gelassen, so daß er das Gedicht schrieb:

Vom Menschen und seinen Teilen

„Schönaugenmacher!"[1]
„Kratzfußmacher!"
„Muskelprotz!"
„Knochengestell!"
„Großmaul!"
„Haarspalter!"
„Hochnäsiger!"
„Schlitzohr!"[2]
„Ellbögler!"
„Daumendreher!"
„Hirnverbrannter!"

„Herzloser!‘"

„Doppelzüngiger!‘"[3]

„Magenverderber!‘"

„Jetzt reicht's aber!‘"

„Willst du wohl Fersengeld geben?‘"

„Hätte gerade noch gefehlt!‘"

„Heb gefälligst *deine* Beine auf!‘"

1 Kratzfuß = Bückling, Verbeugung. 2 Gauner. 3 Jemand, der vornherum anders redet als hintenherum.

Ich möchte auf den *Kratzfuß* eingehen, und da fällt mir Gerdt Bernhard von Bassewitz-Hohenluckow (1878–1923) ein, der mit seinem Kinderbuch „Peterchens Mondfahrt" bis heute viele Kinderherzen erfreut hat. In der Geschichte über „Die Sternenwiese" heißt es an einer Stelle:

„Der Maikäfer aber dachte: ‚Mit Höflichkeit kommt man am weitesten'; und so machte er eine sehr schöne Verbeugung mit *Kratzfüßchen* hinten raus und sagte: ‚Entschuldigen Sie bitte, Herr Sandmann!'" Und wenig später: „Beinahe hätte er laut gelacht; aber er verkniff sich das Lachen, denn er war vorsichtig und wollte sich nicht unbeliebt machen. ‚Entschuldigen Sie, Herr Sandmann!' sagte er, machte einen *Kratzfuß* und sah bescheiden aus."

In einem Beitrag mit dem Titel „Fünf Jahre Wiedervereinigung – was ist historische Gerechtigkeit?" schrieb Peter Gauweiler am 2. Oktober 1995 in der Münchener BILD-Zeitung:

„Es war erst 1987, da die höchsten Würdenträger unserer heute so strafwütigen westdeutschen Justiz vor Schabowskis obersten Vorgesetzten *den Kratzfuß gemacht* und auf sein spezielles Wohl ihr Glas gehoben haben, voller Stolz über das Dabeiseindürfen. Ich habe es mit meinen eigenen Augen gesehen."

Der Ausdruck *einen Kratzfuß machen* begegnet uns heute eigentlich nur noch in scherzhaften, ironischen oder abfällig-wertenden Zusammenhängen. Die „Brockhaus-Enzyklopädie" (Bd. 27, [20]1999:434) schreibt: „Heute drückt man damit scherzhaft aus, daß man jemanden formvollendet begrüßt: ‚Soll ich euch vorstellen oder habt ihr schon bei allen euren *Kratzfuß gemacht*?'" In diesem Sinne wird der Ausdruck von jüngeren Leuten zwar noch verstanden, doch seine Herkunft ist den meisten nicht geläufig. Zu Recht erläutert daher Klaus Müller (1994:339): „Der *Kratzfuß* war eine in der höfischen Gesellschaft übliche förmliche Verbeugung, bei der ein Fuß nach hinten gezogen wurde, wobei er über den Boden streifte. Schon im 18. Jahrhundert wird die Wendung im Sinne einer spöttischen Kommentierung übertriebenen Demutsverhaltens verwendet."

Lästerzunge

Früher galt das *Lästern* – es ist abgeleitet von *Laster* – als ein ,höherer Grad der Ehrenschändung' als das Verleumden. Der Begriff der Ehrenschändung wurde zur Gegenwart hin abgeschwächt zu ,tratschen', ausgedrückt in der festen Wendung, die wir gegenüber dem hinzukommenden Geschmähten mit den Worten ausdrücken: „Wir haben gerade über dich *gelästert*."

Die Stadt Düsseldorf wirbt für ihre schöne Umgebung und will Laufbegeisterte ansprechen. Sie stellt ihnen deshalb im Internet eine Strecke von Unterbach bis an den Rhein vor und erklärt Sehenswürdigkeiten, die die Läufer auf diesem Kurs passieren – u. a. die Universität Düsseldorf; über diese Bildungsstätte heißt es:

„Entstanden 1965 aus der Medizinischen Akademie. Erhielt 1988 nach langem Tauziehen den Namen Heinrich-Heine-Universität. Das Denkmal des größten Düsseldorfer Schriftstellers vor der Universitätsbibliothek (rund 1 Mio. Bände) zeigt einen nachdenklichen Heinrich Heine, wohl ahnend, daß ihm bestimmte Kreise eines nie verzeihen würden: seine lose *Lästerzunge*, mit der er vor allem dumpfen Nationalismus und kleinkariertes Spießertum anprangerte."

Hier wird auf Heines (1797–1856) *lästernde Zunge*, seine *Lästerzunge* abgestellt. Goethe hat es (in „Xenien und Votivtafeln") ähnlich ausgedrückt: „Ist das Knie nur geschmeidig, so darf die Zunge schon lästern./Was darf der nicht begehn, der sich zu kriechen nicht schämt!" Auch Gottfried August Bürger (1747–1794) hat das Wort *Lästerzunge* in einem Epigramm mit dem Titel „Trost" in gleicher Funktion verwendet:

> Wenn die *Lästerzunge* sticht,
> So laß dir dies zum Troste sagen:
> Die schlechtesten Früchte sind es nicht,
> Woran die Wespen nagen.

Eine solche Verwendung des Wortes *Lästerzunge* ist heute eigentlich selten; zumeist wird es metonymisch für einen ,lästernden Menschen' gebraucht, und das schon seit geraumer Zeit. So lesen wir beim Lyriker und Fabeldichter Friedrich von Hagedorn (1708–1754):

> Den frechen Lügner trifft Verwirrung, Furcht und Tod;
> Doch dieses Beispiel schreckt nur wenig *Lästerzungen*.

Ähnlich schreibt Gotthold Ephraim Lessing (1729–1781):

> Ich singe nicht, durch Stolz gedrungen,
> für dich, mein deutsches Vaterland,
> ich fürchte jene *Lästerzungen*,
> die dich bis an den Pol verbannt.

Die Zeitschrift „Der Spiegel" berichtete am 19. Februar 2001 in einer historisch-politischen Bewertung des sogenannten „Pleven-Plans" im Zusammenhang mit der westdeutschen Remilitarisierung:

> „Von Washington aus gab Acheson diplomatisch-verbrämt der Pariser Konferenz denselben Leitspruch: ‚Die Vereinigten Staaten beabsichtigen nicht, die deutsche Bundesrepublik zur Teilnahme an der westeuropäischen Verteidigung zu drängen.' Und, derb abgewandelt, meinte Drew Pearson, Washingtons wohlinformierte politische *Lästerzunge*, über etliche US-Sender: ‚Nun werden wir warten, bis die Deutschen gekrochen kommen. In Washington hat man es aufgegeben, um die deutsche Wiederaufrüstung zu buhlen.'"

Die metonymischen Verwendungsweisen von *Lästerzunge* und *Lästermaul* sind Prägungen Luthers: „Damit ist nun das Maul gestopft den Zungenwäschern und etlichen *Lästerzungen*, die da geifern wider uns." Man vergleiche auch die „Sprüche Salomos (Sprichwörter)" 4,24: „Tu von dir die Falschheit des Mundes und sei kein *Lästermaul*."

Als *Lästermaul* mußte sich indessen auch Luther selbst von seinem Gegenspieler Thomas Münzer beschimpfen lassen; dies beweist ein Blick in dessen „Hochverursachte Schutzrede und Antwort wider das geistlose, sanftlebende Fleisch zu Wittenberg, welches mit verkehrter Weise durch den Diebstahl der Heiligen Schrift die erbärmliche Christenheit also ganz jämmerlichen besudelt hat":

> „Du sagst, ich sei drei Jahr vertrieben und herumhergelaufen, und sprichst, ich klag von viel Leiden. Sieh, wie es zusammenstimmt! Du hast mich mit deiner Federn gegen manchem Biedermanne belogen und geschmähet, wie ich dir's kann nachbringen. Du hast mich mit deinem *Lästermaul* öffentlich einen Teufel gescholten. Ja, du tust allen Wider-

sachern also. Was kannst du anders denn der Kolkrabe, schreit auch nur seinen eigen Namen aus."

Ohr: es faustdick hinter den ~en haben

Schon Thomas Mann liebte diese Wendung. In seinem Roman „Buddenbrooks" heißt es: „Stille Wasser waren oft tief. Mancher hatte es *faustdick hinter den Ohren.*"

Im Jahre 2000 warb die Laienbühne des Liederkranzes Schwabsberg im Internet für ihre Theateraufführung des Schwankes „Trau keinem Opa" im Gasthof „Goldenes Lamm" in Rainau-Schwabsberg mit folgendem Text:

„Zum Inhalt verraten wir nur so viel: Eigentlich ist Opa Max selbst dran schuld, daß seine Schwiegertöchter und Söhne ihn für einen senilen Tattergreis halten. Um seine Ruhe zu haben, gaukelt er es ihnen seit Jahren vor. In Wahrheit aber hat er es *faustdick* hinter den Ohren ..."

Wer es *faustdick hinter den Ohren hat*, ist ‚verschmitzt, schlau und durchtrieben'. Man sagt dies über einen Menschen, der unschuldiger aussieht, als er in Wirklichkeit ist. Heinrich Raab (1981:111) gibt uns die Erklärung für diese ungewöhnliche Redensart:

„Nach Auffassungen früherer Zeiten soll sich das Organ der Schlauheit in unmittelbarer Nähe der Ohren befunden haben. Die Ohrspeicheldrüsen galten als Gehirnabsonderung, auch gewisse geistige Kräfte aufspeichernd."

Folgt man Lutz Röhrich (²1995:1113), so spielt bei der Wendung „eine Art volkstümlicher Schädellehre herein, wonach der Sinn der Verschlagenheit hinter den Ohren liegt und desto größere Wülste hervorbringt, je stärker er entwickelt ist."

petto: etwas in ~ haben

Die Zeitschrift „Der Feinschmecker" (12/1996) berichtete, die Rechtschreibreform werde ...

„... auch deutsche Speisekarten nicht ganz verschonen, diesen Tummelplatz frankophiler Sprachschöpfer. Ein paar Beispiele dafür, was der neue ‚Duden' so *in petto* hat: Anschovis, *auch* Anchovis, Chicorée, *auch* Schikoree, Ketschup, *auch* Ketchup, Thunfisch, *auch* Tunfisch, transchieren, *auch* tranchieren ..."

In Walter Kempowskis Roman „Tadellöser & Wolf" (1971) lesen wir:

„In der Friseurtasche fand sich ein Glas mit Pudding, das im Strandkorb gemeinsam ausgelöffelt wurde. Und als es leer war, hatte Robert noch Brote *in petto.*"

Das italienische *in petto* (hergeleitet aus dem lateinischen *in pectore*) heißt eigentlich ‚in der Brust‘; *etwas in petto haben* wird heute benutzt in der Bedeutung von ‚etwas im Sinne haben‘ oder ‚etwas in Bereitschaft haben‘ – je nach Kontext, wie unsere Beispiele zeigen.

Schlitzohr

Der eine oder andere Leser wird den amüsanten Film mit Burt Reynolds und Sally Field kennen: „Ein ausgekochtes *Schlitzohr*". Als *Schlitzohr* bezeichnet man – und dies schon seit dem 19. Jahrhundert – ‚jemanden, der kein Vertrauen verdient‘, einen ‚listigen, hinterhältigen Burschen‘.

Die „Berliner Illustrirte Zeitung" veröffentlichte am 5. April 1998 einen Artikel darüber, daß sich immer mehr Handwerker wieder zünftig „auf die Waltz" begeben, und stellte in dem Zusammenhang eine kleine kulturgeschichtliche Betrachtung an, die dazu beiträgt, die Herkunft des heute eigentlich unverständlichen Ausdrucks zu verdeutlichen:

„Die meisten Wandergesellen tragen zur Kluft einen goldenen Ohrring, der das Wappen ihres Handwerks zeigt. Dieser Schmuck war in früheren Tagen doppelt nützlich: Zum einen diente er als Notgroschen, der sich bei Bedarf verpfänden ließ. Zum anderen garantierte er dem mittellosen Wandersmann – der heute krankenversichert ist und nach Tarif bezahlt wird – schlimmstenfalls ein ordentliches Begräbnis. Und als einst die Sitten weit rauher waren, erfüllte er noch einen weiteren Zweck: Hatte sich ein Geselle etwas zuschulden kommen lassen, rissen ihm seine Kameraden den Anhänger aus dem Ohr – und machten ihn damit zum *Schlitzohr.*"

Klaus Müller (1994 : 447) präzisiert:

„Um verschlagene Menschen und Verbrecher äußerlich kenntlich zu machen, wurden ihnen im Mittelalter als Gerichtsstrafe Schlitze in die Ohren gemacht .... Außer zu Verstümmelungsstrafen eignen sich die Ohren im alten Volksbrauchtum insbesondere zu kleinen Peinigungen wie dem Schlag (*Ohrfeige*) und dem Ziehen (*jmdm. die Ohren langziehen*). In alten Rechtsbräuchen wurden die dabei zugefügten Schmerzen als Mittel der Gedächtnisstärkung genutzt."

Ehrlicher Name! Wahrhaftig eine reichhaltige Münze,
mit der sich meisterlich schachern läßt,
wer's versteht, sie gut auszugeben.

Friedrich Schiller

4 „Ach, wie gut, daß niemand weiß ...

... daß ich Rumpelstilzchen heiß!" – diesen Satz aus Jacob und
Wilhelm Grimms „Kinder- und Hausmärchen" kennen viele von
uns. Aber was bedeutet eigentlich *Rumpelstilzchen*? Dieses Kapitel widmet sich einer Reihe von Namen, die jeder kennt und vor
sich her plappert, deren Entstehung sich jedoch auf den ersten
und zweiten Blick nicht erschließt, deren heutige Oberflächen-
struktur häufig eher in die Irre führt und keinen Sinn mehr ergibt.
Abgesehen davon ist auf Grund der produktiven Wortbildungs-
prozesse bei Namen ständig mit (teils kurzlebigen) Neologismen zu rechnen; so überschrieb die Tageszeitung „Die Welt" am
31. Mai 2001 auf ihrer Titelseite einen Artikel, der sich mit der
Entwicklung von Kfz-Verkaufsräumen zu Supermärkten befaßt,
mit der Schlagzeile: „Die *Tchiboisierung* der Autobranche".

Viele Menschen versuchen, *sich einen Namen zu machen*, also
‚berühmt zu werden', dürften sich jedoch über den Hintergrund
dieser Redewendung kaum im klaren sein. So sprechen z.B. in der
Geschichte vom *Turmbau zu Babel* die Menschen untereinander:
„Wohlauf, laßt uns eine Stadt und einen Turm bauen, dessen Spitze bis an den Himmel reicht, damit wir uns *einen Namen machen*;
denn wir werden sonst zerstreut in alle Länder" (Gen 11,4). Heinrich Krauss (1993:145) verweist in seiner Erläuterung dieser Wendung auf die in alten Zeiten weitverbreitete Vorstellung, daß das,
was keinen Namen hat, nicht existiere:

„Man meinte zudem, daß der Name dem Wesen und den Qualitäten sei-
nes Trägers entspricht. Die Pointe der Geschichte liegt also in ihrem letzten
Vers, der sich über das Mißlingen der Absicht, mit der die Menschen den
Bau des Turmes und der Stadt in Angriff genommen hatten, lustig macht:
‚Daher heißt ihr Name *Babel*, weil der Herr daselbst verwirrt hat aller
Länder Sprache und die Menschen von dort zerstreut hat in alle Länder'"
(Gen 11,9).

Auf die Erläuterung von „Namengebern" (Eponymen) in der Naturwissenschaft und Medizin habe ich bewußt verzichtet, obwohl es für den Sprachbenutzer immer wieder überraschend und faszinierend ist, z.B. etwas über die Persönlichkeiten zu erfahren, denen Maßeinheiten (von *Ampère* bis *Watt*) oder Krankheiten (*Morbus Kaposi*, *Morbus Schamberg*, *Naevus Spitz*) ihre Bezeichnung „verdanken"; verwiesen sei auf die brillanten Arbeiten von Ernst Schwenk („Mein Name ist Becquerel", 1993) sowie Markus Schwarz und Olaf Alex („Eponyme in der Dermatologie: 100 biographische Beiträge zur medizinischen Terminologie", 2000).

Achillesferse

Kürzlich las ich einen Artikel über Marco Groß, der beim TV Göttelborn und später bei der TVSG Quierschied das Volleyball-ABC erlernt hat; er trug die Überschrift: „Knie sind die *Achillesferse*". Auf der Internetseite der Organisation „Kommunalfenster" heißt es: „Die *Achillesferse* jeder zentralen Kanalisation ist stets der lange Kanal. Auf Dauer ist oder bleibt er nämlich niemals dicht und gefährdet damit genau das, was er eigentlich schützen soll, das Grundwasser." Die „Neue Zürcher Zeitung" fragte am 14. April 2001 in einer Schlagzeile mit Blick auf die Schweizerische Nationalbank: „Hat die SNB ihre *Achillesferse* in den USA?"

Wilde Stilblüten? Alles blühender Unsinn? Auf jeden Fall beobachten wir, daß die Bezeichnung *Achillesferse* uns nicht allein in medizinischen Fachzeitschriften begegnet, sondern daß sie im übertragenen Sinne häufig auf die schwache, verwundbare Stelle eines sonst tüchtigen Menschen anspielt, daneben aber auch in der verallgemeinernden Bedeutung ‚Schwachstelle' in unterschiedlichsten Kontexten verwendet wird. Kaum jemand ist sich dabei noch der Wortherkunft bewußt.

Schon Marie von Ebner-Eschenbach beklagte 1893 in ihren „Aphorismen": „Die jetzigen Menschen sind zum Tadeln geboren, vom ganzen Menschen sehen sie nur die Ferse." Eduard Stemplinger (1933:7f.) erläutert und sieht zugleich eine Parallele in der deutschen Literatur:

„Die Legende erzählt von der Jugend des Achilleus: Um ihren Sohn unverwundbar zu machen, tauchte ihn Thetis in das Wasser des Unterweltflusses Styx; nur die Ferse blieb unbenetzt, weil sie dort das Kind hielt.

Hier traf ihn dann auch der todbringende Pfeil des Paris. Man vergleiche damit die Sage vom hürnenen Siegfried!"

Argusaugen: ~ haben

Der von mir schon genannte Johann Christoph Friedrich Haug (1761–1829; vgl. S. 12), ein Jugendfreund und Mitschüler Schillers, ist bekannt durch seine deftigen Epigramme und Goliarden (Vagantenlieder). Schlägt man seinen Band mit dem Titel „Epigramme" (1805) auf, so stößt man auf diese Zeilen: „Wünscht bis zum Hochzeitsglücke/Den Freiern *Argusblicke*;/doch in der Ehe taugen/Am besten Maulwurfsaugen."

Von *Argusblicken* liest man heute kaum noch etwas, um so mehr von *Argusaugen*. So schrieb die „Berliner Zeitung" 1995 in einem Beitrag über Verbote geplanter Firmenzusammenschlüsse: „Das Kartellamt ... tut gut daran, mit *Argusaugen* darauf zu achten, daß sich die Großen nicht immer mehr vom Marktkuchen abschneiden." Und die Zeitung „Salzburger Nachrichten", die im März 1999 darüber berichtete, daß Österreich über eines der modernsten Radarsysteme Europas verfüge, gab ihrem Artikel die Überschrift „Heer verfolgt Balkankrieg mit *Argusaugen* ... ."

Was gemeint ist, dürfte klar sein: Wer etwas mit *Argusaugen* beobachtet, ist ‚ein besonders scharfäugiger und mißtrauischer Wächter'. Doch woher stammt die Bezeichnung? Eduard Stemplinger (1933:23) klärt uns über die Zusammenhänge in einer griechischen Sage auf:

„Hera verwandelte Jo in eine Kuh und setzte ihr als Wächter den Riesen Argos (Argus) zur Seite, dem mit seinen unzähligen Augen am ganzen Körper nichts entging. Hermes aber gelang es, ihn einzuschläfern und zu töten; daraufhin verwandelte ihn Hera in ihren Lieblingsvogel, den Pfau, und schmückte mit seinen Augen den Pfauenschweif. Der Sumatrapfau heißt heute noch *Argusfasan*, eine besonders schöne Schmetterlingsart *Argusfalter*."

Heinrich Raab (1981:19) gibt zu Argos mit den vielen Augen, die nie gleichzeitig schlafen, noch diesen Hinweis: „Man vergleiche hiermit die Wachsamkeit des Hüters der Götterbrücke in der germanischen Mythologie, Heimdall, der *das Gras wachsen hört*."

Augiasstall: einen ~ reinigen

Der Schriftsteller und Übersetzer Ludwig Fulda (1862–1939; zitiert aus Altmann 1969:74), der sich als Verfolgter des Naziregimes in Berlin das Leben nahm, schrieb noch vor 1939 folgende Verse:

> Mancher geht in den *Augiasstall*,
> läßt uns dabei mit lautem Schall
> glauben, daß er Herkules ist,
> und vermehrt doch nur den Mist.

Die in vielen europäischen Sprachen geläufige Redewendung *einen Augiasstall reinigen* hat heute die Bedeutung: ‚vernachlässigte Dinge aufarbeiten‘, ‚eine unangenehme Arbeit verrichten‘. Ihr Ursprung liegt in der griechischen Sage, derzufolge *Herakles* (lateinisch: *Herkules*) den Auftrag erhielt, die Ställe des Augias (Augeias), des Königs von Elis, die 300 Rinder beherbergten und 30 Jahre lang nicht ausgemistet worden waren, an einem Tage zu reinigen. Der gewitzte Herakles vereinigte zwei Flüsse, leitete sie durch den Stall hindurch und verstand es somit, die Aufgabe zu lösen. Kritisch stellt aus heutiger Sicht Michael Augustin („Denkzettel", 1986:98) seine

> Kleine Anfrage
>
> Ob man
> mit dem Wasser
> der heutigen Flüsse
> noch einen *Augiasstall*
> reinigen könnte?

Berserker: wüten wie ein/die ~

Es kommt gelegentlich vor, daß betrunkene Fußballfans nach der Niederlage ihres Stammvereins in einer heimatfernen Kneipe *wüten wie die Berserker* und das Mobiliar zerschlagen.

Doch es gibt auch literarische Zeugnisse für den Gebrauch des Ausdrucks: Die ältere „Edda" (816, 23 Simrock) spricht von *Berserkerschwärmen*; und von der *Berserkerwut* der Maienkäfer lesen wir beispielsweise bei Heinrich Heine (1797–1856) in seinem Gedicht „Caput XXVII (An August Varnhagen von Ense)" in der vorletzten Strophe:

Welch ein Sumsen, welterschütternd!
Das sind ja des Völkerfrühlings
kolossale Maienkäfer,
Von *Berserkerwut* ergriffen!

Die Bedeutung der Wendung ist klar: ‚ingrimmig und wütend
kämpfen'. Doch woher stammt der im Deutschen seit dem 18. Jahrhundert gebräuchliche Ausdruck? Bei der Beantwortung dieser
Frage scheiden sich die etymologischen Geister.

Heinrich Raab (1981: 26) präsentiert folgende Erklärung:

„*Berserker* ist eine Entlehnung aus der nordischen Sage; *Berserker* und
seine Söhne metzelten auf ihren Zügen alles Lebende nieder. Altnordisch
berserkr, aus *ber* (‚Bär') und *serkr* (‚Hemd, Kleid'). *Berserkr* ist also ‚ein in
Bärenfell gekleideter Krieger'; nach germanischem Glauben sollte das Fell
Bärenkräfte und die Wut der gereizten Bären verleihen; auch konnte die
menschliche Seele in allerlei Tiergestalten schlüpfen; vgl. den *Werwolf*,
einen ‚Mann in Wolfsgestalt'."

Vergleichbar argumentieren Pfeifer et al. ([2]1993:122) im „Etymologischen Wörterbuch des Deutschen", und auch Klaus Müller
(1994:55) schließt sich dieser Meinung an:

„Die altnordischen Krieger pflegten in Bärenfellen gekleidet in den
Kampf zu gehen, da sich in ihrer Vorstellung die Kraft des Tieres auf sie
übertrug. Die Bezeichnung für das Kleidungsstück (*ber* = ‚Bär', *serkr* =
‚Hemd' wurde schließlich auf seine Träger angewendet, die für ihre wilde
und grausame Kampfesweise berühmt und gefürchtet waren."

Im „Etymologischen Wörterbuch" von Kluge ([23]1995:100) wird
etwas vorsichtiger argumentiert:

„Das Wort [*Berserker*] gehört zu altnordisch *serkr* ‚Gewand, Waffenrock,
Tierfell', das Vorderglied ist weniger klar; aber da *berserkr* in der nordischen Überlieferung mit *ulfheðinn* ‚Wolfswams' (als Bezeichnung solcher Krieger) in Kontrast gesetzt wird, dürfte das Vorderglied das Wort
für ‚Bär' sein (obwohl dies im Altnordischen *bjǫrn* lautet)."

Zugleich wird auf die (u.a. durch K.R. McCone in Meid 1987:
106ff.) vertretene Alternativthese verwiesen, das Vorderglied zu
berr ‚nackt' zu stellen und die Bedeutung ‚mit bloßem Hemd be-
kleidet' anzusetzen. Zur letztgenannten Möglichkeit ist ergänzend
festzustellen, daß Hermann Schrader schon in seinem Buch „Der
Bilderschmuck der deutschen Sprache" (1886:296) zur „Berser-
kerwuth" ähnlich kluge Bemerkungen gemacht hat:

„Der altnordischen Mythologie entlehnt, *ber* ‚bar, nackt' und *sakr* ‚Hemd',
‚Panzerhemd', also eigentlich ‚panzerlos'. Ein gefürchteter Kriegsheld,
der ungeharnischt in den Kampf ging und dessen zwölf Söhne sich ebenfalls durch rasende Wuth im Kampf auszeichneten. Ursprünglich sind
Berserker also ‚Krieger, die mit rasender Wuth kämpfen'. Daher *Berser-
kerwuth* ‚wilde Kampfwuth', ‚Kriegstollwuth'. So auch *Berserkerey*,
‚berserkermäßiges Toben'. *Berserkern*, ‚berserkermäßig toben'."

Biedermeier

Wir wollen versuchen, der Bezeichnung *Biedermeier* auf die Spur
zu kommen, die für den Kunststil der Zeit von 1815 bis 1848 und
später allgemein für den gediegen-bürgerlichen Stil der Vormärz-
jahre (in Dichtkunst, Kleidermode, Wohnkultur und Malerei)
verwendet wird.

Unsere Frage dabei ist: Gibt es wirklich einen Herrn Biedermeier, auf den die Bezeichnung zurückzuführen ist, oder ist diese
Spekulation blühender Unsinn? Ein Rückblick in die Geschichte
gibt uns die Antwort:

Das Wort *bieder* wurde noch zu Beginn des 19. Jahrhunderts in
der Bedeutung ‚ehrbar', ‚tüchtig' gebraucht. Angesichts der politischen Kämpfe im Vormärz wurde das Adjektiv zunehmend ironisierend und abwertend benutzt im Sinne von ‚auf beschränkte
Weise rechtschaffen', ‚einfältig', um damit die unpolitischen und
spießbürgerlichen Kreise zu treffen, die falschen *Biedermänner.*

Der Malerpoet Joseph Victor von Scheffel (1826–1886), einer
der meistgelesenen Erzähler des späten 19. Jahrhunderts – er wurde berühmt durch das Versepos „Der Trompeter von Säckingen"
(1854) und den kulturhistorischen Roman „Ekkehard" (1855) –,
veröffentlichte im Jahre 1848 die Gedichte „Des *Biedermanns*
Abendgemütlichkeit" und „*Bummelmaiers* Klage" in der 1844 gegründeten humoristisch-satirischen Wochenzeitschrift „Fliegende
Blätter", die in München erschien.

> Des Biedermanns Abendgemütlichkeit
>
> Vor meiner Haustür steht 'ne Linde,
> In ihrem Schatten sitz' ich gern,
> Ich dampf' mein Pfeiflein in die Winde
> Und lob' durch Nichtstun Gott, den Herrn.
> Die Bienen summen froh und friedlich
> Und saugen Blütenhonig ein,

Und alles ist so urgemütlich,
Daß ich vor innrer Rührung wein'.
Und hätt' in Deutschland jeder Hitzkopf
Wie ich 'ne Linde vor der Tür
Und rauchte seinen Portoriko
Mit so beschaulichem Pläsier:
So gäb' es nicht so viel Krakehler
In dieser schönen Gotteswelt
Die Sonne schien' nicht auf Skandäler,
Und doch wär' alles wohl bestellt.
Amen.

Ludwig Eichrodt (1827–1892), der in Lahr (Baden) der bürgerlichen Tätigkeit eines Richters nachging und als Satiriker unter dem Pseudonym Rudolf Rodt schrieb, formte – gemeinsam mit dem an der Heidelberger Universität lehrenden Arzt Adolf Kußmaul – aus den Namen *Biedermann* und *Bummelmaier* den Namen *Biedermaier*.

Unter dem Pseudonym Gottlieb *Biedermaier* (noch mit *ai* geschrieben) veröffentlichten Eichrodt und Kußmaul zunächst in den „Fliegenden Blättern", im Jahre 1855 sogar als Buch, die holprigen Gedichte des naiven badischen Dorfschulmeisters Samuel Friedrich Sauter (1766–1846). Diese Gedichte Sauters, die ursprünglich in einem Konstanzer Verlag erschienen waren, amüsierten nun unter dem fiktiven Namen Gottlieb Biedermaier ihr Publikum durch unfreiwillige Komik, schufen zugleich einen treuherzigen und spießigen Helden der satirischen Zeitschrift und gaben, so liest man es allenthalben, der ganzen Kulturepoche von 1815–1848 ihren Namen.

Übrigens hatte auch der junge Philosoph, Dichter, Politiker und Kunstkritiker Ludwig Pfau (1821–1894), Autor vieler literarischer und kunstästhetischer Arbeiten und zeitweise im Königreich Württemberg Herausgeber des oppositionellen Blattes „Der Eulenspiegel", unter dem Titel „Herr Biedermeier, Mitglied der besitzenden und gebildeten Klasse" bereits 1846 ein (1847 veröffentlichtes) Gedicht geschrieben, das ich den Lesern nicht vorenthalten möchte:

Schau, dort spaziert Herr *Biedermeier*,
Und seine Frau, den Sohn am Arm;
Sein Tritt ist sachte wie auf Eier,
Sein Wahlspruch: Weder kalt noch warm.

Das ist ein Bürger hochgeachtet,
Der geistlich spricht und weltlich trachtet;
Er wohnt in jenem schönen Haus
Und – leiht sein Geld auf Wucher aus.

Regierlich stimmt er bei den Wahlen,
Denn er mißbilligt allen Streit;
Obwohl kein Freund vom Steuerzahlen,
Verehrt er sehr die Obrigkeit.
Aufs Rathaus und vor Amt gerufen,
Zieht er den Hut schon auf den Stufen;
Dann aber geht er stolz nach Haus
Und – leiht sein Geld auf Wucher aus.

Am Sonntag in der Kirche fehlen,
Das wäre gegen Christenpflicht;
Da holt er Labung seiner Seelen –
Und schlummert, wenn der Pfarrer spricht.
Das führt ihn lieblich bis zum Segen,
Den nimmt der Wackre fromm entgegen.
Dann geht er ganz erbaut nach Haus
Und – leiht sein Geld auf Wucher aus.

Ach! Wandrer, die gen Westen streben!
Wie rühret ihre Not sein Herz!
Wohl sieht er sammeln, doch zu geben,
Vergißt er ganz in seinem Schmerz.
„Ihr Schicksal ruht in Gottes Händen!"
Spricht er – dann geht er auszupfänden,
Nimmt einem Schuldner Hof und Haus
Und – leiht sein Geld auf Wucher aus.

Den einz'gen, hoffnungsvollen Sprossen –
Denn mehr, das wäre Überfluß –
Den hält er klösterlich verschlossen:
Die Sünde stammt ja vom Genuß.
Die Mutter führt ihr Küchlein sittig
Wie eine Henne unterm Fittig;
Sie sorgt für strenge Zucht im Haus
Und – leiht ihr Geld auf Wucher aus.

O edles Haus! o feine Sitten!
Wo jedes Gift im Keim erstickt,
Wo nur gepflegt wird und gelitten,
Was sich gern duckt und wohl sich schickt.
O fromme Bildung! Glaubensblüte,

Daß der Besitz dich heg' und hüte! –
Respekt muß sein in Staat und Haus:
Sonst – geht dem Geld der Wucher aus.

böhmisch: ~*e Dörfer*

In einem „Der Dichter und die Henker" überschriebenen Artikel über Tschechien schrieb „Der Spiegel" am 19. April 1999 (Nr. 16, S. 219):

„Die Tschechen seien undankbar, meint der von den Kommunisten ausgebürgerte Havel-Vertraute Pavel Landovský. Gerade weil Václac [Havel] seinen Grundsätzen so treu geblieben ist, irritiere er seine Mitarbeiter. ‚Er ist der Kummerkasten der Nation, bei dem man alles ablädt.' Immer wieder habe Havel die Korruption angeprangert, eine Justizreform verlangt, die Bankenreform und eine effektive Privatisierung der Großbetriebe gefordert – nichts Entscheidendes sei geschehen. Denn soziale Marktwirtschaft und Rechtssicherheit, das seien für Klaus, Zeman und Co. nur *böhmische Dörfer.*"

Das Beispiel zeigt, wie geläufig uns der Ausdruck *böhmische Dörfer* geworden ist. Es ist seine beziehungsreiche Verwendung in einem Gedicht Christian Morgensterns (1871–1914), die uns zu seinem literarischen Ursprung führt:

Das Böhmische Dorf

Palmström reist, mit einem Herrn v. Korf,
in ein – sogenanntes – Böhmisches Dorf.

Unverständlich bleibt ihm alles dort,
von dem ersten bis zum letzten Wort.

Auch v. Korf (der nur des Reimes wegen
ihn begleitet) ist um Rat verlegen.

Doch just dieses macht ihn blaß vor Glück.
Tief entzückt kehrt unser Freund zurück.

Und er schreibt in seine Wochenchronik:
Wieder ein Erlebnis, voll von Honig!

„Es waren mir nur *böhmische Dörfer* und alles eine ganz unverständliche Sprache", so heißt es schon im ersten Buch des „Abentheurlichen Simplicissimus" (1669), mit dem Grimmelshausen seine große Verwunderung über die Welt im allgemeinen, die deutschen Verhältnisse im besonderen und ganz besonders die darin lebenden Menschen zum Ausdruck bringen wollte.

Wir verwenden die Wendung seitdem im Sinne von ‚das kommt mir ganz fremd vor, das verstehe ich nicht‘. „Die böhmischen Dörfer", so schreibt Heinrich Raab (1981:29), „sehen zwar nicht viel anders aus als im übrigen Mitteleuropa, doch muteten ihre Namen und die tschechische Sprache ihrer Bewohner dem durchwandernden deutschen Studenten oder Gesellen, der etwa von Leipzig nach Wien zog, ganz fremd an."

Auch bei Matthias Claudius (1740–1815) findet sich in „Asmus omnia sua secum portans oder Sämtliche Werke des Wandsbecker Boten" in der „Antwort an Andres auf seinen letzten Brief" diese Stelle:

„Was Du aus den Sternen sehen willst und was Du von ihren Kräften und Einflüssen vorbringst, das sind vor mir *lauter böhmische Dörfer*, kommt mir aber alles doch sehr gründlich vor, und ich wünsche mir von Herzen Deine andächtige fromme Empfindung, mit der Du von den Sternen sprichst, und darin alle Deine Ideen schwimmen wie Blumen im Morgentau und wie die Inseln im Meer. Die Himmelslichter sind doch wirklich, wie die Augen am Menschen, offnere oder zarter bedeckte Stellen der Welt, wo die Seele heller durchscheint."

Und Bettina von Arnim schrieb (vgl. „Goethes Briefwechsel mit einem Kinde", II, 13):

„Morgen packen wir auf und gehen hin, wo *lauter böhmische Dörfer* sind. Wie oft hat mir Deine Mutter gesagt, wenn ich ihr allerlei Projekte machte: ‚Das sind *lauter böhmische Dörfer*‘, nun bin ich begierig, ein böhmisches Dorf zu sehen."

Daß Goethe selbst mit dieser Wendung seine Schwierigkeiten hatte, darauf habe ich in meinem Buch „Lauter böhmische Dörfer" ([5]2001) hingewiesen, aber ich war natürlich nicht der erste. Schon Georg Winter stellte in seinem Buch „Unbeflügelte Worte" (1888:155) klar:

„Goethe („Leiden des jungen Werthers", 24. Dezember 1771) schreibt: ‚Das waren dem Gehirne (des Gesandten) *spanische Dörfer*.‘ In der gemeinen Sprache sagt man *böhmische Dörfer sind es für einen*, um anzudeuten, daß er ‚etwas nicht begreift‘, daß es ‚über seinen Horizont geht‘, aber diese Wendung hätte sich hier nicht geeignet. Deshalb hat Goethe aus der andern Redensart, *das kommt ihm spanisch vor*, den letzteren Ausdruck entlehnt und so das Unedle durch das Ungewöhnliche ersetzt. – Dem ‚Deutschen Wörterbuche‘ ist hiervon nichts bekannt, doch zitiert es aus der ‚Insel Felsenburg‘ den ebenfalls gemilderten Satz (‚Ihm kamen alle diese Dinge nicht anders als *ungewisse Dörfer* vor.‘)“

Boykott

Der 1. Vorsitzende der „Kassenärztlichen Vereinigung Mecklenburg-Vorpommern“ trat am 30. Juni 1999 mit einem Pamphlet an die Öffentlichkeit, das den Titel trug: „Krankenkassen *boykottieren* Arzneimittelgrundversorgung in Mecklenburg-Vorpommern“. Es fragt sich, ob der Funktionär gewußt hat, woher das Wort *boykottieren* stammt. Tamar Lewinsky erläutert uns in ihrem sorgfältig recherchierten „Lexikon unbekannter Bekannter von Achilles bis Graf Zeppelin“ (1998:49) nicht nur, daß es sich bei diesem Verb um einen ganz besonderen dieser „geflügelten Namen“ handelt:

„Nachdem er im Jahre 1873 aus der englischen Armee ausgeschieden war, suchte sich Captain Boycott einen neuen Beruf. Er fand ihn als Gutsverwalter des Grafen von Erne in Irland. Seine Hauptaufgabe bestand darin, bei den irischen Pächtern, die die Ländereien des Grafen im *County Mayo* bebauten, möglichst hohe Zinsen einzutreiben.

Das ging gut bis zum Jahre 1879. Damals drohte wegen schlechter Ernten eine Hungersnot, und der Unwille gegen die Forderungen der englischen Großgrundbesitzer wuchs. Die Bauern taten sich zusammen und forderten von Boycott, er solle die Pacht um ein Viertel senken.

Aber Charles Boycott ging nicht darauf ein. Im Gegenteil, er zog vor Gericht, um die Bauern von dem Land zu vertreiben, das sie schon seit Generationen bearbeiteten.

Der irische Nationalistenführer Charles Stewart Parnell forderte seine Landsleute zum gewaltlosen Widerstand auf. Wer sich ihren Forderungen nach Senkung der Pachtzinsen widersetzte, mit dem sollten sie einfach jeden Kontakt abbrechen. Sie sollten nicht mehr mit ihm reden und seine Anweisungen nicht mehr befolgen. Parnell rief also mit anderen Worten zum *Boykott* auf.

Charles Cunningham Boycott wurde *boykottiert*. Plötzlich waren alle seine Landarbeiter von den Feldern verschwunden. Er mußte Arbeiter aus Ulster kommen lassen, die dann, von Soldaten bewacht, die Ernte einbrachten. Boycott verließ Irland noch im selben Jahr.

Dieser erste *Boykott*, der allen darauffolgenden den Namen gab, war erfolgreich. 1881 wurde mit der Inkraftsetzung eines neuen Gesetzes der Ausbeutung Einhalt geboten.“

Nun wissen wir, daß die Wörter *Boykott* und *boykottieren* auf jenen Charles Cunningham Boycott (1832–1897) zurückgehen, und daß dieser selbst *boykottiert* wurde.

Bramarbas

Wer Klassiker liest, kennt möglicherweise den Ausspruch des Kapuziners in Schillers „Wallensteins Lager" (8. Auftr.). „So ein Bramarbas und Eisenfresser!"

Überraschend ist vielleicht dieses Beispiel:

„Auge in Auge standen sich die Männer einige Augenblicke lang gegenüber, und es schien fast unentschieden bleiben zu wollen, welcher von beiden den ersten Schritt nach rückwärts thun werde. Wie aber stets und immer der Geist den Körper dominiert und kein physisch noch so verschwenderisch ausgestatteter *Bramarbas* dem echten Muthe auf die Dauer zu widerstehen vermag, so siegte auch hier die geistige Überlegenheit des einen über die körperliche Kräftigung des andern."

Diese Szene lesen wir in: „Die Rose von Ernstthal. Eine Geschichte aus der Mitte des vorigen Jahrhunderts", veröffentlicht von Karl May am 7. November 1874 (als „Deutsche Novellen-Flora", Lieferung 11, S. 169 ff.).

Selbst Heinrich Heine schrieb eine Passage (in: „Florentinische Nächte", 2. Nacht/2), in der es heißt:

„In der Tat, diese Gesellschaft bestand aus Franzosen, und der Zwerg, welcher sich hiernächst als Monsieur Türlütü ankündigte, fing an in französischer Sprache und mit so leidenschaftlichen Gesten zu *bramarbasieren*, daß die armen Engländer, noch weiter als gewöhnlich, ihre Mäuler und Nasen aufsperrten."

Bramarbas und *bramarbasieren* – diese Wörter werden auch heute noch verwendet, für einen ‚Aufschneider' bzw. dessen ‚prahlerisches Gehabe'. So wurde beispielsweise in der Ost-West-Wochenzeitung „Freitag" am 7. Mai 1999 gefragt:

„Angesichts dieses Dilemmas diskutiert der Bundestag im Juni darüber, wie das geplante Holocaust-Denkmal in Berlin aussehen soll. Eine Grundsatzentscheidung wird angestrebt. Ob man in der Parlamentsdebatte über die zwiespältige Etikettierung des Auschwitzvergleiches für die NATO-Einsatz-Legitimation, wie sie vor allem der Bramarbas Scharping nicht müde wird zu betonen, auf diese Probleme eingehen wird?"

Ob die meisten Leser diese Bezeichnung verstehen, darf füglich bezweifelt werden. Erst recht wird kaum jemand ihre Herkunft kennen. *Bramarbas* war nämlich ursprünglich die Bezeichnung für einen ‚prahlenden Soldaten' und ist als solche in Deutschland erst durch den Literaturtheoretiker, Kritiker und Dramatiker Johann Christoph Gottsched (1700–1766) geläufig geworden, der dem von ihm herausgegebenen Lustspiel „Jakob von Tyboe" des dänischen Komödiendichters Ludvig Holberg (1684–1754) den Titel „Bramarbas oder der großsprecherische Offizier" (1741) gab. Wie Gottsched in der Vorrede ausführt, entnahm er den Ausdruck *Bramarbas* dem satirischen Gedicht „Cartell des Bramarbas an Don Quijote", das Philander von der Linde in der „Unterredung von der deutschen Poesie" („Vermischte Gedichte", 1710) mitteilt.

Castor

Die kleinere Hauptfront des Quirinalspalastes wendet sich gegen die „Piazza del Quirinale", die frühe „Monte Cavallo" hieß und von den Römern wohl heute noch so genannt wird, wegen der beiden marmornen Dioskurenstatuen, die schon seit dem Mittelalter hier aufgestellt sind. Wie hier wurden die Dioskuren (‚Söhne des Zeus'), die Zwillinge *Kastor* und *Polydeukes* (lateinisch *Castor* und *Pollux*), oft als Rossebändiger dargestellt: sie galten als Helfer in der Seenot und im Kampf. Durch viele Heldentaten erwarben sich die Dioskuren unsterblichen Ruhm, so daß der große Herakles sie zu Leitern der von ihm erneuerten Olympischen Spiele erkor.

An *Castor* mag mancher denken, wenn es um Fragen der Entsorgung atomarer Rückstände geht. Wer wüßte schon auf Anhieb, daß die Bezeichnung *Castor* für den entsprechenden Behälter ein Kurzwort ist – für die englische Bezeichnung <u>*Cas*</u>k *for* <u>*Sto*</u>rage *and* <u>*T*</u>ransport *of* <u>*R*</u>adioactive *Material* (‚Behälter zum Lagern und Transportieren von radioaktivem Material').

Drückeberger

Die Zeitung „Die Woche" kritisierte am 20. April 2001 den Bundeskanzler auf der ersten Seite mit den Sätzen „Der Faulenzer-Vorwurf fällt auf Gerhard Schröder zurück. Er hat vor der großen

Reform des Arbeitsmarktes gekniffen" und überschrieb den Artikel mit der Schlagzeile: „Kanzler Drückeberger". Man liest den Ausdruck seit einigen Jahren allenthalben: „Vom Drückeberger zum gesuchten Leistungsträger" – so betitelte die „Stuttgarter Zeitung" am 19. Oktober 1999 einen Artikel über Zivildienstleistende. Was gemeint ist, leuchtet ein: „Zivis", wie sie häufig genannt werden, werden heute in der Regel nicht mehr als Bürger betrachtet, die sich um den Wehrdienst drücken, ihm also ‚ausweichen' wollen, sondern als Menschen, die eine wichtige soziale Funktion erfüllen.

Die Bezeichnung *Drückeberger* entstand um 1880, entstammt ursprünglich Schülerkreisen und war dann zur Zeit des Ersten Weltkriegs im Zusammenhang mit dem Militärdienst besonders beliebt; entsprechend abgeleitet wurden die *Drückebergerei* und, folgt man Otto Maußers Buch über „Deutsche Soldatensprache" (1917:42 u. 45), selbst die Abstrakta *Drückotismus* und *Drickotismus*. *Drückeberger* gehört – ähnlich wie *Schlauberger* – zu jenen innovativen Wortbildungen in phraseologischen Wendungen, die auf scherzhaft erfundenen Ortsbezeichnungen beruhen. Bei solchen Scherznamen wird also eine appellativische Bedeutung in eine Namenstruktur gebracht; es liegt also kein echter Eigenname vor. Solche Bildungen hat es im Deutschen immer gegeben: z. B. *Er stammt nicht aus Schenkendorf, sondern aus Greifswald; hier ist nicht Kostnitz/Kostnix* (d. h. ‚hier erhält man nichts unentgeltlich') oder *er kommt aus Dummsdorf*. Auf die Friedensverträge der Jahre 1678, 1697 und 1713 in Nimwegen, Ryswick bzw. Utrecht wird angespielt in der historischen Verballhornung *Nimmweg, Reissweg und Unrecht*. In anderen Sprachen sind sie seltener. Archer Taylor (1999) verweist in seinem Aufsatz „The Style of Proverbs" auf die englischen Beinahe-Entsprechungen zur letztgenannten Wendung (*He was born at Little Wittham* oder *He is one of the Hastings*, d. h. ‚er ist nicht der Klügste', ‚er begreift etwas langsam'); ich sagte „Beinahe-Entsprechungen", weil es sich um keine echten Neubildungen handelt.

gordisch: den ~en Knoten zerhauen

„Über den Nachruhm" – so überschrieb Erich Kästner (1969; Bd. 7:69) folgende 1946 entstandenen Zeilen:

> Den unlösbaren Knoten zu zersäbeln,
> gehörte zu dem Pensum Alexanders.
> Und wie hieß jener, der den Knoten knüpfte?
> Den kennt kein Mensch.
> Doch sicher war es jemand anders ...

Auch Ludwig Uhland (1787–1862) schrieb: „aber solch verzwicktes Thema, solche rätselhafte Possen, sind ein *gordisches* Problema"; und selbst Otto von Bismarck bediente sich in seinen „Reden" (1887) der Wendung vom *gordischen Knoten*:

„Sie werden die Tatsache nicht bestreiten, daß *der gordische Knoten*, unter dessen Verschluß die nationalen Rechte der Deutschen lagen, das Recht, als große Nation zu leben und zu atmen, nur durch das Schwert gelöst werden konnte."

Die Bedeutung der Redewendung – ‚eine schier unlösbare Schwierigkeit gewaltsam beseitigen' – ist den meisten geläufig, ihre Herkunft weniger. Gordion war die Hauptstadt Phrygiens. Im Tempel des Zeus befand sich ein uralter Wagen des Königs Midas zu Gordion mit einem bisher unlösbaren Jochknoten. Wer diesen Knoten aufknüpfen könne, so ging die Sage, dem werde unsagbares Glück zuteil. Alexander der Große zerhieb ihn (auf seinem persischen Feldzuge im Jahre 334 v. Chr.) ohne langes Besinnen mit dem Schwerte.

hermetisch

Kürzlich las ich in einer Firmenreklame: „Lufthansa Systems ist für die Zuverlässigkeit und Sicherheit der paybox-Rechner zuständig. Im *hermetisch* abgeschirmten Lufthansa-Rechenzentrum stehen auch die Host-Rechner von paybox mit den sensiblen Kunden- und Buchungsdaten." Das Wort *hermetisch* mit der Bedeutung ‚dicht verschlossen, luft- und wasserdicht' wird, wie das Beispiel zeigt, meist adverbiell gebraucht, z. B. in Fügungen wie *hermetisch verschließen, hermetisch abriegeln usw.* Doch der Sinn des seit dem 16. Jahrhundert bezeugten Adjektivs erschließt sich eigentlich erst durch den Bezug auf eine Glasröhre mit einem geheimnisvollen Siegel. Dazu muß man wissen, daß es seinen Ursprung in der Sprache der Alchimisten hat. Lakonisch kennzeichnet Jacob und Wilhelm Grimms „Deutsches Wörterbuch" im 10. Band (Sp. 1115) die Bedeutung als

„eigentlich ,nach Art des Hermes Trismegist', bezogen auf den von ihm erfundenen Verschluß einer Glasröhre, dann freier, selbst in der Dichtersprache angewendet:

Es ist Geist, so rasch beflügelt,
wie der Spezereien Geist,
der *hermetisch* auch versiegelt,
sich aus seinem Kerker reißt. Gottfried August Bürger (1747–1794).

Hermes Trismegistos (griechisch *Hermēs trìs mégistos*, ,dreimal größter Hermes') ist der durch das ,Corpus Hermeticum' spätestens im 1. Jahrhundert n.Chr. eingeführte griechische Name des ägyptischen Gottes Thoth, der nicht nur als Gott der Schrift, der Zahlen und der Bücher galt, sondern auch als geistiger Vater der Alchimisten, weil er u.a. die Kunst erfunden haben soll, eine Glasröhre mit einem geheimnisvollen Siegel (*sigillum Hermētis*) luftdicht (*hermētice*) zu verschließen."

homerisch

In Bertold Brechts „Dreigroschenroman" lesen wir an einer Stelle (1961:192): „Die Leute sahen sie mit offenen Mündern an und brachen in ein *homerisches* Gelächter aus."

Hier wird offenbar ein ,schallendes, nicht enden wollendes Gelächter' charakterisiert; doch nicht nur in der Literatur findet der Ausdruck *homerisch* noch heute Verwendung, sondern auch in ganz profanen Texten.

So richtete beispielsweise der Abgeordnete Mag. Helmut Peter (Liberales Forum) am 11. Juli 1996 in der 35. Sitzung des Nationalrates der Republik Österreich ausweislich des stenographischen Protokolls an den Bundesminister für Arbeit und Soziales (Franz Hums) folgende Bemerkung:

„Das heißt also, es geht Ihnen nicht darum, ob ein Mitarbeiter am Wochenende oder am Feiertag arbeiten muß, nein, Ihr kollektives Glück geht ja noch viel weiter. Sie schreiben ihm noch vor, was er tun darf, wenn er schon am Wochenende arbeitet, und was er nicht tun darf, wenn er am Wochenende arbeitet. Wissen Sie: Dieses Gesetz wird in der Europäischen

Union, wann immer es dort gelesen wird, in 14 anderen Staaten *homerisches Gelächter* erzeugen; *homerisches Gelächter* über eine Bundesregierung, über eine Sozialpartnerschaft, die wirklich glaubt, in Bundesgesetzen bis hinein in die kleinsten Bereiche die Betätigung der Betriebe regeln zu können."

Es steht zu erwarten, daß den meisten Abgeordneten unseres Nachbarlandes wohl die Bedeutung des Wortes bekannt ist, nicht aber seine Herkunft, was allerdings nicht weiter wundernimmt: Der Dichter Homer läßt die Götter nämlich in *unauslöschliches Gelächter* (griechisch: *asbestos gelōs*) ausbrechen, als sie den hinkenden Hephaistos als Diener beobachten: „Und *unauslöschliches Gelächter* erhob sich unter den glückseligen Göttern, als sie Hephaistos sahen, wie er schnaufend durch den Saal ging."

Entsprechend heißt es schon bei Voltaire in seinem satirischen Roman „Micromégas" (1752), c. 7.: „En étouffant de ce *rire inextinguible* qui selon Homère est le partage des dieux" – ‚Berstend von *unauslöschlichem Gelächter*, das nach Homer ein Vorrecht der Götter ist'.

Interessant ist nun, daß sich auch der Ausdruck *homerisches Gelächter* zuerst in Frankreich findet – als *rire homérique* –, z.B., wie Büchmann ([40]1995:288) uns verrät, in den aus den 80er Jahren des 18. Jahrhunderts stammenden „Mémoires de la Baronne d'Oberkirch" (Paris 1853, chp. 29): „On partit d'un éclat de *rire homérique*" – „Man brach schallend in ein *homerisches Gelächter* aus."

Reinhard Pohlke ergänzt in seinem Buch über deutsche Redensarten aus dem Griechischen („Das wissen nur die Götter"; 2000: 96): „Ebenfalls von diesem homerischen Götterlachen kommt wohl die Wendung *ein Bild* (oder *Schauspiel) für die Götter sein* (‚zum Lachen sein, einen komischen Anblick bieten')."

Kainsmal

„Gleich dem Ewigen Juden sehe ich das unsichtbare *Kainszeichen* auf der Stirne des gleisnerischen Meuters!" – so heißt es im Märchen „Das steinerne Herz" des deutschen Erzählers E.T.A. Hoffmann (1776–1822). Hier wird deutlich, welche Bedeutung in unserem Sprachgebrauch dem *Kainszeichen*, auch *Kainsmal* ge-

nannt, zugemessen wird; es gilt im übertragenen Sinne als ‚ein unauslöschliches Attribut, das einem Mörder lebenslang anhaftet‘,
und ist zuweilen sogar mit der Vorstellung verbunden, daß ein
Mörder an seinem Gesichtsausdruck erkennbar sei. Heinrich
Krauss (1993:110) hat darauf hingewiesen, daß dieser Ausdruck
in der Bibel jedoch einen gänzlich anderen Sinn hat:

„Es heißt dort von Kain, der seinen Bruder Abel erschlagen hatte: ‚Und
der Herr machte ein Zeichen an Kain, daß ihn niemand erschlüge, der ihn
fände‘ (Gen 4,15). Es zielt also nicht auf die Brandmarkung eines Schuldigen, sondern ist ein Zeichen des Schutzes, das die uferlose Ausbreitung
der Blutrache verhindern will.“

Das *Kainsmal* oder *Kainszeichen* war also ursprünglich kein Zeichen des Mörders!

Knickerbocker

Bei uns ist die Mode über sie hinweggegangen, man kennt sie
heute eigentlich nur noch aus Filmen mit Heinz Rühmann
und seinen Kumpanen – die *Knickerbocker*, jene ‚halblangen
weiten Überfallhosen‘. Woher stammt der Name des Kleidungs-
stücks, das übrigens erst im 20. Jahrhundert aus dem englischen
Wort *knickerbockers* entlehnt worden ist? Der „Duden – Das
Herkunftswörterbuch“ (Bd. 7, ²1997:357) verweist auf seinen Ursprung:

„Das englische Wort ist Gattungsname nach einem von W. Irving in
seinem Roman ‚History of New York‘ erfundenen Ureinwohner
D. Knickerbocker, der als typischer Vertreter der aus Holland stammenden ersten Siedler New Yorks galt (weite Kniehosen gehören zur charak-
teristischen Kleidung der Holländer).“

Kraftmeier

Der Dichter Freiherr Ernst von Wolzogen (1855–1934) ist besonders durch sein literarisches Kabarett „Überbrettl“, durch
die Berliner Kleinkunstbühne „Schall und Rauch“ und seine
humorvollen Gesellschaftsromane bekannt geworden. Er schrieb
im Jahre 1897 einen humoristischen, dem Andenken Franz Liszts
gewidmeten Musikanten-Roman und gab ihm den Titel „Der
Kraft-Mayr“.

Die Zeitschrift „Der Spiegel" versah einen Artikel über den Generalsekretär der CDU, Laurenz Meyer, im Jahre 2000 (Nr. 44) mit der Überschrift: „Ein echter *Kraftmeier*".

Die umgangssprachlichen Ausdrücke *Kraftmeier* (für ‚Kraftprotz') und *Kraftmeierei* (für ‚Protzen mit den Körperkräften'), seit 1850 ff. bzw. 1900 ff. gebräuchlich, erhalten ihren abwertenden Charakter durch die Kombination von *Kraft* mit dem im zweiten Teil jeweils als Gattungsname gebrauchten häufigen Familiennamen *Meier*.

Oskar: frech wie ~

„Frei, aber nicht *frech*, das ist so mein Satz", äußerte einmal der Dichter Theodor Fontane. Ob er gewußt hat, daß *frech* im Mittelhochdeutschen ‚tapfer, kühn, mutig' bedeutete und den heutigen tadelnden Sinn von ‚unverschämt', ‚dreist' erst im Neuhochdeutschen voll ausgebildet hat?

Eines steht fest: Der umgangssprachliche Vergleich *Er war frech wie Oskar* will nichts anderes ausdrücken als ‚Er war unverschämt, unverfroren, anmaßend'. In der Zeitschrift „Der Spiegel" (11/1999) konnte man lesen: „Nur der kleine Carl-Maurice ging auf den Balkon und streckte – frech wie Oskar – den wartenden Journalisten die Zunge heraus."

Doch wie soll man sich diesen ebenso seltsamen wie beliebten Ausdruck erklären, mit dem auch von deutschen Journalisten (nicht erst seit Oskar Lafontaine) gern kokettiert wird?

Die Herkunft der Wendung ist nicht abschließend geklärt, obschon es vielfältige Erklärungsversuche gibt. So schreibt Heinz Küpper ([4]1990:588):

„In Leipzig gab es einen Jahrmarktsverkäufer Oskar Seifert, der wegen seiner derben Verkaufsweise allgemein bekannt war; der Sohn, der 1937 starb, stand seinem gleichnamigen Vater in nichts nach."

Auch die „Brockhaus-Enzyklopädie" (Bd. 27, [19]1999:233) spekuliert sibyllinisch:

„Möglicherweise bezieht sie sich auf einen Berliner Theaterschriftsteller und -leiter namens Oskar Blumenthal (1852–1917), der als Kritiker eine dreiste Feder geführt haben soll; denkbar ist auch, daß eine volksetymologische Umdeutung des jiddischen *ossoker* (‚freche Person') vorliegt. Die

Handschriftliche Widmung Oscar Blumenthals in einem
Buch des Verfassers

saloppe Fügung bezieht sich auf eine (männliche oder weibliche) Person, die auf eine dreiste, kecke Art frech ist: Das kleine Mädchen, *frech wie Oskar*, streckte ihm die Zunge heraus."

Oscar Blumenthal (1852–1917) – er selbst schrieb seinen Vornamen mit einem „C"! – war in der Tat in Berlin als Publizist und Theaterleiter tätig. Im Jahre 1888 gründete er das Lessingtheater in Berlin und leitete es bis 1897 als Direktor. Gemeinsam mit Gustav Kadelburg verfaßte er den weltbekannten Schwank „Im weißen Rößl". In den Jahren von 1875 bis 1877 arbeitete er am „Berliner Tageblatt" als Theaterkritiker und Feuilletonchef. Seine Kritiken sollen so gefürchtet gewesen sein, daß er für viele Künstler der „blutige Oskar" war.

Für Kurt Krüger-Lorenzen (1960:732) ist die Herleitung des *frechen Oskars* klar:

„Hier handelt es sich um eine Tautologie, d.h. die Wiedergabe des gleichen Sachverhalts in einer Wortgruppe (ein *weißer Schimmel*!), denn ein *Ossoker* ist schon ein ‚Frecher', vom Jiddischen *ossik* = ‚frech', ‚verhärtet'."

Otto: ~ Normalverbraucher

„Alle wollen mir immer einreden, ich hätte was mit *Otto Normalverbraucher*. Dabei ist der doch seit 47 Jahren glücklich mit *Lieschen Müller* verheiratet. Die kennen sich seit dem Sandkasten." Diese fiktive Aussage einer jungen Dame soll ihn charakterisieren – den ‚Deutschen im Sog der Massengesellschaft', den ‚Deutschen mit durchschnittlichem Interesse an Kunst und Literatur', den ‚Durchschnittsverbraucher von Nahrungsmitteln (und sonstigen Dingen)'.

Zur Herkunft der Namensbezeichnung: *Otto Normalverbraucher* lautete der Name des von Gert Fröbe (1913–1988) gespielten Helden im Film „Berliner Ballade" aus dem Jahre 1948; Drehbuch: G. Neumann (1913–1972), Regie: Robert Adolf Stemmle (1903–1974).

Anläßlich der wundersamen Heilung des Fußballers Giovane Elber vom FC Bayern München vor dem Champions-League-Spiel gegen Real Madrid konnte man in der Tageszeitung „Die Welt" am 3. Mai 2001 auf der Frontseite eine interessante sprachliche Variante zum *Otto Normalverbraucher* kennenlernen; dort hieß es nämlich:

„Sagen Sie mal [Ihrem Hausarzt], er soll Sie in den Privatjet nach Berlin setzen, nachts um zwölf Ihr Knie operieren lassen und Ihnen dann physiotherapeutische Rundumbetreuung vermitteln. Und das Ganze sponsored by AOK? Nein, *Otto Kassenpatient* kann von diesem Heilungsverlauf nur träumen ..."

panisch: ~e Angst haben

„Die Tageszeitung" berichtete am 24. April 2001:

„Nicht nur Zähneknirschen macht den Deutschen zu schaffen. Jeder Fünfte geht nie zum Zahnarzt. Das ist das Ergebnis einer weiteren Untersuchung der Kieler Psychologin Gundula Johnke. ‚Mehr als zwei Drittel der Deutschen leiden unter Angst vor dem Zahnarzt, bei jedem Zehnten muss dieser Zustand als *panisch* bezeichnet werden', sagte Johnke."

Das Adjektiv *panisch* wird häufig im Zusammenhang mit Schrecken oder Angst gebraucht; der „Duden – Deutsches Universalwörterbuch" (³1996:1116) definiert das Wort wie folgt: „durch eine plötzliche Bedrohung, Gefahr hervorgerufene übermächtige Angst, die das Denken lähmt und [bei größeren Menschenansammlungen] zu kopflosen [Massen]reaktionen führt".

In der Tat: Wer *panisch* reagiert, handelt in seiner plötzlichen Verwirrung oft unüberlegt. Die Verbindung *panischer Schrecken* ist eine Übersetzung des lateinischen *panicus terror*, kam im

16. Jahrhundert auf, wurde aber erst im 18. Jahrhundert verbreitet. Das Substantiv *Panik* wurde in der Mitte des 19. Jahrhunderts aus dem Englischen (*panic*) oder der auch noch jungen Bildung im Französischen (*panique*) übernommen.

Es ist durchaus nicht allgemein bekannt, daß sich der Ausdruck vom griechischen Hirtengott *Pan* herleitet, der mit Hörnern und Bocksfüßen dargestellt wurde. Seine unsichtbare Nähe erweckte unerklärliche Furcht, sein plötzliches Erscheinen, zumeist mit seiner Hirtenflöte (*Syrinx*; daher die *Panflöte*!), ließ Mensch und Tier die Flucht ergreifen.

Rumpelstilzchen

Eigentlich wollte der Moralist und Satiriker Johann Fischart (1546–1590 [?]) den „Gargantua", den François Rabelais im Jahre 1534 publiziert hatte, nur „in unser Mutter Lallen" übersetzen. Aber im Jahre 1575 erschien in Straßburg aus seiner Feder die „Affentheuerlich Naupengeheuerliche Geschichtsklitterung Von Thaten vnd Rhaten der Helden vnd Herren Grangoschier Gorgellantua vnd deß Eiteldurstlichen Durchdurstlechtigen Fürsten Pantagruel von Durstwelten, Königen in Vtupien". Seine Umdichtung, die zu einem der bizarrsten Texte der deutschen Literatur geriet, enthielt u. a. den frühesten Beleg für das Wort *Rumpelstilt*.

Eine Diminutivform des Wortes finden wir in Nr. 55 der Grimmschen „Kinder- und Hausmärchen": „Heißt Du etwa *Rumpelstilzchen?*" lesen wir dort. *Rumpelstilz* gilt als ein ‚lärmender, spukender Kobold'. Das seit mittelhochdeutscher Zeit gebräuchliche Wort *rumpeln* kennen wir alle in seiner Bedeutung ‚poltern, rasseln, lärmen'; der zweite Wortbestandteil leitet sich her aus dem heute veralteten Wort *Stülz* (‚Hinkender'), das nur im Elsässischen als *Stilzer* weiterlebt.

türken

Die „Brockhaus-Enzyklopädie" (Bd. 27, [19]1999:691) spricht diesbezüglich von „einer heute kaum noch gebräuchlichen Redewendung". Das ist natürlich blühender Unsinn, denn sowohl das Verb *türken* als auch die phraseologische Wendung *einen Türken bauen* hört und liest man heute noch recht häufig. So zitierte die Tageszeitung „Die Welt" am 16. März 2001 einen der Firmeninhaber des österreichischen Studios für Bildbearbeitung „vienna paint" mit dessen Äußerung, daß er heute „keiner Bildinformation mehr traue, weil alles *getürkt* sein kann". Und Martin Stankowski (1998:82) führt in seinem Buch „Einen Türken bauen" aus:

> „*Türken* – vor diesem Wort warnte der Chefredakteur in einer Rundfunkanstalt per Rundbrief seine Kollegen. Sie sollten es vermeiden, weil damit eine diskriminierende Nebenbedeutung verbunden sei. Und dabei ist es so üblich, das Wort *türken*. Immer dann, wenn es um die Vorspiegelung falscher Tatsachen geht; wenn wir einen Ersatzmann an die Stelle der richtigen Person setzen, dann wird *ein Türke gebaut*, und wenn wir etwas vormachen, dann wird *getürkt*. Gerade in den Medien, in denen ja Dichtung und Wahrheit öfter nicht auseinanderzuhalten sind, ist die Redensart üblich. Nun mag man darüber streiten, ob man – ganz pc – besser das Wort meidet."

Eines ist allerdings sicher: Die Herkunft der Bezeichnung ist nicht mit Sicherheit bestimmbar; deshalb ranken sich um sie auch die wildesten und amüsantesten Spekulationen:

Version 1 stammt von Kurt Krüger-Lorenzen (1904–1971), der sein Leben dem Rundfunk und der deutschen Sprache widmete. Der Jurist und Etymologe präsentierte mit dem ihm eigenen Selbstbewußtsein folgende Erklärung:

> „Die Wendung stammt aus der Kaiserlichen Marine. Als 1895 Kaiser Wilhelm II. den nach ihm benannten Kaiser-Wilhelm-Kanal (heute Nordostseekanal), eine der wichtigsten Weltseeverkehrsstraßen, einweihte, trafen sich im Kieler Hafen Kriegsschiffe aller seefahrenden Nationen. Der Kaiser hatte aus diesem Anlaß zu einem Galadiner auf dem Flottenflaggschiff SMS ‚Deutschland' eingeladen. Jedes Boot, das den Vertreter eines Staates an Bord der ‚Deutschland' brachte, führte die entsprechende Nationalflagge. Sobald ein hoher Würdenträger seinen Fuß auf das oberste Fallreeppodest setzte, präsentierte die Sicherheitswache, und die Marinekapelle spielte die Nationalhymne des betreffenden Landes. Als plötzlich ein Boot mit der roten türkischen Halbmondflagge anrauschte, stellte der Kapellmeister bestürzt fest, daß weder die Noten der türkischen Nationalhymne vorhanden waren noch einer seiner Musiker diese kannte. Als dann die türkischen Seeoffiziere mit Fez und Halsorden das Fallreep heraufstiegen, intonierte die Marinekapelle kurz entschlossen: ‚Guter Mond, du gehst so stille durch die Abendwolken hin'. So wurde der erste *Türke* gebaut." (1960:270f.)

Version 2: Der Ursprung des Wortes *türken* bzw. *einen Türken bauen* ist in der Rokoko-Zeit zu suchen, und zwar im Automatenbau. Der aus Preßburg stammende Baron Wolfgang von Kempelen (de Pámánd) alias Kempelen Farkas (1734–1804), Hofkammerrat unter Maria Theresia, präsentierte 1769 erstmals einen Automaten, den er auf Wunsch der Kaiserin konstruiert hatte. Diese Maschine, die zu einer berühmten Attraktion des 18. Jahrhunderts wurde, sollte die bisher bekannten Androiden von Jacques de Vaucanson, wie die körnerpickende Ente oder den Trompetenspieler, als Spielzeug in den Schatten stellen. Während jene die ihnen einprogrammierten Handlungsabläufe lediglich stereotyp wiederholten, konnte Kempelens Automat offensichtlich denken. Vor dem Automaten saß nämlich an einem Schachtisch eine lebensgroße, in orientalische Gewänder gehüllte Puppe, allgemein *der Türke* genannt. Vor einer Schachpartie zeigte der Hersteller im Inneren des Automaten ein undurchschaubares Räderwerk. Die Leistung des Automaten erwies sich als hervorragend, denn er spielte zügig und gewann fast immer, vor allem gegen die Prominenten von damals, u. a. im Jahre 1783 gegen Benjamin Franklin.

Wilsmann führt dazu in seiner „Kulturgeschichte der Zauberkunst" (1938:62) aus:

„Nach dem Tode Kempelens verkauft sein Sohn den Automaten an einen deutschen Mechaniker namens Maelzel. Auf seinen Schaureisen kommt dieser im Jahre 1809 auch nach Schloß Schönbrunn, wo sich gerade Napoleon aufhält, ein leidenschaftlicher Schachspieler. Der große Korse, so heißt es in einem zeitgenössischen Bericht, ist darauf erpicht, den geheimnisvollen Türken zu besiegen. Er läßt sich in eine Partie ein, aber es ergeht ihm nicht besser als der anderen: Napoleon verliert. ‚Die Adern des Kaisers', so steht in einem Zeitungsartikel zu lesen, ‚schwollen an. Wie von Sinnen sprang er auf und schlug so lange auf das herrliche Kunstwerk ein, bis es in tausend Trümmer ging. So endete der berühmteste lebende Automat, den die Welt bisher gekannt hat.'"

Wilsmann ist jedoch skeptisch und fügt hinzu:

„Bei diesem Artikel handelt es sich offenbar um eine fette Zeitungsente. Denn tatsächlich fuhr der deutsche Mechaniker mit dem Automaten in der ganzen Welt herum, bis zu seinem Tode. Dann ging der Apparat in den Besitz des Professors Dr. John Mitchell über, der ihn dem Raritätenkabinett des Sammlers Wilson Peale in Philadelphia vermachte. Dort stand er vierzehn Jahre lang vergessen in einer Ecke, bis er einem nächtlichen Großfeuer zum Opfer fiel." (ibid., S. 62)

Hatte der „Türke" nun wirklich das schwierigste aller Spiele, das Schachspiel, erlernt und somit augenscheinlich von der Ratio Besitz ergriffen? Wilsmann schildert die Wirkung:

„In den Zeitungen stehen ausführliche Berichte. Von allen Seiten regnet es wissenschaftliche Abhandlungen und tiefsinnige Betrachtungen. Niemand kann sich das Rätsel der wunderbaren Kommode erklären! Hat die Puppe ein menschliches Gehirn? Wieso ist sie imstande, ohne Zeitverlust die schwierigsten Züge zu machen, über die selbst der gewiefteste und ausgekochteste Schachspieler lange nachdenken muß?"

In der Tat wäre der Schachautomat „die größte Errungenschaft der Menschheit", wie Edgar Allen Poe festhielt, wenn er denn korrekt funktioniert hätte. Er wurde jedoch als Schwindel entlarvt. Wilsmann klärt uns auf:

„In Wirklichkeit handelte es sich nicht um einen Automaten, sondern um einen ‚Illusionsapparat'. Das auf der Kommode liegende Schachbrett war unterhalb der Felder mit Magnetnadeln versehen, die durch kleine Magnetstäbchen in den Füßen der Figuren bewegt wurden. Im Kasten war ein Spieler verborgen, der durch einen Blick nach oben stets ablesen konnte, welche Figur der Gegenspieler bewegt oder geschlagen hatte. Diejenigen Bewegungen, die der Spieler im Kasten auszuführen hatte, wurden mit einer storchschnabelartigen Hebelvorrichtung auf den linken Arm der Puppe übertragen. Da in der Kommode berühmte Meister verborgen waren, war es selbstverständlich, daß der *Türke* die meisten Partien gewann." (ibid., S. 62 f.)

Auf jeden Fall geblieben ist – angeblich seit Aufdeckung des Schwindels – die Wendung *einen Türken bauen*, vgl. auch Küppers „Illustriertes Lexikon" (1982–1984).

Version 4: Neben anderen Werken hält auch der „Duden" (Bd. 11, 1992:742) die Herkunft dieser Wendung trotz aller Deutungsversuche für nicht geklärt, fügt aber gleichwohl diese Variante an: „Vielleicht stammt sie aus der Soldatensprache, in der früher mit *Türke* eine ‚eingedrillte Gefechtsübung gegen einen angenommenen Feind' bezeichnet wurde."

Martin Stankowski (1998:82) trägt diese Herleitung selbstbewußter vor:

„Tatsächlich ist die Redensart schon ziemlich alt. Sie stammt aus der militärischen Sprache und kam auf mit den Ritterspielen des Mittelalters. Für ihre Turniere mußten die Ritter üben. Es kam bei der kunstvoll-blutigen Technik des Duells darauf an, den Gegner mit der langen Lanze genau zu treffen und möglichst gleich beim ersten Mal aus dem Sattel zu heben. Schnellen Antritt und genauen Stoß übten sie mit Puppen, die fest montiert waren, sich aber um ihre eigene Achse drehten. Eine ähnliche Übung mit dem Degen hieß später beim Adel das *Türkenkopf-Stechen*." (ibid.)

Hierzu paßt die im „Etymologischen Wörterbuch" von Kluge (²³1995:841) spekulativ vorgestellte Möglichkeit, die Wendung könne an den französischen Ausdruck *tête de turc* mit der Bedeutung ‚Zielscheibe (des Spotts), Prügelknabe' (wörtlich: ‚Kopf des Türken') angelehnt sein.

Version 5: Auch Klaus Müller (1994:625) erwähnt die Bezeichnung *Türke* für das ‚parademäßige Vorexerzieren', verweist darüber hinaus aber noch auf eine weitere mögliche Quelle für die Bedeutung ‚Täuschung': Er glaubt, sie

„... liege in den vielfachen Steuern, die zwischen dem 15. und dem 17. Jahrhundert unter Ausnutzung der verbreiteten Türkenfurcht für einen angeblichen Heereszug gegen die Türken ausgeschrieben und später dann für ganz andere Zwecke ausgegeben wurden."

Es gibt neben dem Verb *türken* noch eine Vielzahl vergleichbarer Lexeme und Phraseologismen in der älteren und jüngeren deutschen Sprache: Man denke nur an Bildungen wie *holländische Sauce, Russischbrot, englische Krankheit, spanische Wand, böhmische Dörfer*, aber auch an Wendungen wie *die feine englische Art* oder *willst du es französisch*? Wolfgang Näser vom „Forschungsinstitut für deutsche Sprache" („Deutscher Sprachatlas") der Philipps-Universität Marburg hat zu diesem Thema eine beeindruckende List sogenannter „Ethno-Lexeme" ins Internet gestellt (vgl. http://mailer.uni-marburg.de/~naeser/national.htm).

Nichtsdestoweniger, bildgesegnet und bildverflucht
das menschliche Leben, nur in Bildern vermag es sich selbst
zu erfassen, unbannbar sind die Bilder, sie sind in uns seit
Herdenbeginn, sie sind früher und mächtiger als unser
Denken, sie sind ein Zeitloses, schließen Vergangenheit und
Zukunft in sich ein …

Hermann Broch, *Der Tod des Vergil*

5 Die ganze Natur ist Sprache

„Die ganze Natur ist Sprache, die Blume ist ein Wort, ein Ausdruck, ein Seufzer ihrer vollen Brust" – so schrieb Bettina von
Arnim (in Clemens Brentanos „Frühlingskranz"). Ich werde in
diesem Kapitel in *unverblümter* Sprache u. a. *Purzelbäume*, *Spaltpilze* und *Stilblüten* behandeln. Meine folgenden Erläuterungen
sind somit auf solche Wortbildungen und Redensarten ausgerichtet, in denen jeweils ein Element – manchmal auch nur scheinbar –
der Flora oder Fauna entnommen ist, was nicht selten zu *hanebüchenen* Fehldeutungen führt.

Blume: durch die ~; (un)verblümt

Wenn wir jemandem *unverblümt* etwas sagen, so sagen wir ihm
die Wahrheit ‚ohne Umschweife' direkt ins Gesicht; wenn wir jemandem *verblümt* etwas sagen, so geben wir es ihm ‚durch Anspielungen zu verstehen', ‚indirekt', ‚verhüllend', ‚andeutend',
‚umschreibend'. Das Wort *flosculus* (‚Blümchen') wurde schon im
Altertum durch Bezeichnung des Zierats in der Rede verwendet;
bereits im Mittelhochdeutschen kannte man den Ausdruck *rede-
bluome*; das lateinische *flosculus* wurde im 17. Jahrhundert zu
Floskel eingedeutscht. Bezüglich der Herleitung dieser Wörter lesen wir häufig blühenden Unsinn. Selbst in der jüngsten Auflage
von Ernst Wasserziehers „ableitendem Wörterbuch der deutschen
Sprache ([18]1974 : 428)" – erschienen unter dem Titel „Woher" – heißt
es: „verblümt = eigentlich ‚mit Blumen geschmückt', so daß es nicht
recht zu sehen ist". Dabei hat schon Ludwig Göhring (1937 : 35)
zu Recht diese Begründung mit folgenden Worten gerügt:

„*Verblümt* ist nicht, wie es z. B. in ‚Woher?‘ geschehen ist, damit zu erklären: ‚mit Blumen geschmückt, so daß etwas nicht recht zu sehen ist‘, sondern muß mit der Redensart zusammengestellt werden: *Durch die Blume sprechen.* Wer sich verblümt ausdrückt, spricht nicht klar und offen, sondern nur andeutungsweise und versteckt wie jener, der Blumen als Zeichen seiner Gefühle und Meinungen benützt (sub rosa!).“

Lutz Röhrich weist uns in seinem „Lexikon der sprichwörtlichen Redensarten“ (²1995:222) den rechten Weg und interpretiert den Ausdruck *etwas verblümt sagen* als ‚mit einer Sprache, die durch Blumen und Blümchen verziert ist‘. Schon der deutsche Satiriker und Kanzelredner Abraham a Sancta Clara (1644–1709) bediente sich zur Erläuterung dieser bilderreichen Sprache: „Gott sieht nit allein das wahre und bloße, sondern auch das *verblümlete.* Ihr Sünder, ihr könnt eure Stückl nit besser *verblümlen*, als mit den Rosen des heiligen Rosenkrantz.“ Der Dramatiker und Kritiker Gotthold Ephraim Lessing (1729–1781) gebrauchte *verblümte Reden* noch im positiven Sinne, doch schon bei Martin Luther (1483–1546) schwang eine negative Nebenbedeutung mit: „Mit Schreiben meinen sie die Sach zu *blümen* und die Leut zu schmehen.“

Busch: auf den ~ klopfen

Die Bedeutung der Wendung ist wohlbekannt: ‚durch geschicktes Ausfragen zu ergründen suchen, ob eine Bitte gewährt oder abgeschlagen wird‘, ‚auf jemanden einwirken, damit er alles restlos sagt‘. Doch manch einem Großstädter dürfte kaum noch bekannt sein, daß das Bild der Jägersprache entnommen ist. Bei Ferdinand Wirz (1999:42) lesen wir: „Den Ursprung dieser Redensart findet man im jagdlichen Brauchtum: Der Treiber klopft auf Büsche und aufs Unterholz, damit das Wild aufgescheucht wird und dem Jäger vor die Flinte kommt.“ Prägnant schildert der Dichter Ludwig Uhland (1787–1862) die Szene in seinem Gedicht „Der weiße Hirsch“:

> Es gingen drei Jäger wohl auf die Pirsch,
> sie wollten erjagen den weißen Hirsch.
> Sie legten sich unter den Tannenbaum,
> da hatten die drei einen seltsamen Traum.
> Der erste.

Mir hat geträumt, ich klopft auf den Busch,
da rauschte der Hirsch heraus, husch husch!
Der zweite.
Und als er sprang mit der Hunde Geklaff,
da brannt' ich ihn auf das Fell, piff, paff!
Der dritte.
Und als ich den Hirsch an der Erde sah,
da stieß ich lustig ins Horn, trara!
So lagen sie da und sprachen, die drei,
da rannte der weiße Hirsch vorbei.
Und eh' die drei Jäger ihn recht gesehn,
so war er davon über Tiefen und Höhn.
Husch husch! piff, paff! trara!

Dorn: ~ im Auge

„Meine Neurose ist mir *ein Dorn im Auge*", schrieb Gerhard Uhlenbruck (1982:43) in seiner Sammlung von „Medizinischen Aphorismen" und stößt uns damit auf die übertragene Bedeutung dieser Wendung: ‚jemanden stören', ‚jemandem ein Ärgernis sein', ‚jemandem verhaßt sein'. Sie ist schon im Mittelhochdeutschen zu finden, z. B. im Versroman „Parzival" (1200/1210) des Wolfram von Eschenbach; aber auch bei den Minnesängern war sie beliebt; bei Konrad von Würzburg (ca. 1230–1287) wird die Wendung in seinem Versroman „Trojanerkrieg" sogar in der Negation verwendet (V. 22871): „Paris was ouch nicht ein dorn/Helenen in ir ougen" – im Sinne von ‚Helena liebte Paris sehr'.

Luther hat diese Redewendung an mehreren Stellen in seine Bibelübersetzung übernommen. Gott spricht zu Mose: „Wenn ihr die Bewohner des Landes nicht vor euch her treibt, so werden euch die, die ihr übrigläßt, *zu Dornen in euren Augen werden* und *zu Stacheln in euren Seiten*" (4. Mos. 33,55).

Wir sprechen heute vom *Dorn im Auge*, doch es gibt in der Literatur verschiedene Varianten, Singular- und Pluralverwendungen und die Konfusion von Bildern: In Goethes „Götz von Berlichingen" (1. Akt, 3) spricht Götz die Worte: „Ich bin euch ein *Dorn in den Augen*, so klein ich bin ..." Und das „Eilfte Capitel" des neunbändigen Monumentalromans (1850/51) „Die Ritter vom Geiste" des Erzählers Karl Ferdinand Gutzkow (1811–1878) bietet diese Stelle:

„Wandstabler verneigte sich bis tief zur Erde und schielte zu Louis hinüber, den er auch in diesem Punkte als einen wahren *Dorn im fürstlichen Fleische*, als den Störenfried aller standesmäßigen Etikette und gehofften Wiederherstellung der alten herrschaftlichen Zustände betrachtete ...“

Im 2. Kor 12,7 heißt es: „Damit ich mich wegen der hohen Offenbarungen nicht überhebe, ist mir gegeben ein *Pfahl ins Fleisch*, nämlich des Satans Engel, der mich mit Fäusten schlagen soll.“ Es liegt nahe, daß sich daraus unser heute noch gebrauchtes Bild vom *Pfahl im Fleisch* als ‚etwas körperlich oder seelisch Peinigendes‘ herleitet, als ‚etwas, das einen nicht zur Ruhe kommen läßt‘; *to be a thorn in somebody's flesh* ist eine gängige Wendung auch im Englischen.

Die Gutzkowsche Konfusion von *Pfahl im Fleisch* und *Dorn im Auge* zu *Dorn im Fleisch* liest man übrigens noch heute. So glänzte die „Kölnische Rundschau“ am 28. Mai 2001 in ihrem Lokalteil mit dieser stilistischen Meisterleistung:

„Der Margaretenhof ist *ein Dorn im Fleisch* von Brühl. Sollte er irgendwann den Gang alles Irdischen gehen – sprich abgerissen werden –, dann müßte aus planungsrechtlichen Gründen dort Gewerbe entstehen, wo heute rund 150 Mieter in 55 Wohnungen der Gemeinnützigen Bau- und Siedlungsgenossenschaft (Gebausie) leben.“

Eichhörnchen

Über die Bezeichnung des possierlichen und geschickt kletternden Nagetiers mit dem langen, buschigen Schwanz ist viel blühender Unsinn geschrieben worden. So schrieb z.B. Karl Faulmann (1893:89) in seinem „Etymologischen Wörterbuch der deutschen Sprache“, die Bezeichnung dürfe „eher mit niederdeutschem *kîke*, althochdeutschem *hei*, *geheige* (‚Hitze‘) und althochdeutschem *wërnên* (‚quälen‘) zusammengesetzt sein, also ‚rothaariges (von Hitze gequältes) Tier‘ bedeuten.“

Blicken wir zunächst auf den zweiten Teil des Tiernamens: Er ist im Althochdeutschen offenbar durch Umdeutung an das in *Horn* vorliegende Substantiv volksetymologisch angeglichen worden, was schon im 19. Jahrhundert zur Benennung der Nagetiergruppe als *Hörnchen* geführt hat. Ursprünglich steht er aber als reduplikationslose Bildung neben dem lateinischen *viverra*

(‚Frettchen'); auch im Persischen ist *varvarah* das ‚Eichhorn', im Litauischen ist *vaiveris* ein ‚männlicher Iltis oder Marder'.

Bezüglich des ersten Wortteiles hat Jürgen Graupmann völlig recht, wenn er den gängigsten Erklärungsversuch sogar in sein „Lexikon der Flops und Fehlleistungen" (1998:41) aufnimmt:

„Auch die Behauptung, der Name *Eichhörnchen* stamme vom *Eichen-*baum ab, kann als Fehlleistung bezeichnet werden. Der erste Teil des aus dem altgermanischen Sprachraum stammenden Tiernamens *Eichhörnchen* (althochdeutsch *eihhorno*) wurde zwar früher mit dem Baumnamen *Eiche* in Verbindung gebracht, doch vermuten Sprachwissenschaftler, daß der Ursprung dieses Morphems im indogermanischen *aig* (‚sich heftig bewegen') liegen könnte. Interessanterweise steht auch die altisländische Sprachvariante *eikinn* für ‚rasend'."

Fazit: Als Benennungsmotiv ist wahrscheinlich die Flinkheit des Tieres anzusehen.

Erlkönig

Kennen Sie dieses Gedicht?

> Wer reitet so spät durch Nacht und Wind?
> Es ist der Vater mit seinem Kind;
> Er hat den Knaben wohl in dem Arm,
> Er faßt ihn sicher, er hält ihn warm. –
>
> Mein Sohn, was birgst du so bang dein Gesicht? –
> Siehst, Vater, du den *Erlkönig* nicht?
> Den *Erlenkönig* mit Kron und Schweif? –
> Mein Sohn, es ist ein Nebelstreif. –
>
> „Du liebes Kind, komm, geh mit mir!
> Gar schöne Spiele spiel ich mit dir;
> Manch bunte Blumen sind an dem Strand;
> Meine Mutter hat manch gülden Gewand."
>
> Mein Vater, mein Vater, und hörest du nicht,
> Was *Erlenkönig* mir leise verspricht? –
> Sei ruhig, bleibe ruhig, mein Kind!
> In dürren Blättern säuselt der Wind. –
>
> „Willst, feiner Knabe, du mit mir gehn?
> Meine Töchter sollen dich warten schön;
> Meine Töchter führen den nächtlichen Reihn
> Und wiegen und tanzen und singen dich ein."

Mein Vater, mein Vater, und siehst du nicht dort
Erlkönigs Töchter am düstern Ort? –
Mein Sohn, mein Sohn, ich seh es genau;
Es scheinen die alten Weiden so grau. –

„Ich liebe dich, mich reizt deine schöne Gestalt;
Und bist du nicht willig, so brauch ich Gewalt." –
Mein Vater, mein Vater, jetzt faßt er mich an!
Erlkönig hat mir ein Leids getan! –

Dem Vater grauset's, er reitet geschwind,
Er hält in Armen das ächzende Kind,
Erreicht den Hof mit Mühe und Not;
In seinen Armen das Kind war tot.

In diesem berühmten Werk findet sich einer der markantesten
Übersetzungsfehler der deutschen Literatur: Goethes *Erlkönig* (in
der zweiten und vierten Strophe wird sogar explizit vom *Erlen-
könig* gesprochen) hat nämlich nichts mit einer *Erle* zu tun.
Johann Gottfried Herder (1744–1803), einer der führenden Köpfe
der deutschen Klassik, hat den *Elfenkönig* der dänischen Ballade
(den *ellerkonge* oder *elverkonge*) falsch übersetzt. Und wer hat
den blühenden Unsinn übernommen und verbreitet? Johann Wolfgang von Goethe!

Korn: die Flinte ins ~ werfen

Man sollte es nicht glauben: An dieser populären Redewendung
hat sich am 17. Juli 1985 Deutschlands populärste Zeitung („Bild")
auf ihrer zweiten Seite mit folgendem Satz vergangen: „Man sollte
die Flinte nicht gegen eine volle Flasche Korn werfen."

Ein mieser Kalauer, gewiß. Doch die Redewendung hat seit jeher eine Vielzahl von Poeten und Aphoristikern zu Verballhor-
nungen, Kommentaren und Modifikationen angeregt. So schrie-
ben u.a. Helmut Lamprecht (1975:19): „So viel Korn gibt es gar
nicht, in das ich all meine Flinten werfen möchte"; Werner Mitsch
(1981:43): „Er warf die Flinte ins Korn, um keinen Finger mehr
krumm machen zu müssen" und Walter Richter (1995:13): „Wer
eine nicht gesicherte Flinte ins Korn wirft, muß mit Querschlä-
gern rechnen."

Psychologisches Einfühlungsvermögen hatte im Jahre 1935
schon Eugen Roth (1983:29) spürbar werden lassen:

Voreilig

Ein Mensch in seinem ersten Zorn
Wirft leicht die Flinte in das Korn,
Und wenn ihm dann der Zorn verfliegt,
Die Flinte wo im Korne liegt.
Der Mensch bedarf dann mancher Finte,
Zu kriegen eine neue Flinte.

Sentimentale Ernsthaftigkeit und Zweifel sprechen aus diesem Gedicht, das Christian Morgenstern (1871–1914) geschrieben hat:

Die weggeworfene Flinte

Palmström findet eines Abends,
als er zwischen hohem Korn
singend schweift,
eine Flinte.

Trauernd bricht er seinen Hymnus
ab und setzt sich in den Mohn,
seinen Fund
zu betrachten.

Innig stellt er den Verzagten,
der ins Korn sie warf, sich vor
und beklagt
ihn von Herzen.

Mohn und Ähren und Zyanen
windet seine Hand derweil
still um Lauf,
Hahn und Kolben …

Und er lehnt den so bekränzten
Stutzen an den Kreuzwegstein,
hoffend zart, daß der Zage,
noch einmal des Weges kommend,
ihn erblicken möge – und –
(… Seht den Mond
groß im Osten …)

Die heutige der Bedeutung der Wendung ist: ,mutlos vorschnell aufgeben', ,den Mut verlieren', ,verzagen'. Doch ursprünglich entstammt sie der Soldatensprache. Der Fliehende wirft in aussichtsloser Lage die Flinte ins Korn, um sich zu erleichtern und um nicht mit der Waffe angetroffen zu werden.

Grube: jemandem eine ~graben

„Drei 13-jährige Jungs hatten draußen beim Spielen den Schwanz der Katze mit Benzin übergossen und angesteckt. In seiner Todesangst rannte das Tier in eine Garage, die der Familie eines der Brandstifter gehörte. Dort stieß sie einen Kanister mit Benzin um und rannte wieder aus der Garage. Gerade noch rechtzeitig, denn mit ihrem Schwanz hatte sie das Benzin entzündet. Während der Stubentiger in einem Sandhaufen schließlich die Flammen an seinem besten Stück erstickte, ging eine ganze Reihe von Garagen samt Autos in Flammen auf. Die Garagen gehörten den Eltern der 13-jährigen ‚Tierfreunde‘! Später sagte der Besitzer der Katze, sie habe zwar kein Fell mehr an ihrem Schwanz. Aber sonst gehe es ihr gut.“

Diese Geschichte präsentierte die Zeitschrift „Medical Tribune" am 25. November 2000 – unter der Überschrift: *„Wer Katzen eine Grube gräbt".*

Die Wendung *Wer andern eine Grube gräbt...* liest man sehr häufig; sie wird immer wieder variiert, persifliert, scheint bei Poeten und Schriftstellern außerordentlich beliebt zu sein und diese immer wieder zu schöpferischem Tun anzuregen: „Wer andern Menschen Gruben baut: Wie mir vor solchen Menschen graut!" – konstatiert der bekannte Schüttelreimer KLEN (1995:4).

Schon vor mehr als eineinhalb Jahrhunderten schrieb der Journalist Julius Stettenheim (1831–1916) – zugleich Satiriker und Verfasser von Possen und Singspielen – das Gedicht

> Vom Grubengraben
>
> Wir haben es ja oft erlebt:
> Wer andern eine Grube gräbt,
> Fällt selbst hinein. So geht es allen,
> Die Gruben graben! Aber ach,
> Wie viel sind schon mit großem Krach
> Ganz ohne Grube hineingefallen!

Und der Mediziner Ernst (Maria Johann Karl) Freiherr von Feuchtersleben (1806–1849) – Lyriker, Literaturkritiker und, wie Grillparzer und Stifter, dem literarischen Biedermeier zuzuordnen – dichtete:

> „Wer andern eine Grube gräbt" –
> Dies Wort mag trefflich sein;
> Doch: wer sie aus der Grube hebt,
> Auch der fällt meist hinein.

Schon der humanistische Gelehrte, Dichter und Publizist Sebastian Brant hat den Grundgedanken in seinem „Narrenschiff" wie folgt ausgedrückt:

> Mancher eym andern macht eyn loch
> Dar jn er selber fallet doch.

Das Bild ist – wie Heinrich Raab (1981:60f.) richtig vermerkt – jener Zeit entnommen, als die Menschen Fallgruben aushoben, um darin Tiere zu fangen:

> „Die Gruben waren mit Reisern bedeckt. Schon in der Steinzeit bediente sich der Mensch dieser Fallen. Daher ist diese Redewendung sehr alt. In den Sprüchen Salomons 26, 27, ist schon die Lehre enthalten: ‚Wer eine Grube macht, der wird darein fallen'; zum Sprichwort umgeformt lautet sie: *Wer andern eine Grube gräbt, fällt selbst hinein.*"

hanebüchen

Kürzlich las ich diese Meldung des „Medireport", des Internet-Magazins zur Förderung der Transparenz im deutschen Gesundheitsmarkt: „Strategisch brillant: Selbstzerstörung der kassenärztlichen Selbstverwaltung mit rechtlich *hanebüchenem* Beschluß des Bewertungsausschusses zum Psychotherapeuten-Honorar."

Hanebüchen? Dieses Wort erinnerte mich an die Worte, die Hermann Hesse (1970:356f.) über einen der beliebtesten deutschen Schriftsteller fand:

> „Er ist der glänzendste Vertreter eines Typs von Dichtung, der zu den ganz ursprünglichen gehört und den man etwa ‚Dichtung als Wunscherfüllung' nennen könnte … Kürzlich las ich zum erstenmal zwei Bücher eines Autors, der seit Jahrzehnten der gelesenste in Deutschland ist und den ich noch nicht kannte. Es ist Karl May. Von Leuten, die etwas verstehen, war mir immer gesagt worden, er sei ein ganz übler Macher und Schmierer. Es gab einmal eine Art Kampf um ihn. Nun, ich kenne ihn jetzt und empfehle seine Bücher. Sie sind phantastisch, unentwegt und *hanebüchen*, von einer gesunden, prächtigen Struktur, etwas völlig Frisches und Naives, trotz aller flotten Technik. Wie muß er auf die Jugend gewirkt haben! Hätte er doch den Krieg noch erlebt und wäre Pazifist gewesen! Kein Sechzehnjähriger wäre mehr eingerückt."

Das zur Charakterisierung der Bücher Karl Mays von Hesse u.a. gebrauchte Wort *hanebüchen* ist insofern interessant, als es – wie *absolut, parallel, außerstande, identisch, universell* etc. – zu jenen

Adjektiven gehört, die nicht sinnvoll in Komparativ und Super-
lativ zu setzen sind, also nicht gesteigert werden können. Das
Wort gilt laut „Duden – Die deutsche Rechtschreibung" (Bd. 1;
[20]1991:324) als veraltend und wird gebraucht im Sinne von
‚unverschämt', ‚unerhört'; der „Duden – Deutsches Universalwörterbuch" ([3]1996:663) weist dem Wort die Sprachebene „gehoben, veraltend" zu, präzisiert seinen semantischen Gehalt: ‚[in bezug auf eine Handlungsweise] so geartet, daß man darüber empört
ist, unglaublich, unverschämt' – und bietet drei Verwendungsbei-
spiele: *hanebüchene Frechheiten/Lügen*; *mit hanebüchener Dreistigkeit*; *er hat hanebüchen gelogen.*

Auf einer Internet-Seite beklagt sich seit kurzem ein Autor
über die neuen amtlichen Regeln der Rechtschreibung und begründet dies – nach meiner Meinung völlig zu Recht – unter anderem mit diesen spitzen Bemerkungen zur „Volksetymologie":

> „*Belemmert* kommt zwar nicht von *Lamm*, aber die Reformer glauben,
> ‚das Volk' glaube das. Ich glaube, wer das glaubt, glaubt auch, *hanebüchen*
> komme von *Hahn*, und die *Schalmei* habe ihren Namen daher, daß man
> ihr am 1. Mai Geräusche entlockt."

In der Tat kommt *hanebüchen* nicht von *Hahn*; gleichwohl ist
seine Herkunft für uns ziemlich verdunkelt. Immerhin nimmt der
Autor des vorliegenden Buches beruhigt zur Kenntnis, daß Herman Schrader (1896:280) sich sicher ist: „Das Wort kommt nicht
von Hamburg her, wo man das Vaterland der Grobheit suchte …
Ebensowenig kommts von der Stadt Hanau."

Die Bedeutung ‚grob, derb, klotzig' wird für uns einleuchten-
der, wenn wir wissen, daß *hanebüchen* (in älterer Form sogar
als *hagebüchen* belegt) sich aus dem mittelhochdeutschen Wort
hagenbüechîn herleitet, das die Bedeutung hat ‚aus Hagenbuchenholz bestehend': Hagenbuchenholz hat die Eigenschaft, besonders
grob und knorrig zu sein. Vom *groben Hagenbuchenholz* zur
hanebüchenen (= *groben*) *Frechheit* ist der semantische Übertra-
gungsweg nicht weit.

Auch Herman Schrader (ibid.), das sei zu seiner Ehrenrettung
bemerkt, kommt im Hinblick auf die Verbindung *hanebüchener
Kerl* für das Adjektiv letztlich zur gleichen Motivation auf der Basis einer Charakterisierung der *Hage(n)buche* (auch *Hainbuche*
oder *carpinus betulus* genannt):

„Sie liefert das schwerste und härteste Holz unsrer deutschen Wälder, das wegen seiner Dauerhaftigkeit und Zähigkeit als Werk- und Brennholz hochgeschätzt wird … Die genannten Eigenschaften machen die Hainbuche sehr geschickt zu dem Bilde eines groben, ungehobelten, plumpen, rücksichtslosen Menschen, weshalb das Wort ja auch lieber mit *Kerl* als mit *Mensch* verbunden wird."

Zum Lob des „Duden – Deutsches Universalwörterbuch" (³1996: 663) sei vermerkt, daß er den hanebüchenen orthographischen Unsinn der neuen Schreibung von *belämmert* bei *hanebüchen* (im Grunde inkonsequenterweise!) nicht fortsetzt.

Herbstzeitlose

Das Adjektiv *zeitlos* bedeutet heute bekanntlich soviel wie ‚ewig, zeitlich unbegrenzt, nicht zeitgebunden'. Es wird in vielfältigen Zusammenhängen benutzt; so sagt man beispielsweise u.a. von Kleidung, von Büchern und von Musik sie seien *zeitlos*, und das ist dann durchaus als Kompliment gemeint. Geradezu unsinnig erscheint vor diesem Hintergrund die (seit Beginn des 18. Jahrhunderts aufgekommene) Bezeichnung *Herbstzeitlose* für jenes Liliengewächs, das uns im Herbst mit lila- bis rosafarbigen Blüten erfreut und im Frühjahr Früchte zu tragen pflegt. Erst die Sprachgeschichte verrät uns, daß bereits in althochdeutscher und mittelhochdeutscher Zeit der Blumenname *zītelōsa* bzw. *zītelōse* für jene Frühlingsblumen verwendet wurde, die sich nicht an die üblichen botanischen Regeln hielten, sondern *vorzeitig* (um nicht zu sagen: *zur Unzeit*) blühten – Krokusse, Narzissen, Schneeglöckchen etc.

Kastanien: für jemanden die ~ aus dem Feuer holen

So recht will uns nicht einleuchten, wie die Redewendung *für jemanden die Kastanien aus dem Feuer holen* entstanden sein soll, die wir benutzen, um auszudrücken, daß wir ‚anderen eine gefährliche Sache abnehmen'. „Behandelt mich, dass ich, wie jene Katze,/ Dir die Kastanien aus den Gluthen kratze" heißt es schon in Goethes „Faust" (2. Teil, Vers 1642). Die Redewendung ist recht alt und taucht in Lübeck bereits in Christoph Lehmanns „Florilegium politicum oder Politischer Blumengarten" (1640:

120) auf, wo sie als ein Sprichwort bezeichnet wird: „Herrn stellen oft Diener an, wie der Aff die Katz, da sie mit den Pfoten die gebratene Kesten ausm Feuer must scharren". Interessant ist, daß es eine Vielzahl nahezu identischer europäischer Varianten dieser Redewendung gibt: im Englischen *to take the chestnuts out of the fire with the cat's paw*, im Französischen *tirer les marrons du feu avec la patte du chat*, im Spanischen *sacar la brasa con la mano del gato*, im Portugiesischen *tirar a braza com a mão do gato* und im Italienischen *cavar le castagne dal fuoco colla zampa del gatto* – jeweils mit der Bedeutung ‚Kastanien mit Katzenpfoten aus dem Feuer holen'. Diese Varianten sind es, die uns auf die richtige Spur führen, nämlich daß sich die Redensart aus einer Tierfabel herleitet. Die Fabel wurde zuerst lateinisch erzählt vom Bischof von Voltuvara, dem Franzosen Simon Majolus [Mahieu]) (1520–1597) in seinen „Dies caniculares", französisch von Noël DuFail in „Les baliverneries et les contes d'Eutrapel" (1548) und später von Jacques Regnier [Regnerius] (1643), Guillaume Bouchet (1618), Pierre Deprez und Isaac de Benserade (1698). Auch Molière hat in „L'Étourdi" (1653) bereits seinem *Mascarille* die Worte in den Mund gelegt: „C'est ne se point commettre à faire de l'éclat,/Et tirer les marrons de la patte du chat." Wie alt die Fabel ist, beweist nicht zuletzt die als Nummer 17 aufgeführte Variante in der 1825 in Paris erschienenen Fabelsammlung des Armeniers Vartan (gest. 1271!): „Choix de fables ... en arménien et en français".

Sehr bekannt geworden ist die Fabel durch die berühmte Sammlung des französischen Dichters Jean de La Fontaine (1668), auf die auch Heinrich Raab (1981:87) verweist:

„Affe und Kater sehen zu, wie ihr Herr am Feuer Edelkastanien röstet. Der Affe überredet nun den Kater, die Maronen aus der Glut zu holen, da dessen Pfoten besonders dazu geeignet seien. Dieser scharrt nun mit Mühe einige heraus, doch da kommt ein Mädchen herein, jagt ihm die Beute ab und tut sich daran gut."

Mehltau

„Trübners Deutsches Wörterbuch" (I–N; 1943) nennt eine Stelle, in der das Wort in übertragener Bedeutung gebraucht wird: „Bismarck spricht ... vom *ersten Mehltau*, der auf meine Hoffnungen fiel". Das „Deutsche Wörterbuch" von Jacob und Wilhelm Grimm verweist (Bd. 12: Sp. 1870) auf die Strophen zweier unterschiedlicher Gesänge des Dichters Johann Christian Günther (1695–1723), die erste ist auf die Liebe bezogen („Er ist ihr Schatz, sie heißt sein Engel, Streit, Argwohn, Eigennutz und Klagen streut keinen *Mehltau* auf die Frucht, die jedes auf des Andern Lippen mit brünstiger Umarmung sucht"); die zweite ist auf die Natur ausgerichtet („Hier seh ich nun bei so viel Wettern mein armes Vieh zu Grunde gehn, die Ziegen klauben an den Blättern, die voller Gift und *Mehltau* stehn").

Was ist zur Herkunft des Wortes zu sagen? Reimann (1964:53) konstatiert lapidar: „Der *Mehltau*, der die Pflanzen befällt, [hat] nichts mit *Mehl* und nichts mit *Tau* [zu tun]. Die richtige Schreibweise ist: *Meltau*. Denn er stammt aus dem griechischen *miltós*, dem ‚Rotbrand'." Diese Deutung hat sich in der Sprachwissenschaft nicht in vollem Umfang durchgesetzt, die Forschungslage ist freilich nicht ganz einheitlich. Heike Olschansky (1999: 103) ist es gelungen, die konträren Ansichten zu entwirren:

„Ist eine Pflanze vom Milchtau befallen, sieht sie aus, als wäre sie mit Mehl bestäubt. Die Pflanzenkrankheit hat wahrscheinlich aber eigentlich gar nichts mit *Mehl* zu tun, sondern ist ursprünglich als *Honigtau* benannt. Das Wort lautete im Mittelhochdeutschen *miltou*, im Althochdeutschen *militou*. Es ist zusammengesetzt aus *Tau* und einem Wort, das auf indogermanisch *melit ‚Honig'* zurückgeführt wird. Ursprünglich war das Wort wohl eine Bezeichnung für süß schmeckenden Pflanzenbefall (wie den Blattlaushonig). Später wurde die Bezeichnung auch auf andere Arten der Pflanzenkrankheit ausgeweitet. Da auch weißer Pflanzenbelag vorkommt, wurde das Wort seit dem 15. Jahrhundert volksetymologisch auf *Mehl* (mittelhochdeutsch *mel*) bezogen und zu *Meltau, Mehltau* umgeformt. In jüngerer Zeit versucht man, weißen *Mehltau* und süßen *Meltau* (Honigtau) orthographisch zu unterscheiden.

Das Wort *Mehl* dagegen, mittelhochdeutsch *mel*, im Althochdeutschen *mel(o)*, bedeutet eigentlich ‚das Gemahlene'. Es ist als germanisch *melwa- eine Ableitung zur indogermanischen Wurzel *mel(ə)- ‚zerreiben, mahlen'."

Purzelbaum

Bei Klaus Müller (1994:213) lesen wir über die Redewendung *Hals über Kopf*, sie sei seit dem 17. Jahrhundert belegt, gehe „vielleicht aber auf eine noch ältere derbe Vorform zurück: *Arsch über Kopf* mit der Bedeutung ‚Purzelbaum'." Diese Aussage soll uns zu dem Wort *Purzelbaum* führen, das Christian Morgenstern (1871–1914) bereits in seinem gleichnamigen Gedicht persifliert hat:

Der Purzelbaum

Ein Purzelbaum trat vor mich hin
und sagte: „Du nur siehst mich
und weißt, was für ein Baum ich bin:
Ich schieße nicht, man schießt mich.

Und trag ich Frucht? Ich glaube kaum;
auch bin ich nicht verwurzelt.
Ich bin nur noch ein Purzeltraum,
sobald ich hingepurzelt."

„Je nun", so sprach ich, „bester Schatz,
du bist doch klug und siehst uns:
nun, auch für uns besteht der Satz:
Wir schießen nicht, es schießt uns.

Auch Wurzeln treibt man nicht so bald
und Früchte nun erst recht nicht.
Geh heim in deinen Purzelwald,
und lästre dein Geschlecht nicht."

Zunächst war er als *burzelbaum* bezeugt – unser heutiger *Purzelbaum*, unter dem wir einen ‚Überschlag auf dem Boden' verstehen. Genaugenommen bedeutet das Wort ‚Sturz und Aufbäumen', denn unser *purzeln* hat sich aus dem spätmittelhochdeutschen *burzeln* (‚hinfallen, niederstürzen') entwickelt, während der zweite Wortbestandteil – *baum* – auch im Wort *(auf)bäumen* (‚sich aufrichten') steckt, das seinerseits wohl ursprünglich als Jägerwort vom Bären gesagt wurde, der sich am Baum aufrichtet.

Ros': Es ist ein ~ entsprungen

„Über Rosen läßt sich dichten, in die Äpfel muß man beißen" – so heißt es bei Goethe im „Faust II". Um zu unserer sprachlichen Kernfrage zu gelangen, richten wir unsere Aufmerksamkeit auf ein bekanntes Kirchenlied von Michael Praetorius:

Es ist ein Ros' entsprungen
aus einer Wurzel zart,
als uns die Alten sungen:
von Jesse kam die Art
und hat ein Blümlein bracht
mitten im kalten Winter
wohl zu der halben Nacht.

Das Röslein, das ich meine,
davon Jesaias sagt,
ist Maria die reine,
die uns das Blümlein bracht.
Aus Gottes ewgem Rat
hat sie ein Kind geboren
und blieb ein reine Magd.

„Es ist ein Ros' entsprungen, aus einer Wurzel zart …“: Sicher haben Sie sich auch schon einmal gefragt, warum ausgerechnet eine *Rose* zur Adventsblume erkoren wurde. Machen wir uns doch einmal die Mühe und schauen in die *Bibel*, denn Kirchenlieder fußen ja häufig auf Bibelsprüchen. Im *Alten Testament*, genauer gesagt beim Propheten *Jesaja*, heißt es im ersten Hauptteil des Buches, Kapitel 11, Vers 1: „Sodann wird ein *Reis* aus dem Stumpfe Isais hervorgehen und ein Schößling aus seinen Wurzeln Frucht tragen …“

Bei Jesaja ist also von einem *Reis*, nicht von einer *Rose* die Rede. Entweder der Dichter des Kirchenliedes hat seiner Phantasie die Zügel schießen lassen, oder seine Version beruht auf einem Lesefehler. Wir werden die genaue Ursache nicht klären können. Doch eines ist gewiß: Es handelt sich bei der *Rose* buchstäblich um blühenden Unsinn, nämlich um eine falsche Übersetzung – bezogen auf die Stelle in der Bibel.

Sauerampfer

Wissen Sie, daß der pfeilspitzenbelaubte, rotrispige *Große Sauerampfer* und der auf mageren Wiesen wachsende *Kleine Sauerampfer* als oxalreiche Unkräuter zur Gattung der Knöterichgewächse gehören? Ebenso interessant finde ich es, daß die Bezeichnung *Sauerampfer* ein geradezu klassisches Beispiel für eine tautologische Zusammensetzung ist (vgl. auch S. 171), und zwar deshalb, weil das mittelhochdeutsche Wort *ampfer* schon die

Bedeutungen ‚scharf', ‚bitter' und ‚sauer' hat. *Sauerampfer* heißt also – wörtlich genommen – ‚Sauersauer'!

Spaltpilz

Karl Kraus (1874–1936) gibt in seiner Abhandlung „Die Katastrophe der Phrasen" (S. 89) folgende Erläuterung zu dieser *Stilblüte*:

„Der *Spaltpilz* gehört zur Klasse der Stilblüten, die schnell, namentlich auf fauligem Grund, also in Zeitungen, emporschießen. Ich kenne mich in der Politik nicht aus, aber so viel verstehe ich von der Botanik, daß die ‚Mittagszeitung' ganz recht hat, wenn sie sagt: ‚Die Türkei hat *wie ein Spaltpilz* zwischen Österreich und Rußland gewirkt.' Das ist natürlich nur ein Bild, aber es beruht auf der bekannten Tatsache, daß die Spaltpilze zum Spalten des Holzes verwendet werden. Man braucht einen Spaltpilz nur anzusetzen, und die ganze Arbeit ist fertig. Die Axt im Haus erspart den Zimmermann. Sagte Schiller und meinte den *Spaltpilz*."

Heinz Küpper (⁴1990:776f.) definiert das Wort *Spaltpilz*, das er seit 1955 jugendsprachlich (vor allem in Berlin) belegt findet, als ‚Unfriedenstifter', als ‚Störenfried' und erläutert: „Eigentlich veraltete Bezeichnung für ‚Bakterium' (wegen der Fortpflanzung durch Teilung); hier Anspielung auf Spaltung im Zusammenleben."

Stilblüte

Jacob und Wilhelm Grimms „Deutsches Wörterbuch" (Bd. 18, Sp. 2931) definiert die *Stilblüte* als eine ironische Bezeichnung „… für einen Sprachverstoß, besonders für einen sprachlichen Ausdruck, der durch falsche Wortwahl, Künstelei oder Bildbruch ungewollt komisch wirkt" und verweist als Beispiel für die Verwendung dieser Bezeichnung u.a. auf die Schrift von August Winnig („Der weite Weg", Hamburg o.J. [²1932]).

Wenn man sich die Mühe macht, einen Blick in dieses Werk zu werfen, so trifft man in der Tat auf eine bemerkenswerte Stelle, an der es heißt:

„Mit stiller Verwunderung blätterte ich nun morgens die Zeitungen durch. Welch ein Geist war über die Parteiredakteure gekommen! Ich kannte ihrer viele und wußte, was sie wert waren. Ihre Zeitungen waren mir längst zu Zeugnissen ihres menschlichen Charakters geworden. In manchem Gespräch hatte ich die Dürftigkeit ihres Wissens, aber auch die Verstocktheit ihres bösen Willens kennengelernt. Es gab auch unter ihnen Ausnahmen, Menschen harmlosen und gutartigen Wesens, die sich ihrer Brotstelle freuten und nichts Übles im Sinne hatten, aber zu schwächlich waren, um sich dem bösen Geiste ernstlich zu widersetzen. Sie waren fügsam gewesen, [332] als die revolutionäre Hetze den Vordergrund beherrscht hatte, sie fügten sich jetzt, wo allerorten ein leidenschaftlicher Nationalgeist wehte, und fügten sich jetzt lieber als vorher, aber sie würden sich, dessen war ich gewiß, ebenso fügen, wenn auf diesen Aufschwung einmal ein großer Rückschlag folgen sollte. So blieb ich mir der Lage bewußt. In der Ferne sah ich den Tag lauern, an dem die schönen Bekenntnisse vergessen sein würden, und schnitt die ansehnlichsten *Stilblüten* aus, um sie in einem Herbarium aufzubewahren." (S. 331)

Karl Kraus gab zu dem Thema eine beispielhafte *inhaltliche* Erläuterung (vgl. „Die Katastrophe der Phrasen", S. 72):

„*Stilblüten* sammeln sollte nur, wer ein Liebhaber ist. Sie auszujäten zeugt von einem schlechten Geschmack, von einem, der da wünscht, daß in der Zeitung nur korrekte Phrasen wachsen. Stilblüten sind die glücklichen Ausnahmen, denen wir in der Wüste der Erkenntnis begegnen. Und ist es nicht von einer ergreifenden Symbolik, wenn einer Zeitung der Satz gelingt: ‚Sterbend wurde sie ins Spital gebracht, wo sie einem toten Kinde das Leben gab.'

Geschieht das nicht unser aller gemeinsamen Liebsten, der Kultur? Sterbend wurde sie in die Redaktion gebracht und gebar die Phrase. Ach, wer doch dem toten Kind das Leben gäbe! Er würde die Mutter retten."

Die Worte fliegen auf,
der Sinn hat keine Schwingen:
Wort ohne Sinn
kann nicht zum Himmel dringen.

William Shakespeare, *Hamlet* [König]

6 Hinters Wort geführt

Alltägliche und nicht ganz alltägliche Wörter und Wendungen

abblitzen: jemanden ~ lassen

Haben wir einen Menschen, der uns irgendwie lästig ist, ,kurz, prägnant und schlagfertig abgewiesen', so sagt man oft, wir hätten ihn *abfahren lassen*: Das Bild stammt aus der Fechtersprache; es liegt nahe, daß man im Duell jemanden mit seiner Stoßklinge *abgleiten* oder eben *abfahren lassen* kann. Doch so wie man jemanden *abfahren lassen* kann, kann man ihn auch *abblitzen lassen*. Dieser Ausdruck scheint auf den ersten Blick völlig unsinnig zu sein, erschließt sich jedoch durch die kulturhistorische Dimension. Vom *Abblitzen* spricht man nämlich seit der ersten Hälfte des 19. Jahrhunderts beim wirkungslos verpuffenden Schießpulver. „Das Pulver war nur von der Pfanne abgeblitzt", heißt es z.B. beim Dichter und Übersetzer Johann Ludwig Tieck („Novellenkranz" 4, 1834, S. 113). Zuweilen versagten nämlich die Gewehre in den Freiheitskriegen, indem zwar das Pulver mit blitzartiger Lichterscheinung von der Pfanne wegbrannte, aber der Schuß nicht losging. Ähnlich wie z.B. bei den ursprünglich waffentechnischen Bildern in den Formulierungen *etwas auf der Pfanne haben* und *verpuffen* kam es daher auch beim *Abblitzen* zu einer Bedeutungsübertragung auf andere Bereiche, nicht zuletzt auf den Heiratsantrag; im Roman „Die Hosen des Herrn von Bredow" (1846) des Erzählers Willibald Alexis (1798–1871) heißt es daher kühl: „der Antrag war abgeblitzt" – und damit war natürlich auch sein Antragsteller *abgeblitzt*, also ,kurz und schlagfertig abgewiesen'. Der erste Beleg für diese „moderne" Verwendung der Redewendung findet sich übrigens im politisch-historischen Drama „Die Hermannsschlacht" von Christian Dietrich Grabbe (1801–1836).

Aberglaube

Zum *Aberglauben* haben sich viele große Geister geäußert. Bei Plutarch lesen wir: „Der Tod ist das Ende aller Dinge des menschlichen Lebens, nur des *Aberglaubens* nicht." „Der *Aberglaube* ist die Poesie des Lebens; deshalb schadet's dem Dichter nicht, *abergläubisch* zu sein", schrieb Goethe (in den „Maximen und Reflexionen", 3). Und Friedrich der Große stellte fest: „Der *Aberglaube* ist ein Kind der Furcht, der Schwachheit und der Unwissenheit."

Unwissenheit und Unverständnis herrschen vielfach auch bezüglich der Herkunft der Bezeichnung *Aberglaube*. Dazu muß man nämlich folgendes wissen: Unser als Adverb, Konjunktion und Gesprächspartikel verwendetes neuhochdeutsches Wort *aber* (mittelhochdeutsch *aber*, *aver*, althochdeutsch *avur*) ist eine alte Komparativbildung zu *ab* mit der indogermanischen Wurzel **apo-* (‚ab, weg'). Es bedeutete demnach – wie auch die z. B. verwandten Wörter gotisch *afar* (‚nach, nachher') und altindisch *aparám* (‚später' – ursprünglich etwa ‚weiter weg'. Aus ‚weiter weg, nachher, später' entwickelte sich im Deutschen die Bedeutung ‚wieder, noch einmal': man beachte z. B. die Bildungen *tausend und abertausend* und *abermals*. Aus der Verwendung des Wortes zum Ausdruck der Wiederholung entwickelte sich die Verwendung von *aber* zum Ausdruck des Gegensatzes und des Verkehrten.

Der *Aberglaube* ist also eigentlich der ‚verkehrte Glaube'.

Aberwitz

Der Philosoph und Literaturhistoriker Kuno Fischer (1824–1907) war einer der ganz großen porträtierenden Essayisten des 19. Jahrhunderts. Doch er verfaßte auch eine der umfassendsten Analysen des Witzes in der deutschen Ästhetikgeschichte, die systematischen Scharfsinn mit humorvoller Präsentation verband.

Im Jahre 1871 erschien die erste Auflage, 1889 die zweite Auflage seines philosophischen Essays „Über den Witz"; er wendet sich darin einer besonderen Spielart zu, die uns in diesem Abschnitt beschäftigt, dem *Aberwitz*:

„Indessen wollen unsere Thebaner, gelehrte und ungelehrte, nicht bloß die Zielscheiben des Witzes sein, sondern selbst die fernhin treffenden Schützen; sie nehmen den Witz für sich in Anspruch, sie leben im Wahn eines Vollbesitzes, und es lohnt die Mühe, hier einen Augenblick zu verweilen und vorübergehend zu untersuchen, was aus dem Witz wird, wenn er in die Mache derer gerät, die keinen haben. Was ist der Witz ohne die Kraft des Witzes, ohne jene natürliche Fähigkeit und Inspiration, die unwillkürlich das Richtige trifft, leicht und spielend Sinn und Unsinn unterscheidet: was ist dieser *mutterlose* Witz, der schon verwaist auf die Welt kommt und nur einen Vater hat, aber keine Mutter? Ihm fehlt, was der Mutterwitz hat: der Sinn für den Sinn! Sein Kennzeichen und gleichsam die Probe, die er ablegt, haben wir an dem Gegenteil des Mutterwitzes kennengelernt; sie besteht darin, daß er den baren Unsinn für Sinn hält: jene Art des Unsinnes meine ich, die der Mutterwitz zum Besten der Einfalt erfindet. Warum sollte der Unverstand dieses Geschäft nicht selbst verrichten, diese Probe, die sein Meisterstück ist, nicht aus freien Stücken ablegen und aus eigenem Bedürfnis zu seiner eigenen Befriedigung jenen Unsinn, den er für Sinn hält, selbst erfinden? Was der Mutterwitz an ihm vollzieht, um ihn zu entblößen, das leistet er mit hoher Zufriedenheit selbst, um sich als Meister zu zeigen. Wenn nun der weise Mann, es sei der Thebaner oder der Schildbürger, selbst auf den Einfall kommt, die Hausnummern von Europa zum Lehrbuch zu machen, mit Kanonen um die Ecke zu schießen, mit Hilfe der Eselsmilch die Ohren wachsen zu lassen, das Licht im Sacke einzufangen und nach Hause zu tragen u. s. f.? Hier haben wir den Witz in seiner völligen Verkehrung und Mißgestalt: statt der sinnvollen und scheinbar widersprechenden Combination erfindet er die sinnlose und in Wahrheit unmögliche und nimmt sie für Sinn. Er *erfindet* und hat insofern etwas dem Witz Ähnliches, aber es ist der Witz ohne das Vermögen des Witzes, ohne jede echte Bedingung desselben, der Witz, der sich zum Mutterwitz verhält wie der Aberglaube zum Glauben: *der Aberwitz!* Es gehört zum *Aberwitz*, besonders wenn er sich auf gelehrte Dinge einläßt, daß er seine eigenen Empfindungen anstaunt und den Wunsch hat, angestaunt zu werden. Daher kann man eine Unzahl Beispiele desselben gedruckt haben, und ich erinnere bloß daran, was der *Aberwitz* geleistet hat in der Erklärung großer Dichtungen, z.B. des Goetheschen Faust, ja sogar des Lessingschen Nathan, bei welchem tieferen man eine Auflösung in bare Sinnlosigkeit nicht für möglich halten sollte. Aber die törichte Unmöglichkeit ist eben das Gebiet, auf dem der *Aberwitz* sein Spiel treibt, er hält das Sinnlose für Sinn und verkehrt das Sinnvolle in Unsinn. Wird aus diesem Spiele Wahn, so geht der *Aberwitz* in den *Wahnwitz* über: das ist die fixe, auf Unmöglichkeiten gerichtete Spekulation." (Fischer 1996 [1889]: 82–85)

Nun wissen wir einiges über die Bedeutung, indessen noch nichts über die Herkunft des Wortes *Aberwitz*. Rund vier Jahrzehnte vor der Fischerschen Abhandlung hat sich ein berühmter deutscher Philosoph zu dieser Frage geäußert.

Arthur Schopenhauer (1788–1860) hat sich nämlich im 25. Kapitel („Ueber Sprache und Worte") seiner 1850 veröffentlichten Sammlung „Parerga und Paralipomena" zur folgenden, geradezu aberwitzigen etymologischen Erklärung verstiegen:

„… die Worte *Aberglauben* und *Aberwitz* halte ich für entsprungen aus *Ueberglauben* und *Ueberwitz*, unter Vermittlung von *Oberglauben* und *Oberwitz* (wie *Ueberrock, Oberrock, Ueberhand, Oberhand*), und sodann durch Korruption des *O* in *A*, wie umgekehrt in *Argwohn* statt *Argwahn*." (S. 495)

Man ist geneigt, den großen Pessimisten und Irrationalisten Schopenhauer aufgrund dieser ernstgemeinten Äußerung einen *Aberwitzbold* zu nennen (diesen Ausdruck prägte, wenn auch in anderem Zusammenhang, Gerd Uhlenbruck). Denn die vorgetragene Begründung ist natürlich hanebüchener Unsinn. In Wirklichkeit stellt sich die sprachwissenschaftliche Analyse des Wortes ein wenig anders dar. Auch die Zusammensetzung *Aberwitz* enthält als ersten Bestandteil das Wort *aber*, allerdings wiederum in einer bestimmten Bedeutung, die nach unseren Ausführungen im Abschnitt über *Aberglaube* (vgl. S. 144) wohl keiner weiteren historischen Betrachtung mehr bedarf.

Nachdem wir gehört haben, daß *Aberglaube* interpretiert wird als ‚in religiöser Scheu und in magischem Denken wurzelnder Irrglaube', wird es nicht überraschen, daß man analog dazu die *Eberesche* (regional *Aberesche*) als ‚falsche Esche' deutet und daß der *Aberwitz* entsprechend als ‚Wahnwitz' verstanden wird.

abgöttisch

Vom 21. Juni 2001 bis zum 2. September 2001 fand im „Deutschen Theatermuseum" in München eine Ausstellungspremiere statt zu „Klaus Kinski – Deutschlands Kultstar Nr. 1"; im Ausstellungskatalog hieß es über den exzentrischen Schauspieler: „Kinski, ein liebevoller Vater, aber auch ein Ekel, ein Scheusal – ein Genie und auch ein schöner Mann voller Liebe, von Frauen *abgöttisch* geliebt, von Männern bewundert. Kinski wurde verdammt und vergöttert, verursachte Mega-Skandale durch Tourneeabbrüche und Absagen, Schlägereien, Unfälle, Selbstmordversuche und unzählige Frauengeschichten."

Das Beispiel zeigt: Wenn man heute über jemanden sagt, er liebe einen verehrten Künstler, seinen Partner, sein Kind, seine Mutter oder sein Haustier *abgöttisch*, so charakterisiert man damit eine ‚*Liebe, die bis zur Selbstaufgabe geht'*. Das Wort *Abgott* verwenden wir heute für ein ‚Idol', für ein ‚vergöttertes Wesen'. Das war auch schon beim schweizerischen Erzähler und Lyriker Conrad Ferdinand Meyer (1825–1898) so. In seiner Novelle „Gustav Adolfs Page" (1882) – lesen wir an einer Stelle:

„‚Weißt du was', schrie der Gereizte, ‚gehe du als Page zu dem König! Er wird, bubenhaft wie du aussiehst und dich beträgst, das Mädchen in dir ebensowenig vermuten, als der Ulysses am Ofen, von dem du fabelst, in mir den Buben erraten hätte! Mach dich auf zu deinem *Abgott* und bet ihn an! Am Ende', fuhr er fort, ‚wer weiß, ob du das nicht schon lange in dir trägst?'"

In seinem im 17. Jahrhundert spielenden Roman „Jürg Jenatsch" (1876) heißt es (im 3. Buch, Kapitel 2):

„Das Geschenk seiner Neigung gaben ihm die Bündner mit Wucher zurück. Im ganzen Lande wurde er nur ‚der gute Herzog' geheißen. In Chur war er der *Abgott* aller Stände; denn die vornehmen Familien fesselte er an sich durch die Feinheit seiner adeligen Sitte, das Volk aber bezauberte er durch eine aus dem Herzen kommende unbeschreibliche Leutseligkeit …"

Allein in Meyers Renaissance-Novelle „Die Versuchung des Pescara" (1887) findet sich (im Kapitel 5.1) eine Passage, in der das Wort *Abgott* im heute üblichen Gebrauch nur schwer einen Sinn machen will:

„Auch Schwester Beate erlag der Versuchung, diesen stolzen Herrn der Welt zu bewundern, überwand sich aber tapfer und flehte den Himmel inbrünstig an, der Colonna zum Heil ihrer Seele ihren *Abgott* zu entreißen. Aber diese heftigen Gefühle wichen dem harmloseren der Eitelkeit."

Die letzte Stelle macht eines deutlich: Die vorgenannten Verwendungsweisen, dürfen uns nicht den Blick dafür verstellen, daß uns mit den Wörtern *Abgott* und *abgöttisch* ein geradezu klassischer Fall von Bedeutungswandel begegnet, denn die Wörter haben sich in der uns heute geläufigen Bedeutung erst seit dem 16. Jahrhundert langsam herausgebildet.

Das Adjektiv *abgöttisch* hatte nämlich, dies wird manchen Leser überraschen, früher die Bedeutung ‚von Gott abgefallen‘ oder ‚götzendienerisch‘. Es ist abgeleitet von *Abgott*, womit man bis zur Reformationszeit ein ‚Götzenbild‘ bezeichnete. So lesen wir in der Lutherbibel im 4. Buch Mose (Numeri) 15,39: „Und dazu sollen die Quasten euch dienen: sooft ihr sie anseht, sollt ihr an alle Gebote des HERRN denken und sie tun, damit ihr euch nicht von eurem Herzen noch von euren Augen verführen laßt und *abgöttisch* werdet“; und in der Apostelgeschichte heißt es – worauf Heinrich Krauss (1993:11) zu Recht verweist – nach der ursprünglichen Übersetzung Luthers über Paulus in Athen, daß er zornig wurde, „da er sahe die Stadt so sehr *abgöttisch*“ (Apg 17,16). In späteren Übersetzungen der Apostelgeschichte wollte man den Sinn unmißverständlich herausarbeiten und verdeutlichte den Text daher z.B. in der Menge-Bibel so: „Während Paulus nun in Athen auf sie wartete, wurde er innerlich schmerzlich erregt, weil der die Stadt voll von *Götterbildern* sah“; in der Übersetzung von Hamp/Stenzel/Kürzinger heißt es noch präziser: „Während nun Paulus in Athen auf sie wartete, wurde sein Geist zuinnerst bewegt, als er sah, daß die Stadt voll von *Götzenbildern* war.“

Auch beim philosophischen Schriftsteller Jakob Böhme (1575–1624) gibt es in dessen Hauptwerk „Aurora oder Morgenröte im Aufgang“ (entstanden 1612, gedruckt 1656) eine entsprechende Stelle, in der *Abgott* zweifellos im ursprünglichen Sinne von ‚Götze‘, ‚falscher Gott‘ zu verstehen ist:

„Darum bewegte er sie nun zur Hoffart, daß ein jeder meinte, er hätte die Wurzel beim Stiele, man sollte auf ihn sehen und hören und ihn ehren. Damit baueten sie ihre Palast-Häuser und dieneten heimlich dem *Abgott* Mammon.“

Selbst bei Goethe (1749–1832) finden wir noch im späten 18. Jahrhundert die Verwendung von Abgott im Sinne von ‚falscher Gott‘, ‚Götze‘. So erwähnt der Dichter in einer auf Denis Diderots (1713–1784) Dialogroman „Jacques le fataliste“ (1773) abzielenden Notiz an Merck vom 3. 4. (?) 1780: „Eine sehr köstliche und große Mahlzeit mit großem Verstand für das Maul eines einzigen *Abgottes* zugericht und aufgetischt", und in einer Bemerkung an F. Müller vom 21.6.1781 lesen wir: „Ein Blumengefäß, ein gesottener Hummer, ein silberner Kelch, ein Felsstück, eine Ruine, eine Hütte bleiben durch Jahrhunderte der *Abgott* so vieler Liebhaber."

Allotria

Der Lyriker und Dramatiker Arno Holz (1863–1929) dichtete:

> Ach ja/ach ja/ach ja/ach ja/
> ich *drihb zu viel Allotria*!
> Ich legte frech voll Dalberey
> so manches Basilisken-Ey!
> Wie hab ich mich ergäzzt?
> Waß hab ich nicht geschwäzzt?
> Itzt achte ich geringe
> die Welt und ihre Dinge!

Und in einem Brief, den der Naturforscher Ernst Haeckel (1834–1919) am 3. Mai 1861 an seine ‚Seelengefährtin' Anna Sethe schrieb, heißt es: „Er behauptet, daß ich für drei gearbeitet habe und es nicht begreife, wie ich neben all den wissenschaftlichen Arbeiten auch noch so viel *Allotria* habe *treiben* können."

Der Ausdruck *(viel) Allotria treiben* begegnet uns noch heute, ohne daß sich die meisten Sprecher(innen) vorstellen können, woher er stammt. So schreibt die „Neue Zürcher Zeitung" am 2. Oktober 1999 über den Initiator einer umstrittenen Zürcher Kunstaktion: „Damit – und das gehörte wohl zum Konzept – liess Morgenthaler es allerdings auch zu, dass reichlich *viel Allotria* um die reisenden Denkmäler *getrieben* wurde."

Das Merkwürdige an dem Wort ist, daß es häufig (im Sinne von ‚vergnüglicher Unfug') als Singularform des Neutrums aufgefaßt wird, obwohl es sich hier eigentlich um eine Pluralform handelt: Das griechische Wort *allótria* bedeutet ‚fremdartige, nicht zur Sache gehörige Dinge' und gehört zu griechisch *állos, állo* (‚anderer, andersartig, verschieden'). Das Fremdwort begegnet uns zuerst in der Gelehrtensprache des 17. Jahrhunderts und ist von dort seit dem ausgehenden 18. Jahrhundert in die Allgemeinsprache eingedrungen.

Armutszeugnis

„Es ist ein *Armutszeugnis*, wenn man nur von seinem Reichtum zu reden weiß" – so heißt es in den „Fliegenden Blättern" (Nr. 2335), einer Zeitschrift, die eine führende Stellung unter den humoristischen Zeitschriften der Welt einnahm.

Doch auch heute ist dieser Ausdruck noch gang und gäbe. So erklärte im Frühjahr dieses Jahres der Sprecher der CDU/CSU-Bundestagsfraktion für Menschenrechte und Humanitäre Hilfe, Hermann Gröhe (MdB), zur Entscheidung der UN-Menschenrechtskommission, sich nicht mit einer Resolution zur Menschenrechtslage in China zu befassen:

„Die gestrige Entscheidung der UN-Menschenrechtskommission bei ihrer diesjährigen Sitzung in Genf, sich wieder nicht mit einer Resolution zur Menschenrechtslage in China zu befassen, ist ein *Armutszeugnis* für die Menschenrechtspolitik der Vereinten Nationen. Die Staaten, die für eine Nichtbefassung gestimmt oder diese durch Enthaltung ermöglicht haben, haben der Arbeit der UN-Menschenrechtskommission schweren Schaden zugefügt."

Wie man sieht, bezieht sich der Ausdruck heute (wie schon seit dem 19. Jahrhundert) auf ‚charakterliche und/oder moralische Schwächen und Blößen'. Er hat also nichts mehr mit seiner Ursprungsbedeutung zu tun, dem Nachweis materieller Bedürftigkeit. Das *testimonium paupertatis* (z. B. zur Gebührenbefreiung an der Universität) wurde als *Armutszeugnis* eingedeutscht und ist schon in Joachim Heinrich Campes „Wörterbuch der deutschen Sprache" (1807–1811) aufgeführt.

aufgedonnert: ~ sein

Heinrich Raab (1981:19f.) hat durchaus recht, wenn er behauptet, dieser Ausdruck sei heute „auf Frauen bezogen, die in besonders prunkender Weise gekleidet sind". Doch er führt ihn – unter Rekurs auf Borchardt-Wustmann (⁴1894) – darauf zurück, „daß der Donnerstag, der Tag des Donnergottes Thor, früher als religiöser Feiertag galt. Die meisten kirchlichen Prozessionen wurden und werden noch heute am Donnerstag gehalten. An diesem Wochentage durften auch Ställe nicht gereinigt werden. An diesem Tage war man besonders nett gekleidet. Im Alemannischen bedeutet *dundersnett* noch heute ,besonders nett'." Raab (ibid.) verweist in diesem Zusammenhang auf den Erzähler und Mundartdichter Johann Peter Hebel (1760–1826). Dessen Lied „Hans und Verene", nach der Melodie von Friedrich Silcher (1789–1860), lautet:

1. |: Es gfallt mer nummen eini,
Und selli gfallt mer gwis! :|
O wenn i doch das Maidli hätt,
Es isch so flink und dundersnett,
So dundersnett, so dundersnett,
So dundersnett,
I wär im Paradies.
2. |: S'isch wohr, das Maidli gfallt mer,
Und s'Maidli hätt i gern! :|
S'hat allewil e frohe Mueth,
E G'sichtli hets, wie Milch und Bluet,
Wie Milch un Bluet,
Wie Milch un Bluet,
Und Auge wie ne Stern.
3. |: Und wenn i's sieh vo witem,
So stiegt mer's Bluet in's Gsicht; :|
Es wird mer übers Herz so chnapp,
Und s'Wasser lauft mer d'Backen ab,
Wohl d'Backen ab.
Wohl d'Backen ab:
Weis gar nit, wie mer gschicht.
4. |: Ein armer Kerle bin i,
Arm bin i, sell isch wohr! :|
Doch han i no nüt Unrechts tho,
Und sufer g'wachse wär i jo,
Das wär' i scho.
Das wär' i scho,
Mit sellem hätts ke Gfohr.

5. |: Was wispelt in de Hürste,
Was rührt sich echterst dört? :|)*
Es visperlet, es ruscht im Laub,
O bhüetis Gott der Herr.
I glaub, i glaub,
I glaub, i glaub,
Es het mi näumer g'hört.)*
6. |: „Do bin i jo, do hesch mi,
Und wenn di mi denn witt! :|
I ha's scho siederm Spätling gmerkt,
Am Zistig hesch mi völlig bstärkt,)
Jo völlig bstärkt,
Jo völlig bstärkt,
Und worum seischs denn nit?"
7. |: Und bisch nit rich an Gülte,
Und bisch nit rich an Gold, :|
En ehrli Gmüth isch über Geld,
Und schaffe chasch in Hus und Feld,
In Hus und Feld,
In Hus und Feld,
Und lueg, i bi der hold!"
8. |: O Vreneli, was seisch mer,
O Vreneli isch so? :|
De hesch mi usem Fegfüür gholt
Und länger het i's nümme tolt,)*
Nei nümme tolt,
Nei nümme tolt,
Jo, fryli will i, jo!

(Sprachliche Erläuterungen: *echterst dört* = ,denn dort'; *näumer* = ,jemand'; *Zistig* = ,Dienstag'; *tolt* = ,geduldet, ausgehalten').

Diese Raabsche Deutung halte ich für blühenden Unsinn. Die einzig überzeugende Erklärung gibt Lutz Röhrich (²1995:108): „Die Redensart, die seit dem 19. Jahrhundert bekannt ist, ... enthält eine Entstellung von italienisch *donna* = ,Dame'."

Berlin war, von der unmittelbaren Nachkriegszeit abgesehen, immer und wird heute zunehmend wieder ein Schmelztiegel unterschiedlichster ethnischer Gruppen. Neben den Franzosen haben insbesondere die Juden ihre Spuren im Berliner Wortschatz hinterlassen, nachzulesen u. a. in Peter Schlobinskis „Berliner Wörterbuch" (²1993). Neben *ausbaldowern*, das nachstehend behandelt wird, gehören noch heute viele Wörter jiddischer Herkunft teils zum Berliner, teils auch zum gesamtdeutschen Alltagswortschatz: *acheln* (‚essen‘); *Bammel* (‚Angst‘); *Moos* (< jidd. ‚Geld‘); *Dalles* (‚Geldmangel‘ < jidd. *dallus* = ‚Armut‘); *Geseier* (‚Klagen, weinerliches Herumreden‘ < jidd. *gesera* = ‚Bestimmung, Verordnung‘); *Reibach* (< jidd. rewach ‚Zins‘); *Tacheles reden* (‚zur Sache kommen‘ < jidd. *tachlis* = ‚Endzweck‘); *koscher* („Ick weeß nich, aber der Typ kommt ma nich janz koscher vor"; jidd. ‚rein‘); *Mischpoke* (‚Verwandtschaft, Anhang‘, gebraucht mit leicht negativer Konnotation: „Jestern war schon wieder die janze Mischpoke da" < jidd. *mischpocho* = ‚Stamm, Sippe, Familie‘), *Schlamassel* (‚verfahrene, schwierige Situation‘ < jidd. *schlimasl* < dt. Adjektiv *schlimm* + jidd. *massel* ‚[Glücks]stern, Schicksal‘ < gleichbedeutendem hebräischen *mazzal*); *mies* (‚widerlich, schlecht, übel‘ < jidd. *mis(er)* ‚widerlich‘).

Im kriminellen Milieu spielt der Begriff des *Ausbaldowerns* noch heute eine Rolle im Sinne des ‚Auskundschaftens‘. Doch welchen Ursprung hat das seltsame Verb *ausbaldowern*? Es ist über die Gaunersprache aus dem Jiddischen ins Deutsche gelangt.

Der Lübecker Obergerichtsprokurator und Kriminalist Friedrich Christian Benedict Avé-Lallemant, der erste, der eine umfassende Darstellung des deutschen Gaunertums und seiner Sprache unternommen hat, wollte damit zuvörderst den praktischen Zwecken der Polizei dienen. Er gibt uns im 33. Kapitel seines Buches über „Das deutsche Gaunertum in seiner sozialpolitischen, literarischen und linguistischen Ausbildung zu seinem heutigen Bestande" (1858–1862) auf die eingangs gestellte Frage diese präzise Antwort:

„*Baldower* (von *Baal*, ‚Herr, Besitzer, Mann, Sachkundiger, Künstler‘, abgeleitet von *baal*, ‚er hat besessen, geherrscht [geheiratet]‘, und *Dabar*, ‚Wort, Sache‘ usw.) bedeutet zunächst: den Herrn einer Sache, der eine Sache in der Gewalt hat, der ein Unternehmen leitet, daher den Anführer eines Unternehmens, der die Rollen austeilt, die wesentlichste Tätigkeit übernimmt und die Beute verteilt.

Da aber diese Leitung eine genaue Kenntnis des Ortes und der Gelegenheit voraussetzt, so hat *Baldower* auch ganz besonders die Bedeutung des Ausspähers, Kundschafters erhalten, und *baldowern* bedeutet daher vorzüglich: eine Diebstahlsgelegenheit ausspähen, erkunden und den Gaunern mitteilen. […]

Vollkommen gleichbedeutend mit *baldowern* ist noch der Ausdruck *auskochen*, richtiger wohl *auskochemen*, von *Chochom*; … in Berlin nennt man einen mit allen Salben geschmierten Menschen einen *ausgekochten*, was ganz gut mit *Chochom* in Verbindung zu bringen ist." (Nachdr. 1998:84f.)

ausstechen: jemanden ~

Im „Merkblatt zur Sakramentenkatechese" des katholischen Pfarramts Verne vom 15. April 2001 heißt es:

„Schenken ist eine hohe Kunst. Bei Kindern, die noch nicht zu kleinen Erwachsenen verbogen sind, ist oft spürbar, daß für sie nicht der materielle Wert eines Geschenkes zählt, sondern der Gebrauchswert. Wird ein lang gehegter Wunsch erfüllt, kann auch ein an sich geringeres größere Geschenke *ausstechen*."

Der Sinn des Wortes *ausstechen* läßt sich in diesem Kontext leicht erschließen: ‚den Vorrang vor etwas/jemandem erringen, sich als besser erweisen, überflügeln, verdrängen': in diesem Sinne ist das Wort seit dem 17. Jahrhundert gebräuchlich. Es stammt, wie viele andere Bezeichnungen, aus dem Bereich des mittelalterlichen Turnierspiels, bei dem die Kämpfer versuchten, einander mit der Lanze aus dem Sattel zu *stechen*. So lesen wir bei Sebastian Brant (1457–1521) in seiner Moralsatire vom „Narrenschiff" (1494):

> „So ladt man zu dantz und *stechen*.
> Do muß man erst die sper brechen.
> Buren, hantwerck, dünt sich nit schamen
> Und nemen sich ouch *stechens* an."

Noch heute *sticht* im Kartenspiel eine Karte die andere. Und in vielen Sportarten wird bei Punktegleichheit nach dem üblichen Wettkampf im *Stechen* um den Sieg gerungen, indem durch Wiederholung und teils unter erschwerten Bedingungen – z.B. beim Springen im Pferdesport – die endgültige Entscheidung herbeigeführt wird.

anberaumen

„Der Vorstand kann jederzeit unter Angabe der zu behandelnden Tages-ordnung bei Wahrung einer angemessenen Frist eine außerordentliche Mitgliederversammlung *anberaumen*.“

Auf diese oder ähnliche Formulierungen stößt man in vielen Sat-zungen, ohne sich über das Verb *anberaumen* auch nur die gering-sten Gedanken zu machen.

Hans Reimann hat ein „Vergnügliches Handbuch der deutschen Sprache" geschrieben und gibt darin (1964:51) auf die Frage „Was hat nichts mit was zu tun?" u. a. die lapidare Antwort: „Das büro-kratische *anberaumen* nichts mit dem *Raum*. Hier blieb, wenn auch zart verändert, das mittelhochdeutsche Wort für ‚Ziel‘ (*ram*) erhal-ten." Blühender Unsinn? Keineswegs! Dem Autor ist zuzustim-men, denn das der Kanzleisprache entstammende Wort ist – lautlich unter dem Einfluß von *Raum* umgestaltet (oder regional schwä-bisch zu *au* entwickelt und verallgemeinert) – ursprünglich abge-leitet vom althochdeutschen *rāmēn* (‚trachten, zielen, aufs Korn nehmen‘) und mittelhochdeutschen *rāmen/berāmen* (‚festsetzen‘).

Bammel: ~ haben

In Bertolt Brechts Schauspiel „Der kaukasische Kreidekreis" (1949) lautet eine Stelle: „*Bammel*? Der Alte stiert ihn verständ-nislos an. Schiß? Furcht?"

Sagt mir eine Studentin, sie habe *Bammel* vor einer Klausur, so weiß ich, daß sie ‚Angst‘ oder ‚Furcht‘ hat, denn der Ausdruck wird heute durchaus noch gebraucht. In Berlin ist er seit Mitte des 19. Jahrhunderts gang und gäbe, Helmut Henne und Georg Objartel verzeichnen ihn im 5. Band (S. 254) ihrer „Bibliothek zur historischen deutschen Studenten- und Schülersprache" sogar schon für das Jahr 1906. An der Dahme, einem Nebenfluß der Spree, gibt es, wie ich hörte, bei Grünau eine Stelle, vor der Segler aufgrund der Strömungen *Bammel haben*, weswegen diese Stelle *Bammelecke* genannt wird.

Die Segler werden sich indes kaum fragen, woher das Wort *Bammel* eigentlich stammt. Die Frage ist auch nicht ganz leicht zu beantworten.

Der „Duden – Das Herkunftswörterbuch" (Bd. 7, ²1997:60), hält die Herkunft des Ausdrucks *Bammel haben* für nicht sicher geklärt und spielt mit dem Gedanken einer Rückbildung und Übertragung von *bammeln* (‚sich schaukelnd hin und her bewegen'):

„Vielleicht gehört er im Sinne von ‚[inneres] Schwanken' zum Verb *bammeln*, ... das eigentlich die Bewegung des Glockenschwengels bezeichnet und damit zu der lautmalenden Reihe *bim, bam, bum*! gehört, die auch die Verben *bimmeln* und *bummeln* ergeben hat."

In Berlin kennt man sogar die Wörter *bammelig* und *Bammelage* (frz. ausgesprochen), letzteres für ‚alles, was runterhängt oder runterbaumelt', z.B. Ohrringe.

Klaus Müller (1994:44) dagegen ist sich sicher: „Im Jiddischen bedeutet *baal emoh* soviel wie ‚Furchtsamer', ‚Angsthase'. Das Rotwelsch veränderte das Wort zu Bammel."

Diese Erklärung hat viel für sich, denn in Wilhelm Polzers 1922 erschienenem „Gauner-Wörterbuch für den Kriminalpraktiker" ist das Wort ebenso aufgeführt wie bei Siegmund A. Wolf (1993: 43), der noch mit einer Ergänzung aufwartet: „Ursprünglich wurde nur gesagt *du haißt'n Bammel*, was dann aufgefaßt wurde als *du hast'n Bammel* und woraus sich *Bammel haben* bildete."

Banause

Im Goethejahr 1999 fand im Heidelberger Augustinum ein Liederabend statt – unter dem Motto „Johann Wolfgang von Goethe – ein musikalischer *Banause*?"

Franz-Joachim Verspohl schrieb in seinem im Jahre 2001 veröffentlichten Buch „Michelangelo Buonarroti und Niccolò Machiavelli", über Michelangelo hielte sich die Behauptung, er habe kein Verständnis für Machiavellis politische Theorie gezeigt, „die fremd jeder Ethik, bloß auf positiven Werten" basiere, umgekehrt gelte Machiavelli als *Banause*, dem die bildende Kunst „unzugänglich" gewesen sei.

Ganz generell gilt: Wer sich nur für Fußball und platte Fernsehunterhaltung interessiert, Bücher, Theaterbesuche und raffinierte Speisen hingegen verschmäht, wird oft als *Kulturbanause* bzw. als *kulinarischer Banause* bezeichnet.

Doch woher kommt das Wort *Banause* mit der Bedeutung ‚Mensch ohne Verständnis für geistige und künstlerische Dinge, ohne feinen Lebensstil'? Es stammt aus dem Griechischen und bezeichnet dort einen Handwerker, der sein Gewerbe ohne Sklaven betrieb, so daß ihm die Arbeit für den Lebensunterhalt keine Zeit für geistige, ästhetische oder genußreiche Dinge ließ. „Symposion (Über die Liebe)" ist eines der Hauptwerke des griechischen Philosophen Platon (427–347 v. Chr.), der bis zu dessen Tod ein Schüler des Sokrates war. Diesem Werk entstammt das Wort *bánausos* (‚Handwerker, Spießbürger') und wurde – ebenso wie *banausisch* (‚in der Art eines Banausen') – im Jahre 1796 durch Friedrich Leopold Graf zu Stolberg (1750–1819) in dessen deutscher Übersetzung des „Symposion" aus dem Original entlehnt und ist seitdem im Deutschen gebräuchlich.

Chuzpe

Der „Duden – Deutsches Universalwörterbuch" (³1996: 205) definiert *Chuzpe* als ‚Unverfrorenheit, Dreistigkeit, Unverschämtheit'. Doch erscheint mir dies zu einseitig. *Chuzpe* ist ein jiddisches Wort, das für die einen ‚Unverschämtheit und Frechheit' bedeutet, für die anderen aber ‚Kühnheit und Entschiedenheit'.

Alan M. Dershowitz, einer der berühmtesten Strafverteidiger Amerikas – man denke an die spektakulären Prozesse von Mike Tyson, O.E. Simpson und Claus von Bülow – hat eine Autobiographie geschrieben, die das fundamentale Problem jüdischer Identität nach dem Holocaust beleuchtet; sie ist unter dem Titel „Chutzpah" 1991 im Verlag Little, Brown in New York erschienen, war monatelang die Nummer eins der Bestsellerlisten und wird heute in der 12. Auflage verkauft. Die deutsche Ausgabe, die im Jahre 2000 veröffentlicht wurde, trägt den Titel „Chuzpe". Dershowitz löst das schwierige Problem der Wortdefinition von *Chuzpe* in der Einleitung seines Werkes wie folgt:

„*Chuzpe* ist ein Begriff, der sich leichter veranschaulichen als definieren läßt. Wie Richter Potter Stewart einmal über die Bedeutung der Pornographie witzelte: ‚Ich kann nicht sagen, was es ist, aber ich erkenne sie, wenn ich sie sehe.' Wie unzulänglich solche Ein-Wort-Definitionen auch sein mögen, einen *chúzpenik* – einen Menschen, der die Eigenschaft der *Chuzpe* personifiziert – erkennen wir sofort, wenn wir ihn in Aktion erleben. Tatsächlich hat das jiddische Wort *chúzpe* eine positive und eine negative Konnotation. Für denjenigen, der sie an den Tag legt, bedeutet Chuzpe Kühnheit und Entschiedenheit, die Bereitschaft zu fordern, was sein gutes Recht ist, auf die Tradition zu pfeifen, Autorität herauszufordern, sich zu empören.

Für das Opfer von Chuzpe ist sie gleichbedeutend mit Unverschämtheit, Frechheit, Hochmut, Arroganz, scheinheiligem Wünschen in Reinkultur. Es liegt wahrhaftig am Standpunkt des Betrachters.

Das klassische Beispiel – der Sohn, der seine Eltern ermordet und anschließend als Waisenkind um Gnade bittet – hat in meinen eigenen Erfahrungen seine Fortsetzung erfahren. Ein wegen des Verkaufs gefälschter Antiquitäten verurteilter Mandant, der versuchte – Sie haben es erraten –, mich mit Antiquitäten zu bezahlen. Die Frau, deren Strafprozeß ich gewann und die mich wegen Fahrlässigkeit verklagte, weil sie die Regierung nun nicht mehr weiter hintergehen könne. Der Antisemit, der mir einen Brief schrieb, in dem er die Juden als knickerig geißelte – und selber zehn Cents zuwenig auf den Briefumschlag klebte. Der Neonazi, der wegen Störung des öffentlichen Friedens angeklagt war, weil er gefordert hatte, die Juden ‚zurück nach Israel‘ zu schicken, und mich bat, seine Verteidigung zu übernehmen, weil ‚ihr Juden das amerikanische Rechtssystem kontrolliert‘. …

Gelegentlich hat man mir selber den Vorwurf der Chuzpe gemacht. Ich begrüße eine solche Charakterisierung, weil ich es vorziehe, sie mit all ihren positiven Konnotationen zu akzeptieren.“

dufte

Heinz Küppers „Wörterbuch der deutschen Umgangssprache“ (⁴1990:181 f.) weist diesem Wort, das als Adjektiv und Adverb gebraucht wird, die Bedeutungen ‚außerordentlich‘, ‚tadellos‘, ‚sympathisch‘, ‚nett‘ zu, stellt heraus, daß es auf jiddischem *tow* (‚gut‘) beruhe und bemerkt zu Recht: „Der Anklang an *duftig* dürfte die Eindeutschung begünstigt haben.“ Interessanten Spielereien mit diesem Wort kann man in der Tat noch heute begegnen: So warb kürzlich die „WIR-FÜR-SIE Parfümeriegruppe“ mit dem Slogan: *„Dufte Geschenkideen zum Muttertag“*; und im Internet macht ein Anbieter von Aromalampen, Räucherstäbchen, Weihrauch, u.v.m. unter *http://www.alles-dufte.de* auf sich aufmerksam.

Küpper ist auch der aus Berlin stammende Ausspruch bekannt: *dufte ist zweimal so schnafte wie knorke.* Interessant ist nun, daß auch Peter Schlobinski, der übrigens eine hervorragende Bibliographie zum Berliner Stadtdialekt ins Internet eingestellt hat (vgl. http://www.fbls.uni-hannover.de/sdls/schlobi/berlinisch/lexikon/index.htm), in seinem „Berlinisch Lexikon", in dem er „Berliner Wörter von A–Z" aufführt, wie folgt zu unserem Wort Stellung nimmt: *„dufte* (jiddisch *toffte*) ‚großartig, prima'. Wird heute gebraucht für die früheren Bezeichnungen *knorke* und *schnafte.*" Für *schnafte* gibt er die Bedeutungen an: ‚ausgezeichnet' ‚sehr gut'; zu *knorke* lesen wir:

„früher für ‚prima', ‚dufte', ‚großartig': *Knorke ist dreimal so dufte wie schnafte.* Vielleicht entstanden als Reimwort zu *Lorke* [d.i. ‚dünner Kaffee'] oder aus *knorrig* = ‚kraftvoll', ‚widerstandsfähig' und der niederdeutschen Verkleinerungssilbe *-ke*. Eine dritte Erklärung besteht in der Ableitung aus der Posse ‚Die Familie Knorke' des Varietékomikers Rudolf Melzer."

Auch Friedrich Kluge ([23]1995:198) vertritt die Auffassung, *dufte* sei von Berlin ausgehend allgemein in Deutschland übernommen worden; es stamme aus dem Rotwelschen, wo es seit dem 18. Jahrhundert bezeugt ist:

„Als Quelle kommt westjiddisches *tauw, tow* (‚gut') in Frage (auch hebräisches *tōw*, ‚gut'), aber dieses ist (auch neben *dufte*) als *toff* bezeugt. In den Händlersprachen lautet das Wort für ‚gut' *doff* oder *toff*, im Jenischen der Eifler Hausierer *doft*."

In der Tat weist J. K. v. Trains 1833 erschienenes Buch „Chochemer Loschen: Wörterbuch der Gauner- und Diebs- vulgo Jenischen Sprache, nach Criminalacten und den vorzüglichsten Hülfsquellen für Justiz-, Polizei- und Mauthbeamte, Candidaten der Rechte, Gendarmerie, Landgerichtsdiener und Gemeindevorsteher" auf Seite 125 den Eintrag auf: *„tof* = ‚gut, nützlich'".

Zugleich weist Kluge (ibid.) jedoch einen anderen Weg, den vor allem auch Agathe Lasch (1928:175), u.a. unter Bezug auf Kluges Buch „Rotwelsch: Quellen und Wortschatz der Gaunersprache und der verwandten Geheimsprachen" (1901), ausführlich begründet. Auch sie deutet *dufte* als ein „anerkennendes Wort" im Sinne von ‚gut', ‚richtig': *„een dufter Junge*, allgemein berlinisch, doch nicht sehr alt, ... in Gaunersprachverzeichnissen schon seit 1820 in der Bedeutung ‚gut', ‚recht', ‚richtig'"; in der Tat nennt Kluge (1901:426) in einem Anhang eine Wortliste zur Sprache der Handwerksburschen mit den Einträgen *duftes Kittchen*

(‚Gefängnis in gutem Ruf') und *mieses Kittchen* (‚Gefängnis in Verruf').

„Viel älter aber", so argumentiert Agathe Lasch (1928:175) weiter, „ist ein Hauptwort *Duft, Dufte,* das in rotwelschen Verzeichnissen in der Bedeutung ‚Kirche' aus allen Teilen Deutschlands bezeugt ist, … das zu den der frühesten Überlieferung angehörigen Wörtern *Dift, Diftel* (‚Kirche') zu stellen ist (1490 in einem süddeutschen Verzeichnis *dift,* ‚Kirche', 1510 *diftel*). Seit 1726 begegnet die Form *Dufft* neben *Diftel. Dift, Diftel* gehört zu jüdisch *tiffle, Diffele* für die ‚christliche Kirche'; *dufte* ist also ‚Kirche', dann das, was zur Kirche gehört: ‚recht', ‚richtig'."

In einem Punkt ist sich Lasch sicher: „Die übliche Herleitung von *dufte* aus hebräisch *tow, tauw* verbietet sich auch schon dadurch, daß meist *tof, dof* (‚gut') neben *dufte* steht." Sie nennt die auch in Berlin gebräuchliche Form *tow;* der Schriftsteller und Journalist Hans Ostwald (1873–1940) bringt in seiner Schrift über „Berliner Tanzlokale" (1905:64) den passenden Ausspruch: „Mittwochs mache ik mir *tof,* fahre raus nach Tempelhof." Für Lasch ist die Herleitung von *dufte* aus *tōw,* auch wenn man annimmt, das Wort sei zweimal entlehnt, lautlich nicht möglich; sie schreibt weiter:

„Andere haben bei *dufte* in der Grundbedeutung ‚Kirche' an den Weihrauch*duft* gedacht. Wenn dieses deutsche Wort überhaupt eingewirkt hat, dann höchstens sekundär. Der Wechsel von *duft* mit *diftel* usw. zeigt die Herkunft aus dem jüdischen Wort, das die rotwelsche Sprache durch Jahrhunderte entwickelt hat."

Elfenbeinturm

Wenn durch neue wissenschaftliche Erkenntnisse das Weltbild komplett auf den Kopf gestellt wird, kann das nicht leise vonstatten gehen. Bei der Frage, was die Welt im Innersten zusammenhält, prallen Ideen und Persönlichkeiten aufeinander, und das so manches Mal nicht intellektuell und kühl, sondern in wortgewaltigen und emotionsgeladenen Wissenschaftsdisputen.

Der amerikanische Wissenschaftsjournalist Hal Hellman, von 1982–1990 „Adjunct Associate Professor of Science and Technical Writing" an der New York University und inzwischen Autor von 26 Fachbüchern, hat zehn der wichtigsten und heftigsten geistesgeschichtlichen Auseinandersetzungen, vom 17. Jahrhundert bis heute, lebendig werden lassen – in seinem im Jahre 2000 auch in Deutschland veröffentlichten Buch „Zoff im *Elfenbeinturm*“.

Auch Siegfried Lenz hat im Jahre 1986 über seine „Erfahrungen am Schreibtisch“ berichtet – in seinem Buch „*Elfenbeinturm* und Barrikade*“.

Die „Frankfurter Allgemeine Sonntagszeitung“ überschrieb am 6. August 2000 ein Interview mit dem Präsidenten des Deutschen Lehrerverbandes zur neuen und alten Orthographie mit der Überschrift „Die Schule wird zum Rechtschreib-*Elfenbeinturm*“.

Die Beispiele zeigen: Der *Elfenbeinturm* ist heute ein Bild für den Rückzug von Intellektuellen in realitätsfernes Theoretisieren. Doch das war keineswegs immer so. Im Hohen Lied Salomos 7,5 heißt es vom Mädchen: „Dein Hals ist wie ein *Turm von Elfenbein*.“ Heinrich Krauss (1993:48) erläutert dazu:

> „Aus diesem Preis der Schönheit wurde in der christlichen Mariensymbolik ein Sinnbild der Standhaftigkeit (*turris eburnea* in der Lauretanischen Litanei). Das Wort *Elfenbein*, abgeleitet vom *Elefanten*, hat sich nach einigen anderen Varianten durch Luthers Bibel im Deutschen durchgesetzt (Offb 18,12).“

Beim Ausdruck *Elfenbeinturm* handelt es sich um eine Lehnübersetzung des französischen Wortes *tour d'ivoire*, das der Literaturkritiker und Schriftsteller Charles Sainte-Beuve (1804–1869) geprägt und in durchaus positiver Charakterisierung verwendet hat. Er schrieb 1837 in seiner Versepistel an Abel François Villemain, den Begründer der französischen Literaturwissenschaft, in Erinnerung an die Zeit des gemeinsamen Hervortretens von Alphonse de Lamartine, Victor Hugo und Alfred de Vigny über die Arbeitsweise des letzteren: „… et Vigny plus secret,/Comme en sa *tour d'ivoire*, avant midi rentrait“ (… und der geheimnisvollere Vigny/Ist noch vor Beginn der Mittagsstunde gleichsam in seinen *Elfenbeinturm* zurückgekehrt).

Fallstrick

„*Fallstrick* Floskel: Was das Arbeitszeugnis verrät“, „Computerkauf: Vorsicht *Fallstrick*“: diese und ähnliche Warnungen las ich kürzlich in einer Wochenzeitung. *Fallstrick* wird hier gebraucht für ‚Hinterhältigkeit, auf die unversehens jemand hereinfallen kann‘.

Heinrich Krauss (1993:55) weist zu Recht darauf hin, daß das Wort – z.B. in Wendungen wie *Fallstricke legen* und *die Fallstricke meiden* – entgegen naheliegender Vermutung nicht auf einen im Verborgenen ausgespannten *Strick* hindeutet, durch den die Beute zu Fall kommt.

„Im antiken Jagdwesen war ein *Fallstrick* ein gestricktes Netz, das man über Vögel und andere Wildtiere herabfallen ließ, um sie zu fangen. Nur so ist die Bildsprache schlüssig, wenn Jesus, um die unerwartete Plötzlichkeit des kommenden Tages des Gerichts deutlich zu machen, seinen Zuhörern sagt, dieser Tag werde über sie kommen ‚wie ein Fallstrick‘ (Lk 21,34)."

Dieser der Jägersprache entstammende Ausdruck ist auch außerhalb der Lutherschen Bibelübersetzung seit dem 16. Jahrhundert bezeugt, z.B. in Georg Rollenhagens moralsatirischer Verserzählung „Froschmeuseler" (1566).

Moderne Textfassungen der Bibel meiden allerdings den Ausdruck *Fallstrick*, um ein besseres Textverständnis zu gewährleisten:

In der Fassung von Lehmann/Petersen aus dem Jahre 1912 heißt es bei Luk 21,34f.:

„Hütet euch aber, daß eure Herzen nicht beschwert werden mit Rausch und Trunkenheit und Nahrungssorgen, und jener Tag wird plötzlich über euch fallen wie ein *Netz*."

In der Übersetzung von Hermann Menge ([13]1954) lautet die gleiche Stelle:

„Habt aber auf euch selbst acht, daß eure Herzen nicht etwa durch Schlemmerei und Trunkenheit und Sorgen des Lebens beschwert werden und jener Tag euch unvermutet überfalle wie eine *Schlinge*; denn hereinbrechen wird er über alle Bewohner der ganzen Erde."

Die Übertragung von Hamp/Meinrad/Kürzinger (1998) formuliert ähnlich:

„Gebt acht, daß eure Herzen nicht belastet werden durch Rausch und Trunkenheit und irdische Sorgen und daß euch jener Tag nicht unversehens überfalle wie eine *Schlinge*, denn hereinbrechen wird er über alle, die auf dem Antlitz der ganzen Erde wohnen."

Idiot

„Abermals ging es mir also hier (in Straßburg) wie vordem in Leipzig, nur daß ich mich diesmal nicht auf das Recht meiner Vatergegend, so gut als andere Provinzen *idiotisch* zu sprechen zurückziehn konnte, sondern hier auf fremdem Grund und Boden, mich einmal hergebrachten Gesetzen fügen sollte."

Dieser Satz findet sich bei Johann Wolfgang von Goethe in seinem Roman „Dichtung und Wahrheit" (3. Teil, 11. Buch/HA 9, 480). Er wird für den heutigen Leser nur verständlich, wenn man weiß, daß Goethe hier das Wort *idiotisch* im Sinne von ‚idiomatisch' bzw. ‚mundartlich' verwendet hat.

Man würde wohl auch kaum im seit 1881 erscheinenden „Schweizerischen *Idiotikon*" nachschlagen, wenn man dort unsinniges Zeug zu lesen erwartete; es handelt sich bei dem genannten Werk nämlich um ein höchst respektables Wörterbuch der schweizerdeutschen Sprache. Aber wie bei *idiotisch* in Goethes Roman muß man auch bei diesem Buchtitel die ältere Bedeutung von *Idiotikon* kennen.

Heutzutage gilt *Idiot* allgemein als Schimpfwort für einen ‚dummen Menschen'. Bis gegen Ende des 18. Jahrhunderts war es die Bezeichnung für einen ‚Stümper' oder ‚Laien' im Sinne von ‚Nicht-Fachmann', danach benutzte man das Wort *Idiot* für einen ‚Geisteskranken'. Unter Hinweis darauf, daß das Wort *idiotes* (als lateinisches Lehnwort: *idiota*) im Griechischen den ‚Privatmann' bezeichnete, der nur seinen eigenen Geschäften nachging und kein öffentliches Amt innehatte, oft auch den einfachen Mann, der nicht zu den Würdenträgern gehörte, verweist Heinrich Krauss (1993:101) auf die Apostelgeschichte nach dem Text der alten Lutherbibel. Sie berichtet, daß die Mitglieder des Hohen Rates sich über das Auftreten des Johannes und Petrus „verwunderten; denn sie waren gewiß, daß es *ungelehrte Leute und Laien* (griechisch: *idiotai*, lateinisch: *idiotae*) waren" (Apg 4,13):

„Das Wort *idiotes* hatte auch die Bedeutung von ‚stümperhaft'. So sagt der Apostel Paulus von sich selbst: ‚Und wenn ich schon ungeschickt (*idiotes*) bin in der Rede, so bin ich's doch nicht in der Erkenntnis' (2 Kor 11,6). Aus dem Kontext ergibt sich, daß Paulus nicht als großer Prediger galt und andere Glaubenslehrer sich rühmten, besser reden zu können als er: ‚Denn seine Briefe, sagen sie, wiegen schwer und sind stark; aber wenn er selbst anwesend ist, ist er schwach und seine Rede kläglich' (ebd. 10,10)."

Volksetymologie: *Lanzknecht oder Landsknecht?*

Idiotentest

Hartwig Lödige, der mit seinem Büchlein „Audi, Kat und Cabrio" eine „kleine Wortkunde der Autowelt" vorgelegt hat, erläutert uns dieses „fachsprachliche" Wort (2000:96):

„Den Ausdruck *Idiotentest* kennt der Volksmund für alle möglichen Eignungstests, aber vor allem als Bezeichnung für den Test, den jemand absolvieren muß, dem der ‚Lappen' entzogen wurde. Offiziell heißt dieser Test nicht *Idiotentest*, sondern *Medizinisch-psychologische Untersuchung* (MPU) und ist auch kein Intelligenztest. Da die allermeisten Führerscheine wegen Alkohol am Steuer eingezogen werden, geht's bei der MPU im wesentlichen darum, zu überprüfen, ob der Kandidat einen verantwortungsbewußten Umgang mit dem Alkohol gelernt hat oder nicht. Durchgeführt wird die MPU vom Technischen Überwachungs-Verein (TÜV)."

keß

Es war eines der großen cineastischen Ereignisse: Carl Zuckmayer (1896–1977) schrieb das Drehbuch zum Spielfilm „Der Blaue Engel" nach dem Roman „Professor Unrat oder das Ende eines Tyrannen" (1905) von Heinrich Mann (1871–1950), der, mit Emil Jannings und Marlene Dietrich in den Hauptrollen, 1930 von Joseph von Sternberg inszeniert wurde. Marlene Dietrich sang in diesem Film das Chanson:

> Ich bin die *kesse* Lola,
> Der Liebling der Saison.
> Ich hab ein Pianola
> Zu Haus in mei'm Salon.
> Ich bin die *kesse* Lola,
> Das liebt ein jeder Mann,
> Doch an mein Pianola,
> Da laß ich keinen ran.

Der Liedtexter hat das Wort *keß* damals so verstanden, wie es auch heute gebraucht wird und im „Duden – Deutsches Universalwörterbuch" (³1996:830) definiert und durch Beispiele erläutert wird: a) ‚jung und hübsch und dabei unbekümmert': *ein kesses Mädchen*; salopp: *eine kesse Biene*; b) ‚[auf nicht verletzende Weise] frech, respektlos, ein bißchen vorlaut': *kesse Antworten*; *sei nicht so keß!*; ‚auf freche Weise modisch, flott': *ein kesser Pullover*.

Es spricht für die Qualität des Wörterbuchs, daß es eine sprachhistorische Erklärung vorausschickt, die heute freilich kaum noch jemandem beim aktuellen Sprachgebrauch bewußt sein dürfte: „aus der Gaunersprache, eigentlich: ‚diebeserfahren'."

Bei Agathe Lasch (1928:176) finden wir eine sachgerechte Deutung für diesen Zusatz, der uns zugleich einen Einblick in den Mechanismus des Bedeutungswandels gibt:

„*Keß* ist derjenige, der in alle Diebes-, Gaunersachen eingeweiht ist, der klug ist ‚in specie in Diebessachen', zugleich verschwiegen, dem man vertrauen kann …; *ein kesser Junge*, klug und verschwiegen, wird so in der Gaunersprache zum Lob und geht schließlich als lobendes Beiwort überhaupt aus dieser über viele Mittelspersonen fort in die Alltagssprache ein. Die ‚*kesse Rosa*' war nach der Polizeiliste von 1847 der ‚Fachname' einer ‚Berliner Schottenfellerin', d.i. Ladendiebin. Das Schimpfwort *kesse Beere* (‚freches Mädchen') behält doch noch etwas von der Verachtung, die die ‚Gesellschaft' gegen den *kessen* Verbrecher hat."

In der Tat hat das Wort *keß* – wie kaum ein anderes – deutsche Germanisten beschäftigt. So schreibt der Sprachforscher Peter von Polenz, der sich verdienstvollerweise mit dem rassistisch-antisemitisch motivierten deutschen Sprachpurismus ab 1936 auseinandergesetzt hat, in seinem Aufsatz „Fremdwort und Lehnwort sprachwissenschaftlich betrachtet":

„Der erste, der diesen neuen Ton in die Spalten der Sprachvereinszeitschrift hineingebracht hat, war der Germanist Alfred Götze. Ausgehend von der Etymologie des Wortes *keß*, eines von Berlin ausgehenden Modewortes der zwanziger Jahre, das aus der Gaunersprache und weiterhin aus dem Jiddischen stammt, beklagt er sich über den Gebrauch von Wörtern jiddischer Herkunft: ,Gottlob haben wir wieder gelernt, daß wir Germanen sind. Wie verträgt sich damit die Pflege einer im jüdischen Verbrechertum wurzelnden Unsitte? Auch auf die Herkunft von Wörtern wie *berappen, beschummeln, Kittchen, Kohldampf, mies, mogeln, pleite, Schlamassel, Schmu, Schmus, schofel, Stuß* und ihresgleichen sollte sich der Deutsche nachgerade besinnen. Es ist seiner nicht würdig, seinen Wortschatz aus dem Ghetto zu beziehen und aus der Kaschemme zu ergänzen.' Götze wollte diese Wörter nicht etwa bekämpfen, weil sie gegenwärtig einen niedrigen Stilwert haben und niedere Dinge bezeichnen, sondern weil sie jüdischer und gaunerischer Herkunft seien.
Damit hat ein deutscher Sprachgelehrter als erster die Forderung nach Sprachreinigung auf Wörter ausgedehnt, die im Bewußtsein des philologisch nicht vorgebildeten Teils der Sprachgemeinschaft zwar als ,unfeine' Wörter der Umgangssprache empfunden wurden, aber nicht als Fremdwörter oder jüdische Wörter. Die Deutschen jüdischer Abkunft haben seit der Judenemanzipation um 1800 kaum mehr Jiddisch gesprochen, und die meisten dieser (z. T. sogar irrtümlich) aus dem Jiddischen hergeleiteten Wörter waren seit dem 18. oder 19. Jahrhundert in der Umgangssprache aller Deutschen geläufig."

Kaff

Wer möchte schon in einem *Kaff* wohnen, einer ,armseligen Ortschaft', einem ,langweiligen kleinen Nest'? Das an sich unschuldige Wort entstammt der rotwelschen Gaunersprache des 19. Jahrhunderts und leitet sich vermutlich her aus dem romani *gāw* (,Dorf'). Älteres rotwelsches *kefar*, das die Lautform wohl mitbestimmt hat, ist abzuleiten aus westjiddischem *kefar* und dieses seinerseits aus dem hebräischen Wort *kāfār* für ,Dorf'.

Kaffer

Bei Karl May stoßen wir häufig auf den *Kaffer*. In „Deutsche Herzen, deutsche Helden" (Lieferung 19 vom 24. April 1886) lesen wir:

„Dann bin ich auch eingeboren! Geben Sie mich meinetwegen für einen Eskimo oder *Kaffer* oder Tungusen oder Päscheräh aus; es ist mir alles egal; aber ich will auch mit retten und helfen!"

Und in seiner Sammlung von Reiseerzählungen, die 1893/94 unter dem Titel „Am Stillen Ocean" erschien, heißt es („An der Tiger- brücke", S. 477):

„Eine der sonderbarsten Gestalten, die ich auf meinen Wanderungen ge- troffen habe, ist ohne Zweifel der Basuto-*Kaffer* Quimbo, welcher in ähnlicher Weise wie Hadschi Halef Omar durch verschiedene Länder des Orients mein Begleiter in Südafrika war."

Der „Duden – Das Herkunftswörterbuch" (Bd. 7, [2]1997:320) be- hauptet apodiktisch, der umgangssprachliche Ausdruck *Kaffer* für ‚dummer, blöder Kerl' habe nichts mit der Bezeichnung für den oben genannten Angehörigen des Bantu-Stammes zu tun, und liegt mit dieser Behauptung ein wenig schief. Richtig ist zwar, daß unser Wort *Kaffer* (‚dummer, blöder Kerl') aus dem Rotwelschen stammt, in dem es seit dem 18. Jahrhundert bezeugt ist; Kluge zitiert in seinem Buch „Rotwelsch" (1901:177) aus der 1714 ver- öffentlichten Schrift „Gründliche Nachricht": „dann sie hätten ihn vor thumm gehalten und ihn immer den thummen *Kaffer* ge- nennet." Dorthin gelangte es aus westjiddischem *Kaf(f)er* (‚Bauer, Dörfler'), aus nachtalmudisch-hebräischem *kafrī* (‚dörflich'). In- teressant in diesem Zusammenhang der Hinweis durch Lokotsch (1927:79), der das arabische Wort *kāfir* als Partizip praes. act. des Verbs *kafara* (‚leugnen, ungläubig sein') deutet: aus ‚Ungläubiger' (mit dem Nebensinn ‚Hypokrit') habe sich spanisches und portu- giesisches *cafre* (‚roh, grausam, ungebildet') entwickelt, auch fran- zösisches *cafard* (‚scheinheilig') mit der pejorativen Endung *-ard*. Aus demselben Grundwort, so Lokotsch, komme der Name des südafrikanischen Stammes der *Kaffern*: spanisch-portugiesisch *cafre*, englisch *caffer*, *caffre*, *coffree* usw. Auch Kluge ([23]1995:417) räumt ein: „Die beiden Wörter sind bei den Sprechern gleichge- setzt worden."

Lamäng

Etwas aus der Lamäng heraus machen bedeutet, ‚etwas routiniert, sicher und ohne lange nachdenken zu müssen, tun‘, es gewissermaßen aus der Hand schütteln. Damit sind wir der Herkunft des Ausdrucks auch schon auf der Spur, die zum französischen *la main* („die Hand‘) führt. Peter Schlobinski (²1993:115) verweist noch auf einen in Berlin üblichen, besonders amüsanten Gebrauch des Ausdrucks: Was nicht in Frage kommt, *kommt nich inne Lamäng.*

Marotte

Weniger bei uns selbst als bei anderen fallen sie uns auf – die *Marotten*, die ‚seltsamen Angewohnheiten‘. Die Herkunft dieses Ausdrucks erschließen uns am besten die Ausführungen in Georg Winters Buch „Unbeflügelte Worte" (1888:124 f.):

„Das Sprichwort sagt: *jedem Narren gefällt seine Kappe.* Im Französischen heißt es: *à chaque fou plaît sa marotte.* Folglich – so schließen die deutschen Wörterbücher – bedeutet *marotte* ‚Narrenkappe‘. Mitnichten! Die Kappe und die Marotte sind zwei verschiedene Dinge: diese trägt der Narr in der Hand, jene – auf dem Kopfe. In einem kleinen Gedicht aus dem 15. Jahrhundert, „Les souhaiz du monde", treten die Stände der Reihe nach auf, und jeder drückt seine Wünsche aus. Der Narr, le fol, spricht:

> Pour mon souhait qui nuyt et jour m'assotte,
> Je souhaitte des choses nompareilles:
> Premièrement une belle marotte,
> Et chapperon garny de grans oreilles …

(‚Was meinen Wunsch betrifft, der mich Tag und Nacht quält, so wünsche ich folgende unvergleichlichen Dinge. Zuerst eine schöne Marotte, dann eine Kapuze, geziert mit langen Ohren …‘)
    Zur Tracht des Narren gehört nämlich außer der Kapuze mit schellenbehangenen (Esels-)Ohren noch das Narrenszepter … An dem oberen Ende desselben befand sich ein seltsam aufgeputzter Puppenkopf, *Mariechen* genannt, d. h. *Marote* oder *Marotte* (in der modernen Schreibung). Weil nun der Narr die Marotte stets in der Hand trug, so wurde eine Idee, mit welcher einer allezeit bei der Hand war, auf welche er bei jeder Gelegenheit, mit und ohne Veranlassung, zurückkommt, als *Marotte* bezeichnet, als ‚fixe Idee, Schrulle, Steckenpferd‘."

Muckefuck

Artur Brauner hat Berlin gegenüber immer betont, als einer der wenigen während der Blockade 1948–1949 ausgeharrt, an das Überleben der Stadt und ihre Zukunft geglaubt zu haben. Andere Produzenten verließen Berlin und gingen

„dorthin, wo es nicht mehr hundert Gramm *Muckefuck* auf Abschnitt 3 der Lebensmittelkarte gab und ein Stück Körperwaschmittel auf römisch vier, denn es gab überhaupt keine Karten mehr, und in den Fleischereien fragten die Verkäufer wieder, ob es 50 Pfennig mehr sein dürfe".

Atze Schmidt und Hans Kals sind die Verfasser eines 1991 erschienenen Taschenbuchs mit dem Titel „Muckefuck und falsches Marzipan. Die Kochkunst der mageren Jahre".

Und dieses Bekenntnis entstammt Jil Karolys 1998 erschienenem Buch „Mannomann":

„An einem regnerischen Samstag Ende April stand der Besichtigungstermin in der Wohngemeinschaft auf dem Programm. Gegen fünf sollte ich zum Kaffeetrinken antanzen. Allein bei dem Gedanken an den *Muckefuck*, den die Typen auffahren würden, hatte ich schon einen bitteren Geschmack im Mund. Bislang war mir noch kein Mann untergekommen, der einen anständigen Kaffee kochen konnte. Toms Kaffee beispielsweise schmeckte penetrant nach Spülwasser."

Wir wollen versuchen, uns dem Ursprung dieses Wortes zu nähern. Waltraud Legros (1997:16) will es genau wissen:

„Das Wort *Muckefuck* ... klingt eher barbarisch, aber barbarisch ist ja auch das Getränk, das es bezeichnet. Dennoch kommt auch dieser seltsame Name aus dem Französischen. Als nämlich am Ende des 18. Jahrhunderts in Preußen der Kaffee knapp und teuer zu werden begann, entdeckte ein findiger Mann namens Ohlde, daß man aus der Wurzel der Wegwarte, auch Zichorie genannt, nach entsprechender Behandlung – nämlich rösten, mahlen und aufgießen – ein kaffeeähnliches oder doch zumindest kaffeefarbenes Getränk brauen konnte. Dieses wurde von den Berlinern französischer Abstammung *mocca faux*, ‚falscher Kaffee', genannt, und die Berliner machten daraus den *Muckefuck*, ihren Unkaffee für Notzeiten."

Auch das Internetportal der BioLinx GmbH präsentiert auf der Internetseite von Willi Weißwas (http://www.biolinx.de/bildung/index.htm) die gleiche Erklärung für *Muckefuck*:

„Hat nichts mit den Paarungsritualen von Stubenfliegen zu tun, sondern ist eine Bezeichnung für Malzkaffee. Der Begriff leitet sich von französisch *mocca faux* = ‚falscher Kaffee‘ ab."

Selbst die Internetseite „Salz und Pfeffer", die Online-Kochrezepte und ein Kochlexikon (unter http://www.kirchenweb.at/kochrezepte.htm) bereithält, definiert den Kaffee-Ersatz als einen

„… Sammelbegriff für Erzeugnisse, die durch Ausziehen mit heißem Wasser ein kaffeeähnliches Getränk ergeben. Verwendet wird meist Getreide, welches geröstet wird. Auch Feigenkaffee ist im Handel. Es gibt auch Ersatzmischungen, das sind Kompositionen aus Bestandteilen verschiedener Pflanzenarten, teilweise mit Zusatz von Bohnenkaffee. Sie gibt es auch als Instant-Getränk. Ein weiterer Kaffeeersatz wird aus der gerösteten Wurzel der wilden Wegwarte, der Zichorie, hergestellt. Reiner Malzkaffee hingegen wird aus gemälzter Gerste hergestellt. Die meisten Kaffeeersatzmittel sind Mischungen aus: Gerste, Roggen, Zichorie, die gemälzt wurden. Sie enthalten kein Koffein u. daher keine anregende Wirkung wie der Bohnenkaffee. Dafür wird ihnen beruhigende Wirkung nachgesagt! Im deutschen Volksmund heißen solche Kaffees: *Muckefuck* (abgeleitet vom französischem *Mocca faux* [= ‚falscher Mokka‘])."

Hier plappert offensichtlich ein „Forscher" dem anderen denselben blühenden Unsinn nach. Seriös recherchiert hat hingegen der „Duden – Das Herkunftswörterbuch" (Bd. 7, ²1997:471):

„Der seit dem Ende des 19. Jahrhunderts im rheinisch-westfälischen Raum bezeugte umgangssprachliche Ausdruck für ‚dünner Kaffee‘ ist kaum, wie früher angenommen, aus französischem *mocca faux* (‚falscher Mokka‘) eingedeutscht, sondern aus rheinischem *Mucken* (‚braune Stauberde‘, ‚verwestes Holz‘) und rheinischem *fuck* (‚faul‘) gebildet."

Auch Peter Schlobinski, der „Berliner Wörter von A–Z" ins Internet eingestellt hat, (http://www.fbls.uni-hannover.de/sdls/schlobi/berlinisch/lexikon/a_to_z/m.htm) kommt zu einem identischen Ergebnis:

„*Muckefuck* ‚Ersatzkaffee‘, verallgemeinernd auch *Blümchenkaffee*. Der *Muckefuck* wurde angeblich von den Hugenotten kreiert. Als Friedrich II. den Kaffeezoll drastisch erhöhte, halfen die französischen Gärtner den Berlinern aus der Bredullje: Aus den gerösteten Wurzeln der Zichorie verliehen sie dem verdünnten Kaffee eine tiefschwarze Farbe. Von daher ergibt sich die üblicherweise angegebene Ableitung aus frz. *mocca faux* = ‚falscher Mokka‘. Es handelt sich indes um eine Zusammensetzung aus *Mucken* = ‚brauner Holzmulm‘ und *fuck* = ‚faul‘, gleichbedeutend mit rheinisch *Muckenfuck*."

Pamphlet

„Man macht Sie verantwortlich für die *Pamphlete* gegen die Bibel, die neuerdings überall verkauft werden" – so heißt es in Brechts „Galilei" (3,1317). Ein *Pamphlet* ist eine ‚Streitschrift' oder eine ‚Schmähschrift' – doch woher stammt diese Bezeichnung? E. C. Werthenau (1910:78) hält eine simple Erklärung parat: „Uns kam dieses Wort aus England herüber, doch hat es französischen Ursprung, da es das zusammengezogene *par un filet* ‚mit einem Faden' – mit einem Faden geheftet nämlich – ist."

Der „Duden – Das Herkunftswörterbuch" (Bd. 7, ²1997:508) dagegen erklärt die Herkunft des Wortes für unsicher; er hält offensichtlich ebensowenig von der Werthenauschen Herleitung wie von den in den neuesten etymologischen Wörterbüchern von Hermann Paul (⁹1992), Wolfgang Pfeifer et al. (²1993) und Friedrich Kluge (²³1995) vorgetragenen Deutungen, die eine gelehrtere Begründung nahelegen: Aus dem Titelwort des mittellateinischen Liebesromans „Pamphilus seu De amore" (‚Pamphilus oder Über die Liebe') sei die altfranzösiche Kurzbezeichnung *Pamphilet* entstanden – analog zu *Catonet* für die Distichen Catos und *Esopet* für die Fabeln Aesops. Aus mittelenglischem *pamflet* (‚kleine Schrift, Heftchen') habe sich die Bedeutung weiterentwickelt zu ‚aktuelle kleine Schrift, die zu Fragen von allgemeinem Interesse Stellung bezieht', später zu ‚politisch-satirische Flugschrift'; daraus habe sich das französische Wort *pamphilet* herausgebildet, um 1700 in der Bedeutung ‚Broschüre', in der zweiten Hälfte des 18. Jahrhunderts in der Bedeutung ‚satirische kleine Schrift'. Und in dieser Verwendung sei das Wort *Pamphlet* dann im 18. Jahrhundert aus dem Französischen oder aus dem Englischen ins Deutsche entlehnt worden.

piekfein

He's dressed up to the nines sagt man in England, wenn jemand – wie wir sagen – *piekfein* gekleidet ist. In einer Werbung für die ARD-Reihe „Tatort" las ich kürzlich:

„Bestimmt gehören die beiden Berliner Kommissare Roiter ... und Zorowski ... zu den derzeit sympathischsten Kriminalisten in der ‚Tatort'-Reihe. Auf der einen Seite der durch eine Erbschaft zu Wohlstand gelangte und auch deshalb stets *piekfein* gekleidete Hauptkommissar, auf der anderen sein in Outfit wie Umgangsformen eher legerer Assistent ..."

Piekfein bedeutet, das ist uns klar, hier wie in anderen Zusammenhängen, soviel wie ‚ganz besonders fein, exklusiv (gekleidet)'. Das Wort wird als Augmentativbildung verstanden: *piek* gilt wie andere emotional gefärbte Präfixoide (*stinksauer, felsenfest, kinderleicht; Riesenspaß, Superleistung, Bombenstimmung, Mordsfilm*) als Ausdrucksverstärkung. – Aber woher kommt dieser Ausdruck? Aus dem Jiddischen, wie lange vermutet wurde? Keineswegs. Es handelt sich vielmehr um eine Übernahme des im Niederdeutschen entstandenen eigentlich tautologischen Kompositums *pükfein*, dessen *ü* im Hochdeutschen entrundet wird. Das Grundwort *fein* wird hier also durch das hinzutretende niederdeutsche Bestimmungswort *pük* (entsprechend niederländischem *puik*) ergänzt, das ‚rein, sauber, echt, ehrenhaft, redlich' bedeutet und bei Waren die Nuance ‚hochwertig, ausgezeichnet, beste Sorte (Laken)' erhält: *püke Ware* ist eine im Hansehandel verwendete Gütebezeichnung. Ähnlich gab es schon die mittelniederländischen Bezeichnungen *puuclāken* und *puucwolle*.

Scharteke

Es ist eine wüste Fabel, die Heinrich von Kleist 1802 in seinem Bühnenerstling „Die Familie Schroffenstein" verfolgt, ein Kriminalfall mit Wundern und Aberglauben. Als er seinen Freunden den Text vorlas, haben diese so stürmisch gelacht, daß er mit seinem Vortrag kaum zu Ende kam. Deshalb richtete der Dichter auch diese Aufforderung an seine „allernächsten Verwandten": „Tut mir den Gefallen und lest das Buch nicht. Ich bitte euch darum. Es ist eine elende *Scharteke*. Kurz, tut es nicht. Hört ihr?"

Kürzlich las ich in einer Rezension zu Ronald M. Hahns 1998 erschienenem Werk „Socialdemokraten auf dem Monde":

„Dieser Alternativwelt-Roman ist das, was Angelsachsen einen ‚romp' nennen, eine rasante Schnurrpfeiferei und Münchhausiade – aber auch eine Parodie auf so manche Science-Fiction-*Scharteke*."

Was hier zweimal abfällig mit dem Wort *Scharteke* gemeint war, ist klar; auch Thomas Mann verwendete das Wort im Sinne von

‚Schmöker' oder ‚altes Buch'. *Scharteke* ist ursprünglich eine Zusammenziehung von *chartae teca* mit der Bedeutung ‚Futteral'. Es ist demnach ein herablassender Ausdruck für eine Arbeit, die als Schrift keinen Wert hat, die nur als Futteral, zum Einwickeln nämlich, etwas taugt.

Ich überlasse es dem Leser, sich die zweite Bedeutung, die das Wort hat, selbst zu erschließen; in Theodor Weißenborns 1999 erschienenem Roman „Der Nu oder Die Einübung der Abwesenheit" gibt es dazu folgende Szene:

„Im Mai '68 traf sich de Gaulle an einem geheimen Ort mit den Militärs, zog die Panzereinheiten um Paris zusammen, und die Truppe erwartete den Schießbefehl.

Zu der Zeit war ich mit Fleuriot in Nizza gelegentlich einer Vernissage mit Modeschau in der Rue d'Alembert, zu der fossile Gestalten erschienen. Ich erinnere mich an eine *Scharteke* mit einer Rückgratverkrümmung und einem Pferdegebiß, die sich mit Fächerhieben überall Durchlaß und Vortritt verschaffte. ‚Das ist Boubu', sagte man mir – ‚Boubu?' – ‚Nun ja, die Comtesse de Boubuillon. Sie ist mit einem Bourgeois, einem Filou in Nanterre liiert, der Parfüm verlegt.'"

Taxi

Man sagt über Mechtilde Lichnowsky, sie gehöre zu jener Gruppe von Sprachmeistern, die in der Handhabung der Sprache eine moralische Kategorie sehen und demgemäß jeden sprachlichen Verstoß unbarmherzig geißeln. Eine der zahllosen Kritikpunkte an gedankenloser Sprachverwendung gilt in ihrem Buch „Worte über Wörter" (1949:22f.) der Verwendung der Wörter *Taxi* bzw. *Taxe*, natürlich auch in diesem Falle, präsentiert auf der Basis grundsätzlich-sarkastischer Bemerkungen:

„Der Hausierer, der seine mittelmäßige Ware vertreibt, hieß früher *Kauderer*, daher der Name *Kauderwelsch*. Die Ware ist leicht abzusetzen, und sie wird, kaum gekauft, schon verwendet. Heute ist Kauderwelsch als solches noch zu spüren, denn noch kennen einige Lebende die gute Ware, erinnern sich an die Qualität des haltbaren Schnürsenkels wie an die richtige Bildung eines Wortgewebes; schon in der nächsten und übernächsten Generation wird der Vergleich unmöglich geworden sein, und die Kauderware allein wird den Markt beherrschen …

Es heißt *das Taxi*, niemals *die Taxe. Taxi* ist ein auf der ganzen Welt anerkanntes und eingebürgertes Diminutivum für das ‚Mietauto', während *die*

Taxe für die ‚Würdigung‘, für die ‚Wertschätzung‘ steht, auch für ‚öffentlich festgesetzte Preise von Waren und Leistungen‘, für ‚Gebühren, Steuern‘ usw.; man spricht von der *Zinstaxe*. Die *Taxe* für ‚Mietwagen‘ entstand im Gehirn eines halbgebildeten Kauderers, der einer Verwechslung zum Opfer fiel und leider Schule machte. Heute sagt jeder, der sich ‚fein‘ ausdrücken will: ‚Die Taxe steht vor der Türe‘, was uns zu *das Trottel* führt. Hier handelt es sich nicht um ein Diminutivum, sondern um ein (süddeutsches) Substantiv männlichen Geschlechtes, das für ‚Kretin‘, ‚Idiot‘ steht.“

Techtelmechtel

Die Zeitung „Der Tagesspiegel“ berichtete am 25. März 2000 über ein frappierendes soziologisches Problem auf Kreuzfahrten:

„An Bord von Musikdampfern der gehobenen Preisklasse sind erfahrungsgemäß bis ein Viertel der Passagiere weibliche Singles gesetzteren Alters. Damit sie sich nicht langweilen, verpflichten Reedereien wie Cunard, Holland America Line und Crystal Cruises alleinstehende Herren, die pensioniert sind oder sich aus dem Geschäftsleben zurückgezogen haben, als ‚Hosts‘ (Gastgeber).

Vertraulichkeiten zum anderen Geschlecht sind strikt tabu, also keine Kabinenbesuche. Wer dagegen verstößt, muss im nächsten Hafen von Bord und auf eigene Kosten nach Hause fliegen.

‚No hanky-panky!‘, frei übersetzt: Tanzen ja, *Techtelmechtel* nein, kommentiert Lloyd, emeritierter Professor der George Washington University, den Verhaltenskodex.“

Der Artikelausschnitt verdeutlicht: Das umgangssprachliche Wort *Techtelmechtel* bezeichnet eine ‚oberflächliche Liebschaft‘. Es ist in Deutschland schon seit 1792 als *Dechtlmechtl* belegt und offenbar südostdeutschen Ursprungs. Möglicherweise ist es aus dem italienischen *teco meco* (‚(ich) mit dir, (du) mit mir‘) hergeleitet.

verhohnepi(e)peln

Ich stieß kürzlich in einem Text, der um die Jahrhundertwende veröffentlicht wurde („Im Stadtpark“, in: „Neues Altes“, Berlin 1911) auf folgende Zeilen:

„Als Kinder saßen wir Abend für Abend mit unsern geliebten Eltern im Stadtpark, im Kursalon. Wir bekamen Eis und *Hohlhippen* und hatten keinerlei Sorgen. Der Vater geht nun seit Jahren nicht aus seinem bequemen Zimmer mehr heraus, und die Mutter nicht aus dem bequemen Totenschrein. Ich, glatzköpfig und sorgenvoll, komme nun in den Stadtpark, Kursalon, auf die Terrasse, an denselben Tisch, an welchem wir einst sorgenlos mit den geliebten Eltern saßen. Ich bestelle dasselbe Eis, Himbeerschokolade, wie als Kind, mit recht vielen und knisternden, also frischen *Hohlhippen.*"

Das Wort *Hohlhippen*, das in diesem Text zweimal vorkommt, hat mich seitdem nicht mehr losgelassen, zumal ich gehört hatte, daß die Wörter *Hohlhippe(n)* und *verhohnepipeln* etwas miteinander zu tun haben. Ich wollte wissen, ob dies blühender Unsinn sei, ob mich also jemand *verhohnepipeln* wollte, suchte daher zunächst zu klären, was *Hohlhippen* sind, konsultierte einige „Informationen über Mehle und Backwaren" und fand dort folgende fachkundige Erläuterung:

„*Hippen* werden aus einer dünn bereiteten Makronenmasse hergestellt, die aus einer Marzipanrohmasse, Mehl, Ei, bzw. Eiweiß, feinkörnigem Zucker und etwas Flüssigkeit zum Streichfähigmachen besteht. Auch Butter und Sahne, Vanille und Zitrone können zugesetzt werden. Es werden daraus Rollen (*Hohlhippen*), Blätter oder Späne hergestellt. Die Masse wird mittels Schablonen auf gewachste Bleche gestrichen oder einfach dünn aufgetragen und zwischen 175 und 200 °C gebacken. Noch im heißen Zustand werden die Teilchen abgenommen und über Rundhölzer oder über Schillerlockenformen zu Tütchen geformt. Verständlicherweise muß dabei sehr flott gearbeitet werden, um Bruch zu vermeiden. Die fertigen *Hippen* halten sich im feinknusprigen Zustand wegen der Feuchtigkeitsempfindlichkeit nur kurze Zeit, etwa 24 Stunden, und müssen daher rasch weiterverarbeitet bzw. verpackt werden."

Nun konnte meine etymologische Suche weitergehen. Ich stieß auf folgende Aussage: „Da einiges auf dem Oktoberfest (ab jetzt nur noch ‚Wiesn') für Nicht-Bayern kaum verständlich sein wird, wurde dieses Lexikon eingerichtet" – so heißt es im „Wiesn-Lexikon", das seit kurzem im Internet konsultiert werden kann. Unter dem Stichwort *frotzln (v.)* las ich dort: „ärgern, *verhohnepipeln*, z. B. ‚De hom ean so lang gefrotzelt, bis eam z'bled gwoan is.'" Doch woher, so fragte ich mich angesichts dieser Definition, kommt denn nun eigentlich das Wort *verhohnepi(e)peln*, dessen Bedeutung (‚frotzeln', ‚verspotten', ‚ins Lächerliche ziehen') wir ja nun kennen, zumal auch der Moderator einer Radiosendung des Westdeutschen Rundfunks vom 21. März 2000 das Wort in ähnlicher Weise benutzte: „Altkanzler Kohl nannte Angela Merkel schlicht ‚das Mädchen', Politkabarettisten *verhohnepipeln* sie als ‚Zuckerpuppe aus der Schwarzgeldtruppe' … ."

Die einschlägigen etymologischen Wörterbücher sind sich in modifizierter Form relativ einig in der Auffassung, das Wort sei aus thüringisch-obersächsischem *hohniepeln* oder *(ver)hohne-pi(e)peln* (,foppen, hänseln, verspotten') herzuleiten. Diese Wörter seien wiederum unter volksetymologischer Anlehnung an *Hohn* aus den nicht mehr verstandenen frühneuhochdeutschen Bildungen *hohlhippeln bzw. hohlhippen* (,verschmähen, lästern'; 16. Jahrhundert) hervorgegangen. Grundlage für diese Bildungen sei der frühneuhochdeutsche Ausdruck *hole Hip* (,hohle Waffel') gewesen. Die Bezeichnung *Hohlhipper* für den ,hausierenden Verkäufer von Hohlhippen' habe später – möglicherweise auf Grund wechselseitiger Verspottung von Verkäufer und Kunden – im 16. Jahrhundert die Bedeutung ,Lästerer' angenommen; analog zum Substantiv habe in der Folge dann auch das Verb die entsprechende Bedeutung erhalten.

Sie sehen, liebe Leser(innen): die eingangs geäußerte Vermutung, *verhohnepipeln* und *Hohlhippen* hätten etwas miteinander zu tun, war keineswegs blühender Unsinn!

verhunzen

Die heftige und nach meiner Einschätzung noch keinesfalls abgeschlossene Kontroverse um die in Deutschland durchgeführte und seit dem 1. August 1999 in Behörden und Schulen verbindliche sogenannte Rechtschreibreform hat durchaus historische Vorläufer. So hat sich schon der Philosoph Arthur Schopenhauer (1788–1860) in einer vergleichbaren Situation zu Wort gemeldet und ist recht schnell zum Grundsätzlichen gekommen:

„Am tollsten treiben es die Zeitungen zumal die süddeutschen, so daß man bisweilen zu glauben anfängt, sie persifflirten und parodirten die grassirende Sprachverbesserung. Allein sie meynen's ehrlich. – Mit welchem Fug und Recht maaßen sich die Zeitungsschreiber und Journalisten einer litterarisch heruntergekommenen Periode an, die Sprache zu reformieren? Sie thun es aber nach dem Maaßstabe ihrer Unwissenheit, Urtheilslosigkeit und Gemeinheit. Aber Gelehrte und Professoren, die ihre Verbesserungen annehmen, stellen sich damit ein Diplom der Unwissenheit und Gemeinheit aus ...“

Diese Zeilen finden sich in Schopenhauers Kampf- und Schmähschrift „Ueber die, seit einigen Jahren, methodisch betriebene *Verhunzung* der Deutschen Sprache" (vgl. Nachdruck 1997:27).

Gottfried Keller schrieb in einem Brief vom 15. Oktober 1853 an den Literarhistoriker Hermann Hettner, mit dem er seit seiner Heidelberger Zeit befreundet war:

„Etwas possierliches ist mir mit meinem Jeremias Gotthelf passiert, den ich, wie Sie wissen, mir zum Dramatisiren aufgespart. Die Berliner sind jetzt plötzlich darüber hergefallen, Einer hat eine Oper gemacht und Ring will ein Lustspiel machen, das nach der *Verhunzung*, die er mir mittheilte, ganz wässerig wird. Ich war ganz verblüfft und verwundert über diese Trüffelhunde, die fortwährend das gute Material aufwühlen und es dann *verhunzen*.“

Das Wort *verhunzen* begegnet einem nicht nur in philosophischen und literarischen, sondern in allen möglichen Kontexten. So las ich kürzlich in einem Werbeprospekt für Erfolgs-Management: „Es gilt heute leider als schick, die Schulmedizin zu *verhunzen*.“ Im Jahre 1994 erschien die kritische Analyse von Karl Hugo Pruys „*Im Vorfeld wird zurückgeschossen …*: Wie Politiker und Medien die deutsche Sprache *verhunzen*“. Im Internet gibt es seit kurzem einen ironisch formulierten, aber ernst gemeinten „Aufruf zum *Verhunzen* der deutschen Sprache“ (von Ulrich Werner).

Eine *verhunzte* Sprache ist eine ‚verdorbene‘, ‚geschundene‘, eine auf den Hund gekommene Sprache, wer eine Arbeit *verhunzt* hat, dem ist sie ‚mißlungen‘. Haben Sie schon eine Idee, woher das Wort stammt? Hat es tatsächlich etwas mit dem Wort *Hund* zu tun? Die Lösung ist ebenso einfach wie verblüffend: Das Wort ist relativ jung und wurde erst in neuhochdeutscher Zeit von *Hund* abgeleitet. Es ist ähnlich gebildet wie *duzen* für ‚du sagen‘; unser heutiges *verhunzen* entstammt nämlich der älteren Form *hunzen* mit der ursprünglichen Bedeutung ‚wie einen Hund ausschimpfen oder behandeln, schinden, plagen‘ und der späteren Bedeutung ‚verderben‘.

Windjammer

Wir kennen sie alle, die riesigen, rahgetakelten Segelschiffe, die im beginnenden Zeitalter der Dampfschiffahrt noch ein gewichtiges Wort im internationalen Seehandel mitsprechen wollten. Es gibt Erklärungen, die für die seemannssprachliche Bezeichnung auf ein *Jammern* der Segel im Wind verweisen, doch das ist blühender Unsinn. Der zweite Teil des Wortes hat nichts mit dem deutschen

Jammer im Sinne von ‚Elend, Wehklage' zu tun; *-jammer* ist vielmehr im 20. Jahrhundert aus dem Englischen entlehnt worden. Um elegant am Wind zu segeln, mußte und muß man nämlich zuweilen mit bis an die Backstage angebraßten Rahen an den Wind ‚pressen' – dies die Bedeutung des englischen Verbs *to jam*. Ein *Windjammer* ist also, wörtlich genommen, ‚ein Schiff, das sich gegen den Wind preßt'.

Wischiwaschi

Der Lyriker und Erzähler Clemens Brentanos (1778–1842) schrieb das Märchen von „Gockel, Hinkel und Gackeleia", darin heißt es an einer Stelle:

„Frau Hinkel sah und fühlte alles mit großem Entzücken an, aber sie hatte gestern so viel geweint und nachher so viel gesalzenes Fleisch gegessen, so daß sie ungemein dürstete und sprach:

> Wunder über Wunder, Gockel!
> Wunderherrlich ist der Sockel
> Von dem *Wischiwaschi*-Tisch;
> Herzerquicklich scheint der Fisch
> Lustig in dem Meer zu gaukeln
> Und das flinke Kind zu schaukeln
> Mit dem vollen Rosensieb,
> Alles ist so süß und lieb,
> Alles ist so fein und frisch! –
> Doch, eh ich das Glas erwisch,
> Kann ich gar nichts recht betrachten
> Und muß schier vor Durst verschmachten."

Dies ist sicherlich eine für unsere Begriffe ungewöhnliche Verwendung von *Wischiwaschi*; das Wort ist übrigens seit dem Jahre 1700 belegt. Neuere Verwendungsweisen lesen sich etwas anders:

In einem Interview der „Hannoverschen Allgemeinen Zeitung" mit Bischöfin Margot Kässmann zitierte der betreffende Journalist folgende wenig schmeichelhafte Einlassung: „Ein Göttinger Theologieprofessor hat Ihnen bei Ihrem Vorstellungsgespräch in Hannover vorgeworfen, Sie verträten eine *Wischiwaschi*-Theologie." Gemeint war in diesem Zusammenhang wohl eine ‚unklare', ‚wirre', eben eine ‚in ihren Konturen verwaschene' Theologie.

Und Urs Jenny schrieb in der Zeitschrift „Der Spiegel" (31/2000): „Es gibt ja keine Dichtung, die größer und großartiger als Goethes ‚Faust' das *Wischiwaschi*-Weltausstellungsmotto ‚Mensch-Natur-Technik' erfüllen könnte."

Heinz Küppers „Wörterbuch der deutschen Umgangssprache" ([4]1990:924) definiert das Wort kurz und knapp: „Geschwätz; wertloses Machwerk. Zusammengewachsen aus *Wisch* (‚Schriftstück') und *waschen* (‚schwätzen')." Zugleich wird verwiesen auf englisches *wish-wash* bzw. *wishy-washy*.

In der Tat kann das lautmalende *Wischiwaschi* seine angelsächsische Herkunft nicht verleugnen; treffend definieren Ronald Lister und Klemens Veth (1999:316) die Bedeutung des Ursprungswortes daher wie folgt:

„*Wishy-washy* – ‚labberig; wässerig; lasch'. *Wishy* ist ein Reim mit *washy* (von *wash* – ‚waschen' – gebildet), als ob etwas so wäßrig sei, daß man sich damit waschen könnte. Die Beschreibung eines dünnen Getränks, einer charakterlich schwachen Person oder einer schwachen Leistung."

Witzbold

Beim Lustspieldichter und Verfasser von Kindergeschichten Otto Ernst (*eigentlich* Otto Ernst Schmidt; 1862–1926) wird er in einem Vierzeiler treffend charakterisiert: der Rezensent, den er einen *Schimpfbold* nennt.

> Der dichtende *Schimpfbold*
>
> Hei, wie hast du die andern verrissen!
> Und du selber? Du „dichtest ja vieh'sch"!
> Eines, Freundchen sollst du wissen:
> Schimpfen verpflichtet: Poesse oblige.

Wir kennen weitere Bildungen mit dem Grundwort *-bold*: den *Witzbold*, den *Trunkenbold*, den *Raufbold*, den *Saufbold* usw. Im 16. Jahrhundert gab es sogar noch die eigenständige Form *Bold*, z.B. in *trunkener Bold*; *kleine Bolde* finden wir noch beim Dichter Friedrich Rückert (1788–1866). Doch uns interessiert die Frage: Was bedeutet ursprünglich *-bold* bzw. *Bold*? Die Antwort mag zunächst überraschend sein, doch ist sie einleuchtend, wenn man an das heutige Englisch denkt. Zugrunde liegt nämlich ein germanisches Adjektiv, das u.a. im Mittelhochdeutschen als *balt* (sowohl in den Bedeutungen ‚schnell' als auch ‚verwegen'), im heutigen Englisch als *bold* (mit der Bedeutung ‚kühn') erhalten und bei uns noch heute beispielsweise in Namen wie *Balduin*, *Theobald* und *Leopold* bewahrt ist. Damit ist das Rätsel sprachgeschichtlich gelöst: ein Sauf*bold* ist also im ursprünglichen Sinne des Wortes ein ‚verwegener Säufer'. Heute ist die Endung *-bold*, wie unsere anfängliche Ratlosigkeit bei den Wörtern *Schimpfbold*, *Witzbold*, *Trunkenbold*, *Raufbold* und *Saufbold* zeigt, zu einem bedeutungslosen Suffix erstarrt – ebenso natürlich bei den genannten Namen, denn wer denkt heute bei *Theobald* an den ‚kühnen Theo' und bei *Leopold* an den ‚kühnen Leo'?

7 Die Redensart als Fratze eigener Gedanken

„Es gibt nichts Hemmenderes als Gemeinplätze und Redensarten.
Jede Redensart ist die Fratze eigener Gedanken, ein ‚Mitesser' im
Zellengewebe des Denkers." Diese Äußerung Christian Morgensterns (in „Stufen") führt uns in diesem Kapitel zu einer kritischen
Analyse von Einzelwörtern, Zitaten, Phrasen, Aussprüchen und
Widersprüchen. Da manche Erklärungen, die im Rahmen etymo-
logischer Forschungen präsentiert werden, unbefriedigend sind,
ist es geboten, auch hier einigen Forschern *Paroli zu bieten*. Man
bedenke, daß schon Augustin sagte: „Irren ist menschlich, teuflisch ist es, aus Stolz im Irrtum zu verharren." Eines sei vorab
klargestellt: Neben den Redensarten wenden wir uns auch einigen
„geflügelten Worten" zu, die nicht zuletzt in der deutschen Literatur selbst „zu einem Begriff geworden sind". In Friedrich Schle-
gels Roman „Lucinde" (1799) lesen wir:

„Er war aus Kälte ruhig, und nur dann geriet er in Aufruhr, wenn ihn eine
hohe Wildnis der einsamen Natur mehr als gewöhnlich reizte, wenn er
seiner entfernten Freundin treuen Bericht gab von dem Kampf seiner Bildung und dem Ziel aller Arbeit, oder wenn ihn die Begeisterung für die
Kunst in Gegenwart andrer überraschte, daß nach langem Schweigen
einige *geflügelte Worte* aus seinem innersten Gemüt brachen."

Und bei Theodor Fontane heißt es in seinem Roman „L'Adultera"
(1882):

„Einige neuerdings erst unternommene Reisen nach Paris und Italien, die
übrigens niemals über ein paar Wochen hinaus ausgedehnt worden waren,
hatten an diesem Tatbestande nichts Erhebliches ändern können und
ihm jedenfalls ebenso seinen spezifisch lokalen Stempel wie seine Vorliebe für drastische Sprüchwörter und heimische ‚*geflügelte Worte*' von
der derberen Observanz gelassen. Er pflegte, um ihn selber mit einer
seiner Lieblingswendungen einzuführen, ‚aus seinem Herzen keine Mör-
dergrube zu machen' und hatte sich, als reicher Leute Kind, von Jugend
auf daran gewöhnt, alles zu tun und zu sagen, was zu tun und zu sagen er
lustig war."

Hans Manz (1991:83) hat den Unterschied zwischen *Redensarten* und *geflügelten Worten* auf den Punkt gebracht:

Redensarten

sind Sätze, die nur noch geredet, aber nicht mehr
gedacht werden, und „Geflügelte Worte"
sind Aussprüche, die jeder kennt
und auf die manche hereinfliegen.

„Wem es wie Schuppen von den Augen fällt,
den kann man nicht mehr übers Ohr hauen."

„Wer trotz lauter Bäumen den Wald nicht sieht,
muß nicht mit dem Kind das Bad ausschütten."

„Ein Hans Dampf in allen Gassen
braucht nicht alles auf eine Karte zu setzen."

Abwesenheit: durch ~ glänzen

Ein Abgeordneter des Niedersächsischen Landtages äußerte sich kürzlich während einer Sitzung verbittert mit den Worten:

„Die Fraktion, die aufgrund der Mehrheitsverhältnisse eventuell noch etwas für die Gemeinden hätte tun können, *glänzte durch Abwesenheit* und demonstrierte so ihr Desinteresse."

Durch Abwesenheit glänzen – das ist uns allen klar – bedeutet: ‚nicht da sein'. Der Ausdruck wird häufig verwendet, nicht selten schwingt bei seiner Verwendung ein leicht vorwurfsvoller, manchmal auch ein ironischer Ton mit. Gleichwohl stößt der Gebrauch des Verbs *glänzen* in Zusammenhang mit dem Substantiv *Abwesenheit* eigentlich immer wieder auf Unverständnis. Schuld hat der Revolutionsdichter Marie-Joseph Chénier (1764–1811); auf ihn geht nämlich der Ausdruck zurück, aber darauf komme ich später.

Zunächst bedarf das Wort *abwesend* einer historischen Erklärung. Das seit dem 15. Jahrhundert gebräuchliche Adjektiv ist eigentlich das erste Partizip eines im Neuhochdeutschen untergegangenen zusammengesetzten Verbs. Das althochdeutsche *ab[a]wesan*, das zum starken Verb *wesan* ‚sein' (vgl. unser Wort *Wesen*!) gehört, ist eine Lehnübersetzung des lateinischen Verbs *abesse*; im Mittelhochdeutschen gibt es noch das Verb *abewesen*.

Zu dem substantivierten Infinitiv des zusammengesetzten Verbs ist dann erst im 16. Jahrhundert das Wort gebildet worden, das uns hier beschäftigt: *Abwesenheit*.

Aber wie kommt es nun zum Ausdruck *durch Abwesenheit glänzen*? Um seinen Ursprung zu klären, ist ein historischer Exkurs nötig. Der römische Geschichtsschreiber Tacitus schildert in seinen „Annalen" (III, 76) den Leichenzug der zur Zeit der Regierung des Tiberius verstorbenen Junia, der Frau des Cassius und Schwester des Brutus. Dabei wurden, gemäß römischer Sitte, dem Aschenkruge die Wachs-Totenmasken der Ahnen vorangetragen. Da es verboten war, die Bilder der Cäsarmörder zu zeigen, weil das Andenken an die Vorkämpfer der Republik im kaiserlichen Rom nicht fortleben sollte – so schreibt Tacitus – stachen Cassius und Brutus gerade dadurch hervor, daß ihre Bilder nicht zu sehen waren. Nun komme ich auf den genannten Chéniers zurück. In seiner unter dem Titel „Tibère" (1819; I, 1) veröffentlichten Tragödie heißt es in Anlehnung an diese Tacitus-Stelle: Brutus et Cassius *brillaient par leur absence* (‚Brutus und Cassius *glänzten durch ihre Abwesenheit*‘).

Ärmel: etwas aus dem ~ schütteln

„Schon von Kindesbeinen an war ich für mein Talent zum Geschichtenerzählen bekannt. Meine Schulkollegen lauschten auf dem halbstündigen Schulweg gespannt auf meine neuesten erfundenen Geschichten. Die spannenden Stories habe ich damals einfach *aus dem Ärmel geschüttelt*. Wenn wir als Kinder ‚Räuber und Poli‘ spielten, durfte ich nie den Polizisten mimen, da alle beim Verhör meine unglaublichen Ausreden als Räuber Emil hören wollten."

Mit diesen Worten wirbt der Kabarettist Emil Steinberger für sein neues Buch mit dem Titel „Wahre Lügengeschichten". Wer *etwas aus dem Ärmel schüttelt*, vollzieht eine gewisse Handlung, ob es sich um das Erfinden von Geschichten oder um sonstige Leistungen handelt, gewissermaßen ‚mit Leichtigkeit‘, ‚spielend‘, ‚ohne Anstrengung‘.

Um sich die Redewendung zu erklären, muß man wissen, daß die Ärmel der spätmittelalterlichen Kleidung sehr geräumig waren und als Taschen dienten, so daß mit Leichtigkeit Geldstücke oder andere Gegenstände aus dem Ärmel geschüttelt werden konnten.

Johann Christoph Adelung leitet die Wendung in seinem „Versuch eines grammatisch-kritischen Wörterbuchs" (1714) „von den weiten Ärmeln der Geistlichen" ab, „daher es auch besonders von Predigten, die ohne Zubereitung gehalten werden, gebraucht wird". Zur Festigung der Redensart haben sicherlich die Gaukler und Taschenspieler beigetragen, die allerlei Getier wie Kaninchen und Vögel auf Wunsch aus ihren Ärmeln hervorzaubern konnten und können.

Art: aus der ~ schlagen

In einer Reportage der „Berliner Morgenpost" unter der Republik „Menschlich gesehen" vom 11. März 2000, in der der aus Zehlendorf stammende Zoo-Tierarzt Dr. Ochs zu seinem Werdegang befragt wird, heißt es: „Ochs schmunzelt auf die Frage, wie der Sohn eines Architekturprofessors und einer Architektin so *aus der Art schlagen* kann."

Die Bedeutung ist klar: *aus der Art schlagen* heißt ‚nicht den Vorfahren nacharten'. Erstaunen ruft hier nur die Verwendung des Wortes *schlagen* hervor. Dazu muß man wissen, daß unser neuhochdeutsches Wort *schlagen* sich aus dem althochdeutschen *slahan* (‚nacharten') herleitet, das zu althochdeutsch *gislahti* (‚Geschlecht') gehört. Wir alle kennen Ausdrücke wie: *ungeschlacht sein, dem Vater nachschlagen* usw. Die Redensart *aus der Art schlagen* ist also, wie Raab (1981 : 19) zu Recht bemerkt, eigentlich eine Tautologie, denn – wortwörtlich genommen – bedeutet sie ‚aus der Art arten'.

Bank: etwas auf die lange ~ schieben

Banken sind, wie wir wissen, recht einfallsreich, wenn es ihnen darum geht, neue Kunden werben. Kürzlich las ich:

„Die Kosten für Reparaturen am Hausdach kommen meist ungelegen. Doch sollte man die Reparaturentscheidung nicht *auf die lange Bank schieben* – das ist die teuerste Lösung! Der XXX-Dach-Kredit erleichtert Ihnen die Entscheidung."

Helmut Zech (1949 : 127) hat diese Redewendung bereits 1949 in einem Gedicht aufs Korn genommen:

Die lange Bank

Ein kluger Mann, der mit der Zeit
Hinneigte zur Bequemlichkeit
Und der nichts haßte als das Muß
Zu einem eiligen Entschluß,
Erfand – dem Mann sei Lob und Dank –
Die sogenannte *lange Bank*,
Auf die er jeweils nach Belieben
Unangenehmes konnt' verschieben.
Doch da natürlich mit dem Trieb
Der Welt er manches schuldig blieb,
Hat man die Bank nach ein paar Tagen
Beschlagnahmt auf ein Amt getragen,
Wo, von Beelzebub gelobt,
Man hat das Teufelsding erprobt
Und hat, von dem Erfolg benommen,
Es schließlich dort in Dienst genommen.
Die lange Bank zählt offenbar
Seitdem im Amt zum Inventar!

Die Bedeutung der Redewendung ist uns klar: Wer etwas *auf die lange Bank schiebt*, will es ‚aufschieben – aus Bequemlichkeit oder Lässigkeit'. Den rechtsgeschichtlichen Hintergrund, der zum Verständnis nötig ist, verdeutlicht uns Alexander Osten (1997:38):

„Diese Redensart ist im alten Rechtssysstem verwurzelt und verweist auf die Zeit nach der Einführung des römischen Rechts. Seit dem 15. Jahrhundert finden wir die Wendung *etwas auf die lange Truhe legen*, die auf eine schwerfällige Gerichtspraxis hindeutet. Die Truhe war der Vorläufer der heutigen Aktenschränke und konnte natürlich im gleichen Maße wie diese zum Aktenfriedhof werden. Insbesondere Prozesse vor dem Reichskammergericht hatten eine geradezu sprichwörtliche Länge, die schon auch einige Jahrzehnte betragen konnte. Offenbar trat später eine Vermischung von *Bahn* und *Bank* ein, weil man sich die Richter- und Schöffenbänke besser bildlich vorstellen konnte. Seit dem 17. Jahrhundert schließlich hat die Redensart sich in ihrer heutigen Form gegenüber den älteren Varianten durchgesetzt."

Heinrich Raab (1981:24) liefert eine interessante Ergänzung:

„Das Gericht befand sich *binnen den vier benken* und war dadurch umhegt und geschützt. Die Akten lagen auf der Schöffenbank. Was sogleich erledigt werden sollte, lag dicht neben den Schöffen; das andere wurde auf der Bank weiter zurückgeschoben. Noch heute spricht man von der *Gerichtsbank*, und in England heißt das Gerichtskollegium *bench*."

Gotthold Ephraim Lessing beklagte in einem Brief aus dem Jahre 1759 „wie sehr ein Prozeß in Sachsen auf die lange Bank geschoben werden kann".

Dach: jemandem aufs ~ steigen

Eine Dachdecker-Innung machte kürzlich Reklame mit folgendem Text:

„Wenn ein Wasserhahn tropft, wissen Sie, daß eine Reparatur fällig ist. Das kostet nicht viel und ist schnell erledigt. Wenn es durch Ihr Dach durchregnet, ist der Schaden meistens groß und kostspielig. Dabei könnten Sie leicht vorbeugen und durch eine rechtzeitige Inspektion größere Schäden vermeiden. Sie müssen nur rechtzeitig einen Fachmann *aufs Dach steigen* lassen."

Trotz des realen Hintergrunds wird hier auch ein wenig gespielt mit der übertragenen Bedeutung dieser Redewendung, die im Sinne von ‚jemanden schelten', ‚jemanden zurechtweisen' und ‚jemanden mit kräftigen Mitteln zur Vernunft bringen' gebraucht wird.

Lutz Röhrich ([2]1995:296) verweist auf den kulturgeschichtlichen Hintergrund der Wendung:

„Im Mittelalter war das Abdecken des Daches eine strafrechtliche Maßnahme gegen Friedlose. Den Verbrecher durfte kein Dach mehr schützen, bevor er sich dem Richter gestellt hatte. Nach Ablauf der Frist für die freiwillige Herausgabe eines Verbrechers zogen die Gerichtsdiener aus, stiegen dem Hausbesitzer, der ihn trotz Androhung einer Strafe beherbergt hatte, aufs Dach, deckten es ab und ließen den Himmel ins Haus hinein, denn ‚vogelfrei' sollte der Verbrecher von nun an sein. Das gab der Obrigkeit das Recht, ihn im Haus zu verhaften, da ihn nun kein Dach mehr schützte."

Auch bei anstößigem Verhalten in der Ehe, besonders dann, wenn ein Mann sich von seiner Frau schlagen ließ, war es nach altem Rechtsbrauch erlaubt, ihm aufs Dach des Hauses zu steigen, den First einzuschlagen und das Dach abzutragen.

In den „Blankenburger Statuten" von 1594 lesen wir:

„Ist ein Mann so weibisch, daß er sich von seinem eigenen Weibe raufen, schlagen und schelten läßt, der soll des Rats beide Stadtknechte mit wüllen Gewand kleiden, oder da ers nicht vermag, mit Gefängnis gestraft und ihm hierüber das Dach auf seinem Hause abgehoben werden."

(Thyrso A. Brisolla) Friß, Vogel, oder stirb!

Ähnliches berichtet das „Journal von und für Deutschland", das von dem Domkapitularen und Regierungspräsidenten des Bistums Fulda, Siegmund Freiherr v. Bibra, herausgegeben wurde, im Jahrgang 1784 aus dem Fürstentum Fulda; und dort wird sogar hinzugefügt, daß solche Dachabdeckungen noch in den Jahren 1768 und 1769 vorgekommen seien.

„Friß, Vogel, oder stirb!"

Wir alle kennen diese unnachgiebige und bedingungslose Aufforderung. Man könnte denken, ein Westernheld habe sie geprägt. Doch das ist blühender Unsinn. Sie ist viel älter und ist ursprünglich der Titel einer Schrift des katholischen Theologen Johann Nikolaus Weislinger (1691–1755), der in Straßburg Theologie an der von Jesuiten geleiteten Fakultät studierte und in seiner Zeit als ein auffallender und unangepaßter Theologe galt. Während die Theologie im 18. Jahrhundert immer stärker unter den Einfluß des Rationalismus gelangte und sachlich zu argumentieren bemüht war, suchte Weislinger die Auseinandersetzung und schreckte auch vor Übertreibungen und Schmähungen nicht zurück. Er wird daher oftmals als Polemiker oder Kontroverstheologe bezeichnet. Seine Schriften sind fast ausnahmslos harte Auseinandersetzungen mit dem Protestantismus. Er stieß auch bei katholischen Theologen auf Unverständnis und wurde 1739 vor dem Regensburger Reichstag angeklagt. Ein Verbot seiner 1723 in Straßburg erschienenen Schmähschrift gegen Luther mit dem Titel „Friß, Vogel, oder stirb" unterblieb in letzter Minute. Seine Bücher waren zu Lebzeiten sehr erfolgreich, „Friß, Vogel, oder stirb" erreichte über 10 Auflagen.

Hechtsuppe: Es zieht wie ~

Eine Modernisierungsfirma zitierte kürzlich in ihrem Prospekt einen glücklichen Kunden mit den Worten:

„Mit dem Einbau der Fenster verändert sich das Raumklima in der gesamten Wohnung. Als Mieter empfindet man es als angenehm, wenn es nach der Erneuerung der Fenster nicht mehr *zieht wie Hechtsuppe ...*"

Die Wendung kommt möglicherweise aus dem Jiddischen: *hech supha* bedeutet dort ‚starker Wind‘, ‚Sturmwind‘. Damit, daß Suppe aus Hechtfleisch lange ziehen muß, hat das Ganze höchstwahrscheinlich nichts zu tun.

Hungertuch: am ~nagen

„Jahrelang habe ich am Hungertuch genagt. Dann hatte ich es satt, ich stopfte den ganzen Lappen auf einmal in den Mund." Dieser Sponti-Spruch aus der Sammlung von Eduard Moriz (1984) soll uns zu dieser Redewendung führen, deren Bedeutung – ‚Hunger leiden‘, ‚darben‘, ‚ärmlich leben‘, ‚sich kümmerlich behelfen‘ – klar ist, deren Ursprung aber verdunkelt ist, obwohl sie uns auch in literarischer Form immer wieder begegnet.

So kennen wohl viele aus den „Kinder- und Hausmärchen" der Brüder Grimm die Geschichte der „Goldkinder" mit den fatalen Folgen, nachdem die Frau ihrem Mann das Geheimnis des goldenen Fisches abgenötigt hat:

„Der Mann schwieg eine Zeitlang still dazu, endlich aber machte sie ihn so ärgerlich, daß er herausplatzte und das Geheimnis verriet. In dem Augenblick verschwand das Schloß, und sie saßen wieder in der alten Hütte. ‚Nun hast du's', sagte der Mann, ‚jetzt können wir wieder *am Hungertuch nagen*.' ‚Ach', sprach die Frau ‚ich will den Reichtum lieber nicht, wenn ich nicht weiß, von wem er kommt; sonst habe ich doch keine Ruhe.'"

Und Günter Grass dichtete in seinem Roman „Der Butt" (1977: 416):

> Am Hungertuch nagen
>
> Immer schon sprach aus hohlem Bauch
> die Mehlschütte Trost
> und Schnee fiel wie zum Beweis.
>
> Nagte er nur die verhängte Karwoche lang
> wäre das Fasten ein Spaß,
> Fladen mit nichts zu beißen,
> aber es deckt den Winter über bis in den März
> das Tuch totenstill meine Gegend,
> während woanders die Speicher schlau
> und die Märkte gesättigt sind.
>
> Gegen den Hunger ist viel geschrieben worden.
> Wie schön er macht.
> Wie frei von Schlacke seine Idee ist.
> Wie dumm die Made im Speck bleibt.
> Und immer schon gab es Schweizer,
> die sich vor Gott (oder sonstwem)
> wohltätig zeigten: es fehlte ja nur
> das Notwendigste.
>
> Als aber endlich genug war
> und Amanda Woyke mit Korb, Hacke und ihren Töchtern
> in die Kartoffeln ging, saßen woanders Herren am Tisch
> und sorgten sich um den fallenden Preis der Hirse.
>
> Es ist die Nachfrage, sagte Professor Bürlimann,
> die immer alles am Ende regelt –
> und lächelte liberal.

Roland Michael (1990:234) hat völlig recht, wenn er kategorisch behauptet: „Am Hungertuch hat noch niemand genagt" und dies damit begründet, daß es sich bei der Redensart um einen nachträglichen Bedeutungswandel handelt:

„Ursprünglich hieß es wohl *am Hungertuch nähen*. Sogenannte *Hunger-* oder *Fastentücher* oder *Schmachtlappen* wurden im frühen Mittelalter in der katholischen Kirche verwendet, um die Altäre zu verhüllen, wenn die österliche Fastenzeit begann, die früher tatsächlich eine Hungerzeit war.

Einst verwendete man als *Hungertuch* lediglich einen blauen oder schwarzen Vorhang. Später kamen reich bestickte Tücher auf, vor allem mit Passionsdarstellungen. In einem Bericht über die Notzeit nach dem Dreißigjährigen Krieg aus dem 17. Jahrhundert heißt es: ‚So hab ich auch ehrliche Freund, die wol ein stuck Brod zehren vnd anderen mittheilen können, wann jhnen anderwerts mit der Schuldigkeit auch beygehalten wurde, in deren Verbleibung müssen Sie an dem hungertuch nähen.‘ Aus *am Hungertuch nähen* wurde dann *am Hungertuch nagen*; die kirchliche Bedeutung des Hungertuches wurde im Volk vergessen. Kostbare Hungertücher gibt es heute noch im Münsterland, in Freiburg im Breisgau, Kärnten und Tirol.“

Auch Lutz Röhrich ([2]1995:770) bestätigt diese Einschätzung:

„… bei der heutigen Form: *am Hungertuch nagen*, die schon Hans Sachs und Fischart brauchen, ist *nagen* wohl aus *näjen* = ‚nähen‘ verdreht. Der Gedanke an die ursprünglich kirchliche Verwendung des Hungertuchs geht dann verloren: ‚denen an dem Hunger und Kummertuche nagenden creditoribus‘ (Eisenachische wöchentliche Nachrichten, 1753, Stück 25) und in Freiligraths Gedicht ‚Aus dem Schlesischen Gebirge‘ von 1844: *Dann trät’ ich (der Weberssohn) froh ins kleine Zimmer und riefe: Vater, Geld genug! Dann flucht er nicht, dann sagt’ er nimmer: Ich web’ euch nur ein Hungertuch.* Während das kirchliche Fastenbrauchtum nach der Reformation in allen deutschen Landschaften allmählich einging, hielt man in Westfalen zäh an der Überlieferung fest, ja im Münsterland und am benachbarten Niederrhein begann noch Ende des 16. und Anfang des 17. Jahrhunderts eine neue Blütezeit der Hungertücher. Sie sind ein charakteristischer Beitrag Westfalens zur deutschen Volkskunst. Das Wort *Hungerdoek* wird in Münster erstmals bereits im Jahre 1306 erwähnt. Der westfälische Volksmund sagt *dat Hongerdoek is fallen*, ‚die Fastenzeit ist beendet‘.“

Interessant sind die aktuellen Ausführungen, die Jörg von Uthmann (1998:354f.) zum Thema macht:

„Im frühen Mittelalter wurde es üblich, während der Fastenzeit – also von Aschermittwoch bis zum Samstag vor Ostern – die Altäre mit Tüchern zu verhüllen. Um die Gläubigen zur Besinnung und Buße anzuhalten, wurden die *Hungertücher* oder *Schmachtlappen* vielfach mit Darstellungen aus der Passion Jesu bemalt oder bestickt. Dieser Brauch hat sich bis heute in Westfalen, vor allem im Münsterland, erhalten.

Das bekannteste *Hungertuch* stammt aus Telgte [und] ist 7.40 m breit und 4.20 m hoch ..., 1937 kehrte es als Leihgabe wieder an seinen Ursprungsort zurück. Seitdem hängt es in der Ehrenhalle des ‚Heimathauses‘, Herrenstr. 2.

Das älteste und größte (10 mal 10 m) der erhaltenen Hungertücher stammt aus dem Jahre 1598. Es hängt im Stiftsgebäude des Doms von Gurk in Kärnten. 1994 wurde gegenüber dem Heimathaus ein Krippenmuseum eröffnet, das die Darstellung von Jesu Geburt in der Volkskunst vom 16. bis ins 20. Jahrhundert nachzeichnet ...“

Irren: ~ *ist menschlich*

Irren ist menschlich – wir alle kennen den Spruch. Aber wann wird er sinnvoll eingesetzt? Etwa nur zur Entschuldigung? Soll er ein Freibrief für jegliches Fehlverhalten sein, zum pauschalen Verzeihen aufrufen? Hansgeorg Stengel (1982:98) jedenfalls warnte vor der Spruchweisheit mit seinem Gedicht „Irrtümliche Auslegung“:

> ‚Irren ist menschlich‘ –
> das klingt so, als seien
> Fehler, weil menschlich,
> pauschal zu verzeihen.
> Laßt euch von Kürzeln
> den Kopf nicht verwirren:
> Irren ist menschlich?
> Auch Unmenschen irren!

Wir erforschen die Entstehung der Spruchweisheit: In der 12. Rede Ciceros („Philippica“ XII, 2, 5) heißt es: *„Cuiusvis hominis est errare, nullius nisi insipientis in errore perseverare“* (‚*Jeder Mensch kann irren, nur der Tor im Irrtum verharren*‘.) Dieser philosophische Gedanke war jedoch auch damals nicht neu: Cicero hat ihn der griechischen Literatur entnommen. Georg Büchmann ([40]1995:348) führt einige Stellen an:

„Schon Theognis (um 540 v.Chr.) bietet V. 327 f.: ‚*Fehltritte haften den sterblichen Menschen an.*‘ – Sophokles, ‚Antigone‘, 1023 f.; Euripides, ‚Hippolytos‘ 615, und ein unbekannter Tragiker (‚Tragicorum Graecorum Fragmenta‘, ed. A. Nauck, fr. 261) sagen dasselbe mit ähnlichen Worten, während es in dem Epigramm auf die bei Chäronea Gefallenen (V. 9 bei Demosthenes, ‚De corona‘, § 289) heißt: ‚*In nichts irren, ist eine Eigenschaft der Götter.*‘“

Irren ist menschlich, sagte der Igel,
da sprang er von der Kleiderbürste

Später, bei Hieronymus („Epistolae" 57, 12; Migne, „Patrologia Latina" 22, 578), heißt es: *errasse humanum est* – und danach wird (bis) heute üblicherweise zitiert: *Errare humanum est – Irren ist menschlich.* Die Spruchweisheit ist dann von Augustinus weitergeführt worden („Sermones", 164,14): *„Humanum fuit errare, diabolicum est per animositatem in errore manere"* (,Irren ist menschlich, teuflisch ist, aus Stolz im Irrtum zu verharren'). Später hat der englische Dichter Alexander Pope („Essay on Criticism", 1711; II, 325) eine andere, ergänzende Aussage hinzugefügt: *„To err is human, to forgive divine ..."* (,Irren ist menschlich, vergeben göttlich.')

Aber, wie gesagt, zitiert wird heutzutage nicht mehr die umfassendere philosophische Universalwahrheit, sondern die sprachliche Fertigware *Irren ist menschlich,* zu der es, was kaum verwunderlich ist, eine Vielzahl banaler Variationen, aber auch eine Reihe teils kritischer, teils zynischer Anmerkungen von ernstzunehmenden Dichtern gibt (vgl. Gesellschaft für deutsche Sprache/ Mieder 1998). So schrieb beispielsweise um 1905 Gerhart Hauptmann (1962–1966, Bd. 6:1001): „Irren ist göttlich", im Jahre 1919 meinte Karl Kraus (1955:300): „Menschsein ist irrig", und 1927 witzelte Erich Kästner (1969:80): „Irrsinn ist menschlich und hat Gold im Munde."

Lutz Röhrich (1977:22b) nennt sogar die Abwandlung in Form eines sogenannten Sagwortes: *„Irren ist menschlich, sagte der Igel, da sprang er von der Kleiderbürste"*; eine weitere Variante bildete Werner Mitsch (1980: 108): *„Irren ist menschlich, sagte der Gorilla, als er von der Schimpansin kletterte."* Die „Bild"-Zeitung (vom 27. Juni 1986, S. 5) wußte die Trivialität noch zu übertreffen: *„Klirren ist menschlich, sagte der Glasermeister zum Gesellen, als er wieder eine neue Scheibe einsetzte."*

Montag: blauer ~

Er hat Literaten, Musiker und Arbeitsrechtler seit langem beschäftigt: der *blaue Montag*, der natürlich auch mit dem *Blaumachen* zusammenhängt.

„Die Irrfahrt eines jungen Mannes im Amsterdamer Rotlichtmilieu auf der Suche nach Liebe – ein tragikomischer Slapstick zwischen Holocaust-Vergangenheit und No future." So lautet die Verlagswerbung für Arnon Grünbergs Erstlingsroman, der im Jahre 1994 monatelang an der Spitze mehrerer niederländischer Bestsellerlisten stand und 1999 in deutscher Sprache erschienen ist; sein Titel: „Blauer Montag".

Kürzlich entdeckte ich in der Musikabteilung der Zentralbibliothek Zürich im Werkverzeichnis Wilhelm Baumgartners (1820–1867) sogar ein „komisches Lied für eine Singstimme mit Pianoforte – Eduard Roth gewidmet"; sein Titel: „Blauer Montag".

Und Derek Meier schreibt in seiner Dissertation über „Ausfallzeiten in der Waldarbeit" (1999:12):

„Über die Gründe von Ausfallzeiten kommt es zwischen den betrieblichen Partnern immer wieder zu Konflikten, vor allem, wenn Vertreter der Betriebsleitung in der Abwesenheit eines Mitarbeiters einen Mißbrauch sehen. Tatsache jedoch bleibt, daß beide Seiten oft gezielt oder unbewußt eine klare Bezeichnung vermeiden. Die Bandbreite der Wortschöpfungen reicht dabei von *Fehlzeiten* über *Krankenstand* bis zu *Blaumachen*."

Über die Herkunft der Wendungen *blauer Montag*, *blau machen* und *blau sein* streiten sich die Gelehrten seit langen Jahren. Dabei wird von sprachlichen und außersprachlich-zeitbedingten Erwägungen ausgegangen.

Lutz Röhrich (²1995:1048) schreibt zur ersten Gruppe:

„Man hat z.B. an eine Übertragung aus dem englischen *play-Monday*, d. h. ‚Spiel-Montag‘, gedacht. Auch eine volksetymologische Umbildung aus dem englischen *plough-Monday*, dem Montag nach Epiphanias, an dem die jungen Burschen mit einem Pflug umherzogen und unverheiratete Mädchen davorspannten, hat man erwogen. Natürlich liegt die Analogie zu Benennungen wie *Grüner Donnerstag, Weißer Sonntag* u. a. nahe. Auch eine Entstellung aus *Palm-Montag* hat man für möglich erachtet. Wer vom Sonntag her noch *blau* ist, kann auch am Montag nicht viel leisten. Trotz dieser plausiblen Erklärung ist es unwahrscheinlich, daß der *blaue Montag* von *blau sein* (‚betrunken sein‘) herzuleiten ist.“

Salcia Landmann (²1965:87) wartet mit einer für viele jüngere Leser sicher überraschenden Lösung auf: „Und wer gibt sich Rechenschaft“, so schreibt sie, „daß ein *blauer Montag* oder *blau sein* rein nichts mit der blauen Farbe zu tun haben, sondern mit einer hebräischen Negation, nämlich *b'lo* oder *b'law*.“ Andreas Nachama (1994:44f.) ergänzt:

„Der *blaue Montag* war für Handwerker eine soziale Einrichtung, wie heute die 5-Tage-Woche, denn wenn einer blau ist, findet etwas ohne denjenigen statt, von dem soeben die Rede ist. Was aber in aller Herrgottsnamen hat die schöne Farbe des Meeres und des Himmels mit der Nichtanwesenheit oder vielleicht auch mit der Volltrunkenheit zu tun? Nichts, denn diese Wortverbindung stammt wohl aus dem hebräischen *b'lo* oder *b'law* und heißt wörtlich übersetzt ‚ohne ihn‘: Am *blauen Montag* wird also gearbeitet, aber ohne die Handwerker, die *blau machen* oder *blau sind*.“

Auch Roland Girtler (1998:175) schließt sich dieser Meinung in seinem Buch „Rotwelsch: Die alte Sprache der Gauner, Dirnen und Vagabunden“ an:

„*Blau sein* = jiddisch *belo* (‚ohne, schlecht‘). Die berühmten Bezeichnungen *blauer Montag* und *blau machen* haben nichts mit der Farbe ‚Blau‘ o. ä. zu tun, sondern in ihnen steckt ebenso das jiddische *belo* für ‚ohne‘. Der *blaue Montag* ist demnach der Tag ohne Arbeit, an dem eben nicht gearbeitet wird. Und ebenso deutet *blau machen* darauf hin, daß man in Distanz zur Arbeit geht.“

Am ausführlichsten und überzeugendsten begründet Siegmund A. Wolf in seinem „Wörterbuch des Rotwelschen“ (1993:55) den sprachlichen Gesamtzusammenhang von *blau/blauer Montag/blau machen* usw.:

„In der umgangssprachlichen Weisheit *Blau ist keine Farbe, sondern ein Zustand,* die sich auf das Betrunkensein bezieht, steckt ein Körnchen philologische Wahrheit: im Rotwelschen (rw) ist *lau* ‚böse, schlecht‘, überhaupt Bezeichnung des Negativen; dem entspricht jidd(isch) *lo, lau* ‚nicht(s), nein, ohne‘. Aus jidd. *belo* ‚ohne‘ und aus w^elo, w^elau, dem rw *lau, lo* mit vorgesetzter jidd. Verstärkungspartikel, ergab sich rw *blau* ‚sehr schlecht, sehr böse, sehr schlimm, gar nicht(s), überhaupt nicht(s)‘. Die rw-volksetymologische Gleichsetzung mit dt. *blau* ‚blaufarbig‘ konnte um so leichter eintreten, als das Rw für ‚blaufarbig‘ unterschiedslos *blau* und *blo* gebraucht (s. z. B. *Blauhose*). Viele volkstümliche Redensarten erklären sich zwanglos, wenn bei ihnen *blau* nicht als Farbe, sondern im rw Sinne ‚gar nichts‘ aufgefaßt wird. – *Blau machen* ‚gar nichts machen, nicht arbeiten‘: 1956 berlinisch, mündlich.

– *Blauer Montag:* ‚ein Tag, an welchem die Handwerker nicht arbeiten, also ein unnützer, vergeblicher‘ (Deutsches Wörterbuch 2, 82); das entspricht wiederum völlig dem rw *(b)lau* ‚unnütz, vergeblich‘. – *Vom blauen Affen gebissen sein* ‚nicht ganz bei Verstand sein‘, vor allem von einem nicht zu bändigenden, Streit suchenden Betrunkenen gesagt: 1956 berl. mdl.; synonym *vom wilden Affen gebissen sein:* 1956 berl. mdl. – Hier erweist sich sehr deutlich das Zusammenfließen von *Affe* ‚Rausch‘ und jidd. *aph* ‚Zorn‘ (> *Affe),* denn *blau* und *wild* meint hier offensichtlich rw *blau* ‚sehr böse‘, also eigentlich: ‚von bösem Zorn, von großer Wut gepackt sein‘. Wenn Kirchhof, selbst ein alter Landsknecht, im 16. Jh. das Stehlen der Soldaten, die sich dazu heimlich von ihrer Gruppe entfernt haben, bezeichnet als *das blaw Fähnlein führen,* so meint er damit kein blaufarbiges Fähnlein, sondern benutzt bildlich die rw Bedeutung von *blau:* ‚das böse, schlimme Fähnlein führen‘. Auch für *ein blaues Wunder erleben* gibt es das synonyme *ein böses Wunder erleben.* Bei *blauer Dunst* ‚Lügen‘ beginnt die Grenze zwischen dem gemeinsprachlichen und dem rw *blau* zu verschwimmen.“

Da viele Sprachforscher am Zusammenhang der Redewendung mit der Farbe blau festhalten, seien nachstehend einige Herleitungsversuche vorgestellt:

„Die Welt ist grau, und Grau ist keine Farbe“ – diese nach bitterer Medizin schmeckende Erkenntnis liefert „Dr. Erich Kästners lyrische Hausapotheke“. In der Tat war nach der Kleiderordnung des Mittelalters für jeden Stand auch die Farbe des Kleiderstoffes festgelegt. Die für Bauern und Handwerker gemäßen Kleiderfarben waren grau oder braun, die sogenannten *geringen Farben;* daneben stand für Sonn- und Feiertage die blaue Farbe. „Wenn die Handwerker am Montag nicht arbeiteten“ – so Lutz Röhrich ([2]1995:1048) – „und statt dessen den blauen Feiertagsrock anzogen, konnten sie vom *blauen Montag* sprechen.“

Martin Stankowski (1998:107) hält eine Erklärung für die „einleuchtendste", die mit den Färbern zusammenhängt:

„Solange die blaue Farbe aus dem Waid, einer Kreuzblütlerpflanze, gewonnen wurde, mußte die Wolle erst einen Tag im Färbebad liegen, dann an der Luft oxydieren, damit sie ihren vollen Ton entwickelte – das wurde am Wochenende gemacht –, und schließlich trocknen, einen ganzen Tag lang – am Montag – und die Gesellen hatten frei. Manche erzählen auch, die Oxydation konnte durch Harnstoffe beschleunigt werden, und so tranken die Gesellen viele Kölsch oder Pils, um die Harnproduktion anzuregen, den sie dann in Form von Urin dem Färbebad beigaben. Wenn die Tücher und Stoffe dann montags in der Sonne trockneten und allmählich blau ausfärbten, dann waren die wackeren Färber schon längst blau."

Es wurde auch argumentiert, der *blaue Montag* habe seinen Namen von der Tollheit und Ungebundenheit der Handwerksburschen an den Montagen, die häufig damit endeten, daß manche verbleut wurden und mit blauen Striemen und Flecken an Kopf und Körper nach Hause zurückkehrten.

Auch der Theologe Manfred Becker-Huberti aus Köln ist auf seiner Internetseite „Kirchliches Festjahr Erzbistum Köln" (http://www.festjahr.de/woche/montag.html) um eine Erklärung des *blauen Montags* nicht verlegen:

„Als sich im Mittelalter bei den Handwerkern einbürgerte, den Sonntag bis zum Montag auszudehnen, erhielt dieser den Zusatz *guter* Montag, wofür später *blauer* Montag galt. *Blauer Montag* war ursprünglich der Name für den Fastnachtsmontag, also den Montag vor Aschermittwoch, abgeleitet von der in dieser Woche in der Liturgie gebräuchlichen Farbe des Meßgewandes. Diese Annahme wird gestützt durch andere Verwendungen von *blau*. Wer am Montag *blau machte*, konnte durchaus bei einer Schlägerei gebläut (gebleut) worden sein, blau gehauen, oder er war mit einem blauen Auge davongekommen. Gelegentlich log man das Blaue vom Himmel oder redete sorglos ins Blaue."

Wie man sieht, zieht der Gottesmann hier alle Register, sein wesentlicher Deutungsversuch ist allerdings schon von Lutz Röhrich (²1995:1048) berechtigterweise in Zweifel gezogen worden:

„Die blaue (eigentlich violette) Altarverkleidung, ein Symbol der Buße und des Fastens, beginnt mit dem Sonntag Septuagesimae als dem Anfang der siebzigtägigen Fastenzeit der älteren Kirche und dauert bis Ostern; es ist also nicht einzusehen, warum gerade der Fastnachtsmontag danach benannt sein soll. Wenn also die Bezeichnung tatsächlich vorkommt – ein sicherer Beleg ist dafür nicht bekannt –, so ist immer noch die Frage, ob sie nicht erst sekundär auf diesen Bummelmontag übertragen wurde."

Der *blaue Montag* bereitet noch heute manchen Arbeitgebern großen Verdruß, doch auch das hat eine lange Tradition.

Horst Wagner (1999:87f.) kommt das Verdienst zu, unter Auswertung der von Christian Otto Mylius herausgegebenen Gesetzes- und Verordnungssammlungen („Corpus Constitutionum Marchicarum", V. Band, 5. Teil, 1540–1736, S. 637) dem allgemeinen Lesepublikum ein Edikt wieder bekannt gemacht zu haben, das Brandenburgs Kurfürst Georg Wilhelm (1595–1640, Kurfürst ab 1619) „de dato Cölln an der Spree den 29ten August 1636" erließ. Es wandte sich gegen den *blauen Montag*, der auch der *gute Montag* genannt wurde, und trug den vollständigen Titel:

„Edict, daß die Handwercks-Pursche nicht mehr guten Montag halten, nach dem Zapfen-Strich kein Bier gezapfet werden, niemand des Abends ohne Laterne und brennender Fackel gehen, niemand des Tags noch Nachts mit den Spiel-Leuten und Musicanten auf die Strassen gehen und jauchzen noch weniger das Gewehr blössen und in die Steine hauen solle, bey Straffe des Eselsitzens oder gar des Wippens."

An die Spitze seiner Verordnung setzte Georg Wilhelm das Verbot des nicht erst seit Beginn des Krieges bei den Handwerksgesellen üblichen „blauen Montags", an dem die Arbeit ruhte und gemeinsam gefeiert wurde. Es müsse Schluß sein mit dem „guten Montag, wie sie ihn, aber sehr übel, zu nennen pflegen … und sich auf demselben des Müßiggangs und Zechens befleißigen". Vielmehr solle „ein jeder alsdann in seines Meisters Haus verbleiben" und seine Arbeit wie zu anderen Tagen verrichten. Andernfalls drohe ihm „Gefängnüß oder schimpfliche Abschaffung aus der Stadt".

Das Verbot des *blauen Montags* hat sich offenbar nur schwer durchsetzen lassen. Jedenfalls wurden gelegentlich Neuauflagen nötig. So in einer „scharfen Verordnung" von Preußenkönig Friedrich Wilhelm I. (1688–1740, König ab 1713) „gegen das Feiern des blauen Montags" vom 9. August 1734. Am 24. März 1783 erläßt König Friedrich II., der Große, eine neue Allgemeine Handwerker-Ordnung. Sie stellt den Meistern die Zahl der Gesellen frei und versucht, den traditionellen *blauen Montag* in einen Arbeitstag umzuwandeln.

Urständ: fröhliche ~ feiern

Wolfgang Wagner fragte am 8. Februar 2001 auf der Website der Bayreuther Festspiele:

„Nicht aber kann ich hinnehmen, daß Mittel und Methoden, die in einem demokratischen Rechtsstaat nichts zu suchen haben, durch einen Staatsminister ungehindert *fröhliche Urständ* feiern. Wäre nicht jetzt der Ministerpräsident gefragt?"

Die Zeitung „taz" schrieb am 6. März 2001 über den „Wasserturm-Streit" in Hamburg: „Hotelpläne im Sternschanzenpark feiern *fröhliche Urständ*. Es ist allerdings noch nichts in trockenen Tüchern." Die Stern-Brauerei Essen-Borbeck wirbt derzeit mit der Botschaft: „Borbecker Helles Dampfbier ist eine fast vergessene Spezialität aus der guten alten Zeit, die jetzt wieder *fröhliche Urständ* feiert."

Es sind zumeist leicht ironische Zusammenhänge, in denen heute die Wendung *fröhliche Urständ* noch verwendet wird – bei der Wiederkehr von etwas längst Totgeglaubtem, wenn etwas wieder zum Vorschein kommt. Sie leitet sich aus österlichen Grußworten wie „Frohe Auferstehung" her. Das mittelhochdeutsche und spätalthochdeutsche Substantiv *urstende* kommt nämlich vom Verb *erstân*, d. h. ‚sich erheben, auf(er)stehen'.

Streit(en): ~ um des Kaisers Bart

Friedrich Engels hatte für diese Wendung eine unübersehbare Schwäche; so schreibt er in „Briefe aus dem Wuppertal" (vgl. Karl Marx/Friedrich Engels 1976:413 [„Telegraph für Deutschland", März 1839]):

„Der schmale Fluß ergießt bald rasch, bald stockend seine purpurnen Wogen zwischen rauchigen Fabrikgebäuden und garnbedeckten Bleichen hindurch; aber seine hochrote Farbe rührt nicht von einer blutigen Schlacht her, denn hier streiten nur theologische Federn und wortreiche alte Weiber gewöhnlich *um des Kaisers Bart* ..."

Vier Jahre später schreibt er in „Briefe aus London" (vgl. Karl Marx/Friedrich Engels 1976:468 [„Schweizerischer Republikaner" Nr. 39 vom 16. Mai 1843]):

„Die demokratische Partei in England macht reißende Fortschritte. Während Whiggismus und Toryismus, Geldaristokratie und Adelsaristokratie in der ‚Nationalplauderstube‘, wie der Tory Thomas Carlyle, oder in dem ‚Hause, das sich anmaßt, die Gemeinden von England vertreten zu wollen‘, wie der Chartist Feargus O’Connor sagt, einen langweiligen *Zungenstreit um des Kaisers Bart führen* …, schreitet der verachtete und verspottete Sozialismus ruhig und sicher voran …“

An insgesamt neun Tagen im Juli und August des Jahres 2000 wurde unsere Hauptstadt durch eine amüsante Koproduktion der „Kulturstadt GmbH“ mit der „Volksbühne Berlin“ bereichert; sie trug den Titel: „Das Fortschreiten der Geschichte und ihre Banalitäten: *des Kaisers Bart*, die Bärte Hitlers und Stalins, Churchills und Clintons Zigarre“.

Sehen wir einmal von den politischen Anspielungen ab und konzentrieren uns auf die Redewendung. Als *Streit um des Kaisers Bart* bezeichnet man heute ‚unbedeutende Dinge oder Banalitäten, deretwegen es sich nicht zu streiten lohnt‘. Doch kaum jemand kennt heute die Geschichte dieser Redewendung. Und viel schlauer, so könnte man meinen, macht uns auch nicht der Dichter Emanuel Geibel (1815–1884) mit seinem Gedicht „Von des Kaisers Bart“:

> Im Schank zur goldnen Traube,
> Da saßen im Monat Mai
> In blühender Rosenlaube
> Guter Gesellen drei.
>
> Ein frischer Bursch war jeder,
> Der erst’ am Gurt des Horn,
> Der zweit am Hut die Feder,
> Der dritte mit Koller und Sporn.
>
> Es trug in funkelnden Kannen
> Der Wirt den Wein auf den Tisch;
> Lustiges Reden sie spannen,
> Und sangen und tranken frisch.
>
> Da war auch einer darunter,
> Der grüne Jägersmann,
> Vom Kaiser Rotbart munter,
> Zu sprechen hub er an:
>
> „Ich habe den Herrn gesehen
> am Nebengestade des Rheins,

Zur Messe wollt' er gehen
Wohl in den Dom nach Mainz.

Das war ein Bild, der Alte,
Fürwahr von Kaiserart!
Bis auf die Brust ihm wallte
Der lange braune Bart."

Ins Wort fiel ihm der zweite,
Der mit dem Federhut:
„Ei Bursch, bist du gescheite?
Dein Märlein ist nicht gut.

Auch ich hab ihn gesehen
Auf seiner Burg im Harz,
Am Söller thät' er stehen,
Sein Bart, sein Bart war schwarz."

Da fuhr vom Sitz der dritte,
Der Mann mit Koller und Sporn,
Und in der Zänker Mitte
Rief er in hellem Zorn:

„So geht mir doch zur Höllen,
Ihr Lügner! Glück zur Reis'! –
Ich sah den Kaiser zu Köllen,
Sein Bart war weiß, war weiß."

Das gab ein grimmiges Zanken
Um Weiß und Schwarz und Braun,
Es sprangen die Klingen, die blanken,
Und wurde scharf gehau'n.

Verschüttet aus den Kannen
Floß der vieledle Wein,
Blutige Tropfen rannen
Aus leichten Wunden drein.

Und als es kam zum Wandern,
Ging jeder in zornigem Mut,
Sah keiner nach dem andern
Und waren sich jüngst so gut.

Ihr Brüder lernt das Eine
Aus dieser schlimmen Fahrt:
Zankt, wenn ihr sitzt beim Weine,
Nicht um des Kaisers Bart!

R. Haka (1972:178 f.) glaubt der historischen Wahrheit und dem Rätsel unserer Redewendung ein Stück näher zu kommen, wenn er sich nicht „auf bestimmte deutsche Kaiser", sondern explizit auf einen bestimmten deutschen Kaiser bezieht:

„Um den Bart Kaiser Karls des Großen hat sich im Mittelalter der Adel mit dem Bürgertum lange Zeit gezankt. Auf den Siegeln von Urkunden war Karl einmal mit einem langen Bart, das andere Mal wieder ohne Bart dargestellt. In einem für die Bürgerschaft sehr bedeutsamen Rechtshandel wurden nun die beiden Urkunden vorgelegt. Jede der beiden Parteien behauptete, daß die von ihr vorgelegte Urkunde die echte sei, die andere aber gefälscht sein müsse. Es entstand nun ein langer Streit darüber. Da das aber nicht mehr festzustellen war, mußten sich die Parteien zu einem Vergleich entschließen."

Ich halte Hakas Deutung für blühenden Unsinn. Seine Geschichte, die sich in nahezu identischer Form schon bei Herman Schrader (1886:242) zitiert findet, wurde bereits von diesem aus einem naheliegenden Grunde verworfen:

„Abgesehen davon, daß mir die Geschichte eine unverbürgte ist, leidet dieselbe noch an dem inneren Widerspruch, daß sie gerade den entgegengesetzten Sinn von unserer Redensart beweisen würde, sofern ja dieser *Streit um des Kaisers Bart* von der höchsten Wichtigkeit war."

Schrader hat, übrigens zwei Jahre nach Geibels Tod, auch anderen Spekulationen eine heftige Abfuhr erteilt:

„Da hat man nun gesagt, unter den Philologen habe ein heftiger und langer Streit sich entsponnen, ob die römischen Kaiser Bärte getragen hätten, oder nicht. Auf allen römischen Münzen seien die Kaiser, teils mit, teils ohne Bart abgebildet. Diese Deutung ist in sich selbst so dumm, daß sie keiner Widerlegung bedarf."

Schrader selbst glaubte, eine überzeugende Lösung anbieten zu können:

„Wir glauben aber, der Ursprung der Redensart gehe ganz bestimmt und ausschließlich auf den Hohenstaufer Friedrich I. Nach der Sage schlief und träumte er ja im Kyffhäuser am steinernen Tisch, durch den sein Bart hindurch wuchs. Was für ein Bart aber? Da sagten die einen: natürlich ein weißer, von den langen, langen Harren und dem ehrwürdigen, greisen Alter. Die anderen aber: natürlich ein roter, denn er heißt ja Rotbart, Barbarossa. Das war wirklich *ein Streit um des Kaisers Bart*. Und hier ergibt sich auch höchst einfach, daß solcher Streit nicht bloß ein unwichtiger, sondern auch vergeblicher, nimmer zu schlichtender Streit war." (Ibid., 242 f.)

Doch auch Schraders Erklärungsversuch halte ich für höheren Blödsinn und stimme der „Brockhaus-Enzyklopädie" (Bd. 27, [20]1999:699f.) ausdrücklich zu, die die Ansicht vertritt, die Wendung *des Kaisers Bart* sei „entstellt und umgedeutet aus *Geißenhaar* (= ‚Ziegenhaar‘), was an die lateinische Wendung *de lana caprina laxari* (‚um Ziegenwolle [also eigentlich um nichts] streiten‘) denken läßt" und fügt lapidar hinzu: „Die Wendung wurde dann auf die Streitereien von Gelehrten bezogen, ob bestimmte deutsche Kaiser einen Bart getragen hätten."

Die Begründung für diese Erklärung lieferte uns bereits Adolf Josef Storfer (1935:216f.):

„... mit keinem Kaiser hat die Redensart etwas zu tun, und sie lautete ursprünglich: um den *Geißbart* streiten. Sie ist die Übersetzung einer Redensart aus dem römischen Altertum. Horatius schildert in einer seiner Episteln Tischgespräche, harmlose Diskussionen um der Geselligkeit halber, z. B. darüber, welcher Gladiator der geschicktere sei, welche der Straßen nach Brundisium vorzuziehen sei u. dgl., und so was nennt der Dichter: *um die Ziegenwolle streiten*. Gemeint ist nämlich: ob man die Haare der Ziege ebenso wie die des Schafes als Wolle bezeichnen könne. Während im Deutschen der *Geißbart* (schwäbisch *Geißenbart*) sich zum Kaiserbart verfälschte, haben die entsprechenden italienischen, englischen und holländischen Redensarten den ursprünglichen Wortlaut bewahrt: *disputare della lana caprina* und *to contend about a goat's wool* und *twisten om een geitenhaar*."

Es ist in der Tat merkwürdig, daß viele Sprachforscher die deutsche Redensart mit den römischen Kaisern, mit Karl dem Großen oder mit Barbarossa in Verbindung bringen wollten und nicht auf die Deutung *Geißenbart* gekommen sind, obwohl die römische Wendung von der Ziegenwolle an vielen Stellen des deutschen Schrifttums vorkommt; im 13. Jahrhundert schrieb Hugo von Trimberg: „umb geiz wollen kriegen". Und Luther: „Sie fechten für die Winkelmesse und sagen selbst, es sei eine nichtige Sache und Geißwolle. Ich wollt' sie lehren dieß Geißfell kennen und Haare aus der Wolle machen."

So will auch ich mich hier nicht weiter um ein (philologisches) Ziegenhaar streiten, auch nicht, Demosthenes folgend, um des Esels Schatten.

Paroli: jemandem ~ bieten

In einem Artikel über das Verhalten von Kreditgebern las ich kürzlich, daß Kreditinstitute und die „Schutzgemeinschaft für allgemeine Kreditsicherung" (Schufa) verpflichtet seien, auch Gutes über Darlehensnehmer bekanntzugeben. Der Artikel trug die Überschrift: „Der Schufa *Paroli bieten*". Hier hatte die Wendung, wie sich aus dem Gesamtkontext des Artikels ergab, offensichtlich die Bedeutung ‚jemandem bzw. einer Sache gleich Starkes entgegenzusetzen haben und damit Einhalt gebieten, wirksam Widerstand leisten'. Die Redensart wird häufig benutzt, doch ihr Ursprung dürfte den wenigsten Sprachbenutzern bekannt sein. Die „Brockhaus-Enzyklopädie" (Bd. 27, [20]1999:570) erläutert präzise:

„Das Wort *Paroli* stammt aus der Sprache der Kartenspieler. Im Pharospiel bezeichnet es die Verdopplung des Einsatzes. Die Wendung hatte also ursprünglich die Bedeutung ‚unter Verdoppelung des Einsatzes mit- oder gegenhalten'."

In Goethes „Briefen aus der Schweiz" (1) wird die alte Bedeutung des Wortes noch deutlich: „Der arme Landmann harrt das ganze Jahr, wie etwa die Karten über den Wolken fallen mögen, ob er sein Paroli gewinnt oder verliert." Daß eine solche Spezialbedeutung aus dem Kartenspiel in die allgemeine Bedeutungssphäre dringt, ist nicht ungewöhnlich: man denke an die Wendung *jemandem Kontra geben*.

Wer also dem inkriminierten Verhalten der Schufa *Paroli bietet*, will es ihr mit derberer Münze heimzahlen.

Puppen: bis in die ~ gehen

Als die Fußball-Profis von Werder Bremen im Jahre 1999 den Pokalsieg errungen hatten, jubelte die Lokalpresse am nächsten Tag: „Bremen feierte *bis in die Puppen*". Gemeint war offensichtlich, daß sich das Festbankett und anschließende Feiern ‚bis in die frühen Morgenstunden' erstreckt hatten.

„Biertrinken *bis in die Puppen*!", „Hier tanzt der Bär *bis in die Puppen*!", „Erst den Gaumen kitzeln, dann *bis in die Puppen* tanzen!", „Parken *bis in die Puppen*!", „Frühstück *bis in die Puppen*!" – diese und ähnliche Formulierungen las ich kürzlich in einem Berliner Stadtführer. In der Tat scheint die Redensart Berliner Ursprungs zu sein, wobei recht unterschiedliche Erklärungsversuche gemacht wurden. Gestatten Sie mir darum einen kurzen Rückblick in die Berliner Geschichte:

„Eines der letzten Berliner Originale war der durch seine humorvollen Berliner Vorträge und Führungen allbekannte Dr. Hans Brendicke. In ihm sehen wir den Typus des alten Berliners verkörpert: derb, schlagfertig, stets gut gelaunt, immer ein Witzwort auf den Lippen, aber nie beleidigend. Wenn er so mit seinen Getreuen durch sein liebes, altes Berlin wanderte, den altmodischen Zylinder auf die wallenden, weißen Haare gestülpt, verbreitete er um sich eine Stimmung altberliner Behaglichkeit, wie sie leider im neuen Berlin immer seltener geworden ist."

Diese Einschätzung schrieb der Mundartdichter Franz Lederer (1882–1945) im Jahre 1929 in seiner Schrift „Uns kann keener" über den Heimatforscher Hans Brendicke (1850–1925).

Der besagte Hans Brendicke hatte sich mit dem Berliner Wortschatz zu Zeiten Kaiser Wilhelms I. befaßt – auf Grund der Sammlungen des Oberpredigers C. Kollatz und des Kapitäns a. D. Paul Adam. Seine 1897 im Verlag des „Vereins für die Geschichte Berlins" erschienene Schrift führt den Ausdruck *Puppe* auf ‚Getreidegarben auf dem Feld' zurück.

Elf Jahre zuvor war ein Buch von Herman Schrader erschienen unter dem Titel „Der Bilderschmuck der Deutschen Sprache. Einblick in den unerschöpflichen Bilderreichthum unserer Sprache und ein Versuch wissenschaftlicher Deutung dunkler Redensarten und sprachlicher Räthsel". Schrader (1886:301) hatte sich zunächst zu zwei Varianten der Redensart, *bis über die Puppen* und *das geht über die Puppen*, geäußert:

„Hier sind die Statuen oder (wie der Berliner gern sagt) die *Puppen* gemeint, welche den großen Platz, ‚Stern' genannt, auf der Chaussee zwischen Berlin und Charlottenburg zieren und von der Stadt aus eine beträchtliche Entfernung haben. Zunächst war mit dem Worte nur ‚eine große Entfernung' bezeichnet, allmählich aber erhielt dasselbe die Bedeutung wie: *das ist starker Tobak, das geht über die Hutschnur*; und das um so leichter, da früher bei den Puppen geregelte Wege aufhörten und eine Art Wüste begann."

Schraders Deutung überrascht angesichts dessen, was Hans Meyer bereits 1878 in seinem Buch „Der richtige Berliner in Wörtern und Redensarten" zu dieser Redensart geäußert hatte und was noch in späteren Auflagen, so 1925 in der von Siegfried Mauermann besorgten 9. Auflage, zu lesen ist:

„Die Redensart *bis in die Puppen* (,sehr weit', ,wie dausend'…), die früher irrtümlich mit den Puppen (Bildsäulen) am großen Stern (im Tiergarten) in Verbindung gebracht wurde, hat einen andern Ursprung. Man sagt auf dem Lande: *Es regnet bis in die Puppen,* d.i. bis in die zu Haufen gesetzten Getreidegarben, die durch eine Deckgarbe vor mäßigem Regen geschützt sind. *Bis in die Puppen* heißt also ,ungewöhnlich stark'. Eingehender dargelegt in der ,Vossischen Zeitung' Nr. 540 vom 16. November 1866." (⁹1925:142)

Ich möchte „Die königlich privilegirte Berlinische Zeitung von Staats- und gelehrten Sachen" – so hieß die Vorgängerin der „Vossischen Zeitung" von 1785–1911 – hier nicht näher heranziehen, sondern feststellen, daß die Getreidegarben-Interpretation natürlich auch Agathe Lasch (1928:186), der bekannten Verfasserin einer berlinischen Sprachgeschichte, bekannt war. Sie hat sie allerdings vehement abgelehnt und sich für die Deutung der Redensart als ursprüngliche Örtlichkeitsbezeichnung ausgesprochen:

„Gewiß gehört die Redensart *bis in die Puppen* ursprünglich nach Berlin, trotz der anders gerichteten neueren Erklärungsversuche, die an ein lokal beschränktes *Puppen* (,Zusammenstellung von Garben'), inhaltlich noch engeres *bis in die Puppen regnen* anknüpfen wollen. Die *Puppen* war der volkstümliche Name des großen Sterns im Tiergarten, dem beliebtesten Spaziergang der Berliner, seit dem Ende des 18. Jahrhunderts (Holteis* ,Berliner Droschkenkutscher' erzählt, sein Pferd hielt an, ,da waren wir justement *an die Puppen*. Na, sag ich, Madamken, nu sind wir durch *bis an die Puppen*'.)"

Heinrich Raab (1981:119f.) deutet den Ausdruck *bis in die Puppen* als ,sehr weit gehen, zu weit gehen (auch auf geistigem Gebiet: zu weitgehende Schlüsse ziehen)' und argumentiert in einem Punkte ähnlich wie Lasch:

„Die Redensart ist Berliner Ursprungs. Vor 200 Jahren umgab der Architekt Knobelsdorff einen Platz im Tiergarten mit französischen Hecken und stellte neben die acht einmündenden Alleen mythologische Statuen

---

* Karl von Holtei (1798–1880) betätigte sich als Schauspieler, Dramaturg, Regisseur und Bühnendichter; jahrelang leitete er größere Theater in Breslau und Berlin. Ab etwa 1850 widmete er sich vor allem der Herausgabe seiner Theaterstücke und versuchte sich als Romanautor.

auf, die im Volksmund *die Puppen* hießen. Ein Spaziergang *bis in die Puppen* galt damals als ‚ein sehr weiter Weg‘. Diese Bedeutung wurde später verallgemeinert.“

Die Verlagerung von der räumlichen Entfernung auf die zeitliche Erstreckung ist, wie die eingangs zitierten umgangssprachlichen Beispiele aus dem Berlin-Stadtführer deutlich belegen, wohl die heute übliche Interpretation der Wendung. Heinz Küppers (⁴1990: 637) Beispielsatz *bis in die Puppen* (d. i. ‚sehr weit‘) *sind wir gewandert* ist daher – zumindest im gesamtdeutschen Sprachgebrauch – wohl nur mit Einschränkungen als akzeptabel zu betrachten, seine Deutung von *bis in die Puppen* als ‚sehr lange‘ bzw. ‚übergebührlich lange‘ ist die weithin übliche und wird z. B. auch durch den „Duden – Deutsches Universalwörterbuch“ (³1996: 1197) gedeckt.

Tuten: von ~ und Blasen keine Ahnung haben

Bei Klaus Mann heißt es in seinem 1952 veröffentlichten Lebensbericht „Der Wendepunkt“ (1963:117): „Kaum warst du aus dem Zimmer, hab ich sie natürlich noch mal angerufen und ihr gesagt, daß du *von Tuten und Blasen keine Ahnung hast.*“

Die beliebte Redewendung bedeutet, daß jemand ‚nicht das Geringste von etwas versteht‘, ‚völlig unwissend ist‘. Sie ist seit 1601 in der Sprichwörtersammlung von Eucharius Eyering („Proverbia“ 2:385) belegt – „Er kann weder thuetten noch blasen“ –, dürfte aber wohl wesentlich älter sein.

Tuten und Blasen waren die Hauptaufgaben der im Mittelalter mindergeachteten Berufe des Kuhhirten und Nachtwächters. Wer nicht einmal für diese Aufgaben befähigt war, mußte besonders dumm sein.

Stich: jemanden im ~ lassen

Die Ärztekammer Sachsen-Anhalt überschrieb ihre Pressemitteilung vom 21. März 2001 zur geplanten Protestaktion der Fachärzte mit den Worten: „Ärzteschaft wird ihre Patienten *nicht im Stich lassen*“.

Jemanden im Stich lassen bedeutet ‚jemanden im Augenblicke der Gefahr treulos verlassen.‘ Die uns heute sehr geläufige Wendung ist seit dem Ende des 15. Jahrhunderts vereinzelt, vom 17. Jahrhundert an oft bezeugt und auf unterschiedlichste Weise erklärt worden. Friedrich Seiler (1922:232 f.) führt in seiner „Deutschen Sprichwörterkunde" sechs Deutungen an, dazu noch mehrere Varianten:

„Es gibt Redensarten, die von jedermann gebraucht werden und doch jedermann unverständlich sind. Eine so alltägliche Redensart wie *jemanden im Stiche lassen* hat folgende sehr verschiedene Deutungen erfahren; eine absolut sichere gibt es bis heute noch nicht.

1. Die alte Erklärung stellt die Redensart zu den aus dem Turnierwesen herrührenden, wie *aus dem Sattel heben, auf den Sand setzen, Stich halten = Stand halten. Im Stiche lassen* bedeutet dann: ,jemandem beim Turnierstechen, also in einer gefährlichen Lage, die erwartete Hilfe nicht leisten'. Neuere Erklärungen sind:

2. Man bezieht die Redensart ebenfalls auf das Turnier, aber auf die Rüstung und das Roß, das der vom Sattel gestochene im Stiche dem Sieger lassen mußte.

3. Die Redensart kommt von der Biene her, die ihren Stachel beim Stiche in der Wunde zurückläßt.

4. *Stich* ist ,eine durch Abstich entstandene Wegstelle', die von beladenen Wagen nicht ohne Vorspann passiert werden kann. Nun gabelt sich die Erklärung. Einerseits sagt man: eine an dieser Stelle eingetretene Beschädigung des Wagens veranlaßt den Vorspann leistenden Fuhrmann, sein Pferd wegzuführen, bis die Ausbesserung fertig ist und der Wagen wieder fahren kann. Andrerseits: zwei Wagen fahren hintereinander, der zweite Fuhrmann hilft dem ersten, durch Vorspannen seiner Pferde, den Wagen über die schwierige Stelle hinwegzubringen; der erste aber fährt, anstatt nun mit seinen Pferden den zweiten Wagen hinaufziehen zu helfen, ruhig weiter, läßt also diesen schnöde ,im Stiche'. Dem würde also etwa das französische *laisser en panne* entsprechen, und das Gegenteil würde etwa sein: *jemandem Vorschub leisten.*

5. *Im Stiche lassen* bedeutet ,eine Näharbeit unfertig liegen lassen'; das wurde dann auf jede Arbeit übertragen.

6. *Im Stiche lassen* kommt vom Kartenspiel her. Hier gibt es wieder vier verschiedene Deutungen:

   a) Den, welcher mit seinen besten Karten das Spiel in der Hand hat, lassen seine Partner gewähren, hindern ihn in der Verfolgung seines Planes nicht, unterstützen ihn nicht. Unsinn; denn ,nicht unterstützen' ist so ziemlich das Gegenteil von ,nicht hindern'.

   b) Die Hinterhand muß die Vorderhand am Spiel (= im Stechen, *im Stich*) lassen, damit die spielende Mittelhand in der Mitte behalten wird. Auch diese Deutung wird dem tadelnden Sinn der Redensart nicht gerecht.

c) Man läßt die Karte seines Partners gestochen bleiben, indem man den stechenden Gegner nicht übersticht.

d) Der Partner unterstützt seinen Mitspieler nicht durch ‚Hineinwimmeln‘, wenn dieser gerade einen Stich gemacht hat, also am wenigsten an einen Abfall seines Partners denkt.

Von diesen Deutungen scheint die erste immer noch die wahrscheinlichste und natürlichste zu sein. Man sieht aber, wie unsicher die Erklärung selbst der alltäglichsten Redensarten sein kann.“

Auch Heinrich Raab (1981:143) erwähnt die vierte der von Seiler aufgeführten Herleitungsmöglichkeiten und verweist darauf, daß *Stich* im Mittelhochdeutschen – wie heute noch im Schweizerdeutschen – auch ‚die abschüssige Stelle, der steile Abhang‘ bedeute. Er verweist auf eine Chronik aus dem Jahre 1636, in der es heißt: „gar villi Pfert sind im Stych gebliben“ (d. h. ‚man hat sie am Hang stecken lassen‘), woraus sich für ihn übertragen derselbe Sinn ergibt: ‚Jemanden seinem Schicksal überlassen‘.

Lutz Röhrich (²1995:1551) bleibt hinsichtlich der Erklärungsversuche skeptisch und meint:

„Am wahrscheinlichsten scheint die Herleitung vom Turnierwesen, wobei, etwa im Massenturnier, ein Kämpfer die Gefährten verläßt, die nun ‚im Stich‘ des Feindes bleiben. Die Redensart ist allerdings wohl nicht unmittelbar aus dem ritterlichen Turnierwesen des Mittelalters in die Umgangssprache übergegangen, sondern wahrscheinlich aus dem bürgerlichen ‚Stechen‘, Kampfspielen, die in Nachahmung der ritterlichen Turniere im ausgehenden Mittelalter von den Städten abgehalten wurden. Es gab Gesellenstechen, Fischerstechen usw., bei denen es um einen Preis ging, so daß *stechen* die Bedeutung bekam: ‚um einen Preis ringen‘, ‚streiten‘.

In Rollenhagens ‚Froschmeuseler‘ gibt es zwei Stellen, die geeignet sind, mehr Licht auf die Sache zu werfen. Über den rittermäßigen Kampf zwischen Fröschen und Mäusen heißt es:

> Und wer ich da so lang geblieben,
> Und nicht zuvor davon geflogen,
> Eh denn es all hat ausgezogen,
> Ich wer zerhackt elendiglich,
> Mit dem or gebliben im stich.

Auch an anderer Stelle wird der ganze Kampf *der Stich* genannt ... *Läßt man jemanden im Stich*, so ‚läßt man ihn im Kampf allein‘ ... Von daher bekam *Stich* die Bedeutung der ‚lebensgefährlichen Situation‘, der ‚Todesgefahr‘, wie in der Redensart *sich in den Stich geben*: ‚sich dem Tod oder der Todesgefahr aussetzen‘; belegt bei Luther: *o welch ein herz ist das gewest, wie tief gedemütiget sichs, gibt sich in den Stich und nimpt gottes straf mit willigem Gehorsam an.*

Späterhin wurde die Redensart sogar auf Schützenfeste übertragen, wo man statt mit der Lanze mit der Armbrust kämpfte. Zwei, die gleich gut geschossen hatten, mußten *miteinander stechen*, indem sie noch einmal schossen. Vom Schießen ging der Ausdruck auf andere Spiele, wie Kegel- und Kartenspiel, über."

Zeitliche: das ~ segnen

In einem Reklameprospekt für Wachskerzen las ich kürzlich: „Fällt der Strom aus oder hat Ihre letzte elektrische Glühbirne *das Zeitliche gesegnet*, dann nehmen Sie die Präsent-Serie."

Man sieht: Umgangssprachlich wird die Wendung heute durchaus in der Bedeutung von ‚entzweigehen', ‚schadhaft werden' benutzt. In der Regel wird sie jedoch euphemistisch-verhüllend für ‚sterben' gebraucht, wenngleich der Sinn sich keineswegs sogleich erschließt. Es sind viele Elemente in die Fügung eingeflossen: Zum einen liegt ihr eine alte magische Vorstellung zugrunde, daß den Worten eines Sterbenden eine besondere Kraft innewohnt. Dies führte im christlichen Mittelalter zu dem Brauch, nach dem ein Sterbender, der in die „Ewigkeit" einging, auf dem Totenbett von der irdischen Welt, der „Zeitlichkeit" Abschied nahm, indem er Gottes Segen auf sie herabwünschte. Ein Beispiel für eine solche Segensformel findet sich z.B. in Jakob Ayrers (ca. 1543–1605) Drama „Melusine": „Nun sieht mich kein Mensch nimmermehr, Gott gesegn euch alle, wo ihr seyt! Gott gesegn mir alle Wollustbarkeit! Gott gesegn mein Herren und Gemahl! Gott gesegn euch, Berg und tiefe Thal!" „Der eigentlich Segnende" – so Röhrich ([2]1995:1764) – „ist also Gott, der dabei den für besonders wirksam gehaltenen letzten Wunsch des Sterbenden erfüllt." Die Verbindung dieses Segens mit dem Sterben war so eng und wurde als so selbstverständlich empfunden, daß *das Zeitliche segnen* mit ‚sterben' inhaltsgleich wurde. Die Wendung ist in diesem Sinne seit dem 17. Jahrhundert bezeugt.

Zweck: der ~ heiligt die Mittel

Der Unsinn liegt bei diesem Grundsatz in seiner Formulierung, genauer: im Verb, denn wieso sollte der Zweck die Mittel *heiligen*? Zumal derjenige, auf den der Ausspruch zurückgeht, nun wirklich kein Heiliger war! Es war der florentinische Diplomat,

Geschichtsschreiber, Philosoph und Dichter Niccolò Machiavelli (1469–1527), der in seinem berühmt gewordenen Buch „Il Principe" („Der Fürst", 1513) mit genauer Kenntnis der zeitgenössischen Politik und auf der Basis sorgfältiger Studien der Antike die Praktiken tyrannischer Machtstrukturen ungeschminkt dargestellt hat. Er empfahl für Italien auf dem Wege zu einer Republik übergangsweise die Etablierung der absoluten Macht eines Herrschers, der sich – ungeachtet aller moralischen und religiösen Bedenken – der Gewalt, des Betrugs, der List und des Eidbruchs bedienen könne: ‚Il fine giustifica i mezzi' – *der Zweck: <u>rechtfertigt</u> die Mittel.*

Daß auch andere Autoren Machiavellis Maxime – wenngleich in modifizierter Form – vertreten haben, erläutern im einzelnen Kurt Böttcher et al. (1981:181), die u. a. auf die Schriften der Jesuitenpatres Hermann Busenbaum (1652) und Benedictus Pereira (1576) sowie auf einen Brief Blaise Pascals (1656/57) und auf Thomas Hobbes' Werk „De cive" verweisen.

Erich Kästner (1899–1974) hat das von Machiavelli geschilderte Prinzip der Staatsräson kompromißlos aufs Korn genommen – in einem Sechszeiler, dem er die scharfzüngige Überschrift verlieh:

> *Der Zweck und die Mittel oder*
> *Religion als Politik und Politik als Religion*
>
> Der Zweck, sagt ihr, heiligt die Mittel?
> Das Dogma heiligt den Büttel?
> Den Galgen? Den Kerkerkittel?
> O schwarzumflortes Kapitel!
> Fest steht trotz Schrecken und Schreck:
> Die Mittel entheiligen den Zweck!

Letzt: zu guter ~

Ich hoffe, daß wir nun mit dem Buch zu einem guten Ende gekommen sind, möchte aber *zu guter Letzt* noch eines klarstellen. Auch bei dieser Wendung legen Gebrauch und Verständnis eigentlich eine historisch unsinnige Ausdeutung nahe, denn *zu guter Letzt* hat – etymologisch betrachtet – ursprünglich nichts mit dem *Letzten* zu tun, sondern vielmehr mit *letzen*, und das bedeutete im Mittelhochdeutschen ‚Schluß mit etwas machen', seit dem

18. Jahrhundert hat es sogar die Bedeutung von ‚sich laben, er-
quicken' angenommen: „Welch himmlisch Labsal wird nach dem
Todesschlaf mich letzen", heißt es bei Friedrich Gottlieb Klop-
stock (1724–1803). Wer sich *zur guten Letzt* versammelte, genoß
also den Abschiedsschmaus. In diesem Sinne formuliere ich mit
den Worten Gotthold Ephraim Lessings (1729–1781) meinen

„Abschied an den Leser":
Wenn du von allem dem, was diese Blätter füllt,
Mein Leser, nichts des Dankes Wert gefunden:
So sei mir wenigstens für das verbunden,
Was ich zurück behielt.

Anmerkungen

1 „Unworte" beklagte schon Arthur Schopenhauer in seiner Schrift „Ueber die, seit einigen Jahren, methodisch betriebene Verhunzung der Deutschen Sprache"; das Pamphlet findet sich in Schopenhauers Manuskriptbuch „Senilia" das er vom April 1852 bis zu seinem Tode 1860 führte. Zur Neuherausgabe der Schrift durch Ludger Lütkehaus (1997) vgl. Literaturverzeichnis S. 221 – Zu modernen Varianten vgl. Schlosser, Horst Dieter: *Lexikon der Unwörter*. Gütersloh 2000: Bertelsmann Lexikon Verlag; zu Unwörtern innerhalb der Schöpfungen der Partei- und Staatsbürokratie der ehemaligen DDR (z. B. *flexibler transportabler Schüttgutbehälter* für ‚Sack') vgl. Lange, Bernd-Lutz: *Dämmerschoppen. Geschichten von drinnen und draußen.* Leipzig ²1997: Gustav Kiepenheuer Verlag, S. 31 ff.

2 Vgl. hierzu die kenntnisreichen und amüsanten Ausführungen in folgenden Publikationen: Zittlau, Jörg: *„It's cool, man!" Neudeutsch für amerikanisierte Germanen.* Hamburg 1996: Rasch und Röhring Verlag. – Winter, Rolf: *Little America. Die Amerikanisierung der deutschen Republik.* Hamburg 1995: Rasch und Röhring Verlag.

Im Verlauf patriotischer Wellen ist es in Deutschland immer wieder zu Anprangerungen des Fremdwortgebrauchs gekommen. „Turnvater" Friedrich Ludwig Jahn (1778–1852) bekämpfte die „Welschsucht", der Psychologe und Philosoph Ludwig Klages (1872–1956) wehrte sich gegen die „Schlammfluten der Fremdwörterei". Ein sehr aktiver, allerdings besonnener Streiter war Hermann Dunger, dessen *Wörterbuch von Verdeutschungen entbehrlicher Fremdwörter* (Leipzig 1882) und dessen Schrift *Engländerei in der deutschen Sprache* (Berlin 1909) durch einen beide Werke zusammenfassenden Nachdruck (Hildesheim 1989; mit einem höchst informativen Vorwort von Wolfgang Viereck) wieder leicht zugänglich geworden sind, so daß man wieder schmunzeln kann über verständlicherweise nicht übernommene Verdeutschungen, wie z. B. *selbstgemachter Mann* für *self-made man.*

3 Aufschlußreich in diesem Zusammenhang ist folgende Arbeit: Pogarell, Reiner u. Markus Schröder: *Wörterbuch überflüssiger Anglizismen.* Paderborn ²2000: IFB Verlag. – Durch meinen Verzicht entgehen den Lesern natürlich einige Genüsse; Alexander Remler gab am 19. April 2001 in der „Berliner Morgenpost" zu bedenken: „Hätten wir Sprachgesetze, die den Gebrauch von Anglizismen einschränken, würde es auch keine so lustigen Stilblüten mehr geben wie sie etwa das Jugendamt der Diözese Speyer vollbracht hat. Für das ‚ökumenische Christfest 2000' wollte es mit dem flotten Titel *The Great Ding-Dong* werben und damit auf den Dom und seine Glocken anspielen. Vor allem Engländer klopften sich auf die Schenkel: *Ding-Dong* nämlich umschreibt ein spezifisch männliches Körperorgan."

4 Vgl. hierzu den Band von Ehmann, Hermann: *Voll konkret. Das neueste Lexikon der Jugendsprache.* München 2001: Verlag C. H. Beck.

5 Vgl. die Schrift von Jacques Derrida: *Einige Statements und Binsenweisheiten über Neologismen, New-Ismen, Post-Ismen, Parasitismen und andere kleine Seismen.* Berlin 1997: Merve Verlag (engl. Original 1986).

6 Zahlreiche Beispiele zur Volksetymologie finden sich in meinen Bänden: *Lauter böhmische Dörfer,* München ⁵2000 und *Lauter spitze Zungen: Geflügelte Worte und ihre Geschichte.* ³2001; beide erschienen im Verlag C.H.Beck. – Ein Beispiel dafür, daß (unsinnige) Herleitungen auch ironisierend benutzt werden können, lieferte jüngst die „Frankfurter Allgemeine Zeitung" in einem brillanten Feuilletonbeitrag von Edo Reents über die Attitüden des Fernsehmoderators Günter Jauch: er trug den Titel „*Qualität* kommt von *quälen*" (vgl. die Ausgabe v. 30. Mai 2001, Nr. 124, Seite 49).

Literaturverzeichnis

(benutzte und weiterführende Werke)

Adelung, Johann Christoph: *Versuch eines vollständigen grammatisch-kritischen Wörterbuches der hochdeutschen Mundarten.* T. 4. Leipzig 1780: Breitkopf.

Altmann, Klemens (Hrsg.): *Deutsche Epigramme aus fünf Jahrhunderten.* München 1969: Deutscher Taschenbuch Verlag.

Andresen, Karl Gustaf: *Über deutsche Volksetymologie.* Leipzig [7]1919: Verlag von O. R. Reisland. (1. Aufl. Heilbronn a. N. 1876: Henninger.)

Arentzen, Ute/Lörcher Ulrike: *Gabler Wirtschaftslexikon.* Wiesbaden [15]2000: Th. Gabler.

Arntzen, Helmut: *Kurzer Prozeß.* Aphorismen und Fabeln. München 1966: Nymphenburger Verlagsanstalt.

Augustin, Michael: *Walkür und Willkür. Denkzettel. Neue Epigramme.* Köln 1986: Bund-Verlag.

Avé-Lallement, Friedrich Christian Benedict: *Das deutsche Gaunertum.* Wiesbaden 1998: Fourier Verlag. (Neuaufl. in einem Bd. nach der überarb. Ausgabe München/Berlin 1914 in 2 Bänden; Erstausgabe Leipzig 1858–1862 in 3 Bänden.)

Beutler, Ernst (Hrsg.): *Artemis-Gedenkausgabe von Goethes Werken, Briefen und Gesprächen:* Zürich 1948 ff. (AGA)

Bismarck, Otto von: *Die politischen Reden des Fürsten Bismarck.* Historisch-kritische Gesamtausgabe besorgt v. H. Kohl. 13 Bde. Stuttgart 1892–1894: Cotta u. Stuttgart/Berlin 1903–1905: Cotta Nachfolger.

Blumauer, Johann Aloys: *Gedichte.* 2 Bde. Wien 1787: Gräffer.

Blumauer, Johann Aloys: *Sämtliche Werke.* Hrsg. v. K. L. M. Müller. 8 Bde. Leipzig 1801–1803: Lincke.

Blumenfeld, Walter: *Sinn und Unsinn.* Eine Studie. München 1933: Verlag von Ernst Reinhardt.

Borchardt, Wilhelm/Wustmann, Gustav/Schoppe, Georg: *Die sprichwörtlichen Redensarten im deutschen Volksmund nach Sinn und Ursprung erläutert.* 7. Aufl., neu bearbeitet von Alfred Schirmer. Durchgesehener Neudruck Leipzig 1955: VEB F. A. Brockhaus Verlag.

Brant, Sebastian: *Narrenschiff.* Unveränd. Reprograf. Nachdr. d. Ausg. Leipzig 1854. Darmstadt 1973: Wissenschaftliche Buchgesellschaft.

Brecht, Bertolt: *Dreigroschenroman.* Reinbek b. Hamburg 1961: Rowohlt Verlag.

Brecht, Bertolt: *Gesammelte Werke.* Frankfurt/M. 1967: Suhrkamp Verlag. (*Die Dreigroschenoper,* 1928; *Leben des Galilei,* 1955/57; *Mutter Courage,* 1949; *Der kaukasische Kreidekreis,* 1949).

Brendicke, Hans: *Berliner Wortschatz zu den Zeiten Kaiser Wilhelms I. Auf Grund der Sammlungen des Oberpredigers C. Kollatz und des Kapitäns a. D. Paul Adam bearbeitet.* Berlin 1897: Verlag des Vereins für die Geschichte Berlins (Schriften des Vereins für die Geschichte Berlins, Bd. 33,4).

Broch, Hermann: *Der Tod des Vergil.* Frankfurt/M. 1955: Suhrkamp Verlag.

Brockhaus. Die Enzyklopädie: in 24 Bänden. Zwanzigste, überarbeitete und aktualisierte Auflage. Bd. 27: *Zitate und Redewendungen.* Leipzig etc. 1999.

Büchmann, Georg: *Geflügelte Worte.* München 1959: Droemersche Verlagsanstalt.

Büchmann, Georg: *Geflügelte Worte. Der klassische Zitatenschatz.* 40. Aufl. Neu bearbeitet v. Winfried Hofmann. Frankfurt/M. etc. 1995: Verlag Ullstein GmbH.

Bürger, Gottfried August: *Sämtliche Werke.* Hrsg. v. Günter u. Hiltrud Häntzschel. München 1987: Hanser.

Bürger, Gottfried August: *Gedichte.* Hrsg. v. Ernst Consentius. Krit. durchgesehene und erläuterte Ausgabe. 2 Bde. Berlin/Leipzig o. J. [1914].

Buttenwieser, Moses: „Die Herkunft des Wortes *berappen*", in: *Zeitschrift für Deutschkunde* 36 (1922), S. 181 f.

Campe, Joachim Heinrich: *Wörterbuch der deutschen Sprache.* 5 Bde. Braunschweig 1807–1811 (Reprograf. Nachdr. Hildesheim [u. a.] 1969: Olms Verlag).

Cicero, Marcus Tullius: M. Tulli Ciceronis *Epistulae ad familiares:* libri I–XVI; Hrsg. v. D. R. Shackleton Bailey. Stuttgart 1988: Teubner.

Cicero, Marcus Tullius: *Epistulae ad Quintum fratrem:* lateinisch-deutsch = *Briefe an den Bruder Quintus.* Übers. u. hrsg. v. Ursula Blank-Sangmeister. Stuttgart 1993: Reclam Verlag.

Derrida, Jacques: *Einige Statements und Binsenweisheiten über Neologismen, New-Ismen, Post-Ismen, Parasitismen und andere kleine Seismen.* Berlin 1997: Merve Verlag (engl. Original 1986).

Dershowitz, Alan M.: *Chuzpe. Autobiographie.* Hamburg 2000: Europäische Verlagsanstalt.

Deutsches Lesebuch. Eine Auswahl zweckmäßiger Lesestücke zur Übung im richtigen und schönen Vortrag und zum Unterricht in der deutschen Sprache. Zunächst für die obere Classe der Vorschule und die Handelsschule zu Bremen. Zweiter Theil. Vierte sorgfältig durchgesehene und vermehrte Auflage. Bremen 1837.

Die Bibel in Auswahl für Schule und Heim. Unter besonderer Berücksichtigung von Dr. Martin Luthers Übersetzung hrsg. v. Edv. Lehmann u. P. Petersen. Hamburg etc. [6/7]1912.

Die Bibel. Nach der deutschen Übersetzung D. Martin Luthers. (Revidierter Text 1964). Köln 1996: Parkland Verlag.

Die heilige Schrift. Übers. u. neu bearb. v. Hermann Menge. Stuttgart [13]1954: Privileg. Württemb. Bibelanstalt.

Die Heilige Schrift des Alten und Neuen Testamentes. Vollständige Ausgabe nach den Grundtexten übers. u. hrsg. v. Vinzenz Hamp, Meinrad Stenzel und Josef Kürzinger. Augsburg 1998: Weltbild Verlag.

Dittrich, Hans: *Redensarten auf der Goldwaage.* Bonn 1975: Ferd. Dümmlers Verlag.

Donald, Graeme: *The Dictionary of Modern Phrase.* London 1994: Simon & Schuster.

Duden: *Deutsches Universalwörterbuch A–Z.* Mannheim etc. [3]1996: Dudenverlag.

Duden (Bd. 1): *Rechtschreibung der deutschen Sprache.* Mannheim etc. [19]1986: Bibliographisches Institut.

Duden (Bd. 1): *Rechtschreibung der deutschen Sprache.* Mannheim etc. [20]1991: Dudenverlag.

Duden (Bd. 1): *Rechtschreibung der deutschen Sprache.* Mannheim etc. [21]1996: Dudenverlag.

Duden (Bd. 7): *Etymologie. Herkunftswörterbuch der deutschen Sprache.* Mannheim etc. [2]1997: Dudenverlag.

Duden (Bd. 11): *Redewendungen und sprichwörtliche Redensarten. Wörterbuch der deutschen Idiomatik.* Mannheim etc. 1992: Dudenverlag.

Dunger, Hermann: *Wörterbuch von Verdeutschungen entbehrlicher Fremdwörter – Engländerei in der deutschen Sprache.* Hildesheim etc. 1989: Georg Olms Verlag. (Nachdr. der Schriften aus den Jahren 1882 u. 1909)

Ebner-Eschenbach, Marie v.: *Gesammelte Schriften.* Berlin 1893.

Ehmann, Hermann: *Voll konkret. Das neueste Lexikon der Jugendsprache.* München 2001: Verlag C. H. Beck.

Eichrodt, Ludwig: *Hortus deliciarum für deutschen Humor.* 1.–6. Spaziergang. Lahr 1877–1879.

Eichrodt, Ludwig/Kußmaul, Adolf/Sauter, Samuel Friedrich: *Das Buch Biedermaier: Gedichte.* Neue Ausg. Stuttgart 1911: Müller.

Ernst, Otto: *Gesammelte Werke.* 12 Bde. Leipzig 1922–1923: Staackmann.

Etymologisches Wörterbuch des Deutschen. 2 Bde. Durchgesehen und ergänzt von Wolfgang Pfeifer. Berlin [2]1993: Akademie-Verlag.

Eyering, Eucharius: *Proverbiorum Copia. Etlich viel hundert lateinischer und teutscher schöner und lieblicher Sprichwörter.* 3 Bde. Eisleben 1601–1604. (Nachdr. Hildesheim [u. a.] 1999: Olms. (Mit einem Vorwort von Wolfgang Mieder, Volkskundliche Quellen, Reihe 7: Sprichwort).

Fallada, Hans: *Kleiner Mann – was nun?* Reinbek bei Hamburg 1960: rororo. (Erstausgabe 1932)

Faulmann, Karl: *Etymologisches Wörterbuch der deutschen Sprache.* Halle/S. 1893: Ehrhardt Karras' Verlag.

Fink, Hermann: *Von ,Kuh-Look' bis ,Fit for Fun'.* Frankfurt/M. etc. 1997: P. Lang.

Fischer, Kuno: *Über den Witz. Ein philosophischer Essay.* Tübingen 1996: Klöpfer & Meyer Verlag.

Friedensburg, Ferdinand: *Die Münze in der Kulturgeschichte.* Berlin 1909: Weidmann.

Fröhlich, Rudolf: *Die gefährlichen Klassen Wiens. Darstellung ihres Entstehens, ihrer Verbindungen, ihrer Taktik, ihrer Sitten und Gewohnheiten und ihrer Sprache.* Wien 1851. (Glossar S. 140–172)

Funke, Wolfgang: *Der Wendehals und andere Mitmenschen. Satirische Epigramme und Kurzgeschichten.* Berlin 1990: Ullstein.

Geibel, Emanuel: *Gesammelte Werke in acht Bänden.* 1. Band, 3. Aufl. Stuttgart 1893: Verlag der F. G. Cotta'schen Buchhandlung Nachf.

Geibel, Emanuel: *Gesammelte Werke.* Krit. durchges. u. erl. Ausg. Hrsg. v. W. Stammler. 3 Bde. o. J.

Geibel, Emanuel: *Gesammelte Werke.* 8 Bde. Stuttgart/Berlin [4]1906: Cotta.

Gerstäcker, Friedrich: *Unter dem Äquator.* München 1990: Union-Spectrum.

215

Gesellschaft für deutsche Sprache (Hrsg.)/Wolfgang Mieder. *Verdrehte Weisheiten. Antisprichwörter aus Literatur und Medien.* Wiesbaden 1998: Quelle & Meyer Verlag.

Girtler, Roland: *Rotwelsch: Die alte Sprache der Gauner, Dirnen und Vagabunden.* Wien etc. 1998: Böhlau.

Gleim, Johann Wilhelm Ludwig: *Auserlesene Fabeln und Erzählungen. Für die Jugend.* Altona 1820: C. G. Pinckvoß.

Göbels, Hubert: *Zauberformel ABC.* Dortmund 1988: Harenberg Edition.

Goethes Werke, Weimarer Ausgabe. Weimar 1817–1919. [WA]

Goethe, Johann Wolfgang: *Sämtliche Werke, Briefe, Tagebücher und Gespräche in 40 Bänden.* Frankfurt/M. 1994 ff. [FA]

Goethe, Johann Wolfgang von: *Satiren, Farcen und Hanswurstiaden.* Ditzingen 1999: Reclam.

Goethes Werke. Hamburger Ausgabe in 14. Bänden. Hrsg. v. Erich Trunz. München [15]1993 f.: Verlag C. H. Beck. [HA]

Goethes *Gespräche.* In 4 Bänden. Eine Sammlung zeitgenössischer Berichte aus seinem Umgang auf Grund der Ausgabe und des Nachlasses von Flodoard Freiherrn von Biedermann ergänzt und herausgegeben von Wolfgang Herwig. 1. Band (1749–1805). Zürich etc. 1965: Artemis Verlag.

Goldenson, Robert und Kenneth Anderson: *The Wordsworth Dictionary of Sex. The indispensible guide to the terminology of sexual practice from science to slang.* Ware, Hertfordshire 1994: Wordsworth Editions, Ltd.

Göhring, Ludwig: *Volkstümliche Redensarten und Ausdrücke. Deutung noch unerklärter, unvollständig oder gar unrichtig erklärter volkstümlicher Redensarten und Ausdrücke.* München 1937: Neuer Filser-Verlag.

Grass, Günter: *Der Butt.* Darmstadt 1977: Herman Luchterhand Verlag.

Graupmann, Jürgen: *Das Lexikon der Flops und Fehlleistungen.* Bergisch Gladbach 1999: Bastei-Verlag Gustav H. Lübbe.

Grimm, Jacob/Grimm, Wilhelm: *Deutsches Wörterbuch.* 33 Bde. Leipzig 1854 ff.: Verlag von S. Hirzel. Nachdruck München 1991: Deutscher Taschenbuch Verlag.

Grünberg, Arnon; *Blauer Montag.* Zürich 1999: Diogenes Verlag.

Günther, L(ouis): *Das Rotwelsch des deutschen Gauners.* Straßburg 1905: Verlag von Karl J. Trübner.

Günther, L(ouis): *Die deutsche Gaunersprache und verwandte Geheim- und Berufssprachen.* Leipzig 1919. (Nachdruck: Reprint-Verlag Leipzig.)

Guggenmoos, Josef: *Was denkt die Maus am Donnerstag?* 123 Gedichte für Kinder mit 56 Grafiken von Günther Stiller. Recklinghausen 1967: Georg Bitter Verlag.

Gutknecht, Christoph: *Lauter böhmische Dörfer. Wie die Wörter zu ihrer Bedeutung kamen.* München [5]2000 (1. Aufl. 1995): Verlag C. H. Beck.

Gutknecht, Christoph: *Lauter spitze Zungen. Geflügelte Worte und ihre Geschichte.* München [3]2001 (1. Aufl. 1996): Verlag C. H. Beck.

Gutknecht, Christoph (Hrsg.): *Lauter Worte über Worte. Runde und spitze Gedanken über Sprache und Literatur.* München 1999: Verlag C. H. Beck.

Hahn, Ronald M.: *Socialdemokraten auf dem Monde.* München 1998: Heyne Verlag.

Haka, R.: „Die Herkunft von Redensarten". *Sprachspiegel*, Jg. 28 (1972), H. 6, S. 178–179.

Harder, Franz: *Werden und Wandern unserer Wörter.* Berlin ⁵1925: Verlag der Haude & Spenerschen Buchhandlung Max Patschke. (1. Aufl. 1911).

Haug, Johann Christoph Friedrich: *Epigramme und vermischte Gedichte.* Berlin 1805: Unger.

Hauptmann, Gerhart: *Sämtliche Werke.* Hrsg. v. Hans-Egon Hass. 10 Bde. Frankfurt/M. 1962–1966: Propyläen.

Hebel, Johann Peter: *Werke.* 2 Bände. Berlin 1869: Grote.

Hellman, Hal: *Zoff im Elfenbeinturm. Große Wissenschaftsdispute.* Weinheim 2000: Verlag Wiley/VCH.

Henne, Helmut/Objartel, Georg (Hrsg.): *Bibliothek zur historischen deutschen Studenten- und Schülersprache.* 6 Bde. Berlin/New York 1984: Walter de Gruyter.

Hesse, Herrmann: *Gesammelte Werke*, 12. Bd., Schriften zur Literatur II, Stuttgart 1970.

Hetzel, S.: *Wie der Deutsche spricht: Phraseologie der volkstümlichen Sprache; Ausdrücke, Redensarten, Sprichwörter und Citate aus dem Volksmunde und den Werken der Volksschriftsteller.* Leipzig 1896: Fr. Wilh. Grunow.

Heyne, Moriz: *Deutsches Wörterbuch.* 3 Bde. Leipzig ²1904–1906: Hirzel.

Hilsenrath, Edgar: *Der Nazi und der Friseur.* München 1990: Piper Verlag.

Hirt, Herman: *Etymologie der neuhochdeutschen Sprache.* München ²1921: C. H. Beck'sche Verlagsbuchhandlung Oskar Beck.

Höfer, Matthias: *Etymologisches Wörterbuch der in Oberdeutschland, vorzüglich aber in Österreich üblichen Mundart.* Linz 1815: Kastner.

Jahrbücher für Wissenschaft und Kunst, Jg. 1, Leipzig 1854 [vgl. insbes. S. 238].

Jens, Walter: *Der Mann, der nicht alt werden wollte.* Reinbek bei Hamburg 1963: rororo 530. (Erstausgabe 1955)

Jütting, W. A.: *Biblisches Wörterbuch: Enthaltend eine Erklärung der alterthümlichen und seltenen Ausdrücke in M[artin] Luther's Bibelübersetzung. Für Geistliche und Lehrer.* Unveränd. Neudruck der Ausg. von 1864. Vaduz/Liechtenstein 1973: Sändig.

Karoly, Jil: *Mannomann.* Frankfurt/. M. 1998: Fischer Taschenbuch-Verlag.

Kästner, Erich: *Gesammelte Schriften für Erwachsene.* 8 Bde. München 1969: Knaur. (Bd. 1: Gedichte)

Kästner, Erich: *Gesammelte Schriften für Erwachsene.* Zürich 1969: Atrium. Bd. 1, S. 59.

Kempowski, Walter: *Tadellöser & Wolf.* München 1975: Deutscher Taschenbuch Verlag. (Erstausg. 1971)

KLEN (= Karl Leberecht Emil Nickel): *Schüttelsprüche. Eine Anthologie.* Hildesheim 1995: Verlag Lax. (= *Schüttelreime heute*, hrsg. v. Sita Steen, Bd. 13.)

Klöckner, Bernd W./Möller, Carsten: *Der alltägliche Betrug.* Landsberg am Lech 1997: mvg Verlag.

Kluge, Friedrich: *Etymologisches Wörterbuch der deutschen Sprache.* Bearbeitet von Elmar Seebold. Berlin/New York ²³1995: Walter de Gruyter.

Kluge, Friedrich: *Rotwelsch: Quellen und Wortschatz der Gaunersprache und der verwandten Geheimsprachen. I. Rotwelsches Quellenbuch.* Straßburg

1901: Verlag von Karl J. Trübner. (Photomechan. Nachdruck, Berlin etc. 1987: Walter de Gruyter).

Köster, Rudolf: *Redensarten. Herkunft und Bedeutung.* Mannheim etc. 1999: Dudenverlag. (Duden Taschenbücher).

Krack, Karl Erich: *1000 Redensarten unter die Lupe genommen.* Frankfurt/M. 1969: Fischer Bücherei GmbH.

Kraus, Karl: *Die Katastrophe der Phrasen. Glossen 1910–1918.* Frankfurt/M. 1994: Suhrkamp Taschenbuch.

Kraus, Karl: *Gedichte.* Frankfurt/M.: suhrkamp taschenbuch 1319. (Folgt den letzten Auflagen der *Worte in Versen*, Bde. 1–9, 1922–1930.)

Kraus, Karl: *Beim Wort genommen.* Hrsg. v. Heinrich Fischer. München 1955: Kösel.

Kraus, Karl: *Werke* in 14 Bänden und 3 Supplementbänden, hrsg. v. Heinrich Fischer. München 1959, Bd. 7.

Krauss, Heinrich: *Geflügelte Bibelworte. Das Lexikon biblischer Redensarten.* München 1993: Verlag C. H. Beck.

Kritzfeld, Ron: *Kleines Universal Flexikon.* 10 Bde. Essen 1974–85: Selbstverlag des Verfassers.

Krüger-Lorenzen, Kurt: *Deutsche Redensarten und was dahinter steckt: Das geht auf keine Kuhhaut – Aus der Pistole geschossen – Der lachende Dritte.* Wiesbaden o. J. [1960]: VMA Verlag.

Küpper, Heinz: *Illustriertes Lexikon der deutschen Umgangssprache.* 8 Bde. Stuttgart 1982–1984: Ernst Klett Verlag.

Küpper, Heinz: *Wörterbuch der deutschen Umgangssprache.* 1. Aufl., 4. Nachdr. Stuttgart 1990: Ernst Klett Verlag. (1. Aufl. Stuttgart 1987).

La Fontaine, Jean de: *Sämtliche Fabeln. In den Übersetzungen von Heinz Dohm und Gustav Fabricius.* München 1995: Deutscher Taschenbuch Verlag.

Ladendorf, Otto: *Historisches Schlagwörterbuch.* Straßburg/Berlin 1906: Trübner. (Nachdr. Hildesheim 1968: Georg Olms Verlagsbuchhandlung).

Lamer, Hans/Kroh, Paul: *Wörterbuch der Antike. Mit Berücksichtigung ihres Fortwirkens.* Stuttgart [10]1995: Kröner Verlag.

Lamprecht, Helmut: *Die Hörner beim Stier gepackt. Aphorismen, Epigramme, Gedichte.* Stuttgart 1975: Werner Gebühr.

Landmann, Salcia: *Jiddisch. Abenteuer einer Sprache.* München [2]1965: Deutscher Taschenbuch Verlag.

Lange, Bernd-Lutz: *Dämmerschoppen. Geschichten von drinnen und draußen.* Leipzig [2]1997: Gustav Kiepenheuer Verlag.

Lasch, Agathe: „*Berlinisch“. Eine berlinische Sprachgeschichte.* Berlin 1928: Verlag von Reimar Hobbing. (Auch als unveränd. Reprograf. Nachdr. Darmstadt 1967: Wissenschaftliche Buchgesellschaft).

Lec, Stanisław Jerzy: *Das große Stanisław Jerzy Lec Buch. Aphorismen, Epigramme, Gedichte und Prosa.* München 1971: Carl Hanser.

Legros, Waltraud: *Was die Wörter erzählen. Eine kleine etymologische Fundgrube.* München 1997: Deutscher Taschenbuch Verlag.

Lehman, Christoph(orus): *Florilegium politicum auctum: das ist ernewerter politischer Blumengarten; darinn außerlesene politische Sententz … Frankfurt 1640: Schönwetter.

Lenz, Siegfried: *Elfenbeinturm und Barrikade. Erfahrungen am Schreibtisch.* München 1986: Deutscher Taschenbuch Verlag.

Lessing, Gotthold Ephraim: *Werke. Sämtliche Schriften.* Hrsg. v. Karl Lachmann. 3., aufs neue durchges. u. verm. Aufl. Besorgt durch Franz Muncker. 23 Bde. Nachdr. Berlin 1967/68: Walter de Gruyter.

Lessing, Gotthold Ephraim: *Werke.* Hrsg. v. Herbert G. Göpfert in Zusammenarbeit m. Karl Eibl, Helmut Göbel, Karl S. Guthke, Gerd Hillen, Albert von Schirmding und Jörg Schönert, Bd. 1–8, München 1970 ff.: Carl Hanser.

Lewinsky, Tamar: *Geflügelte Namen. Das Lexikon unbekannter Bekannter von Achilles bis Graf Zeppelin.* Zürich 1998: Oesch Verlag.

Lichnowsky, Mechtilde: *Worte über Wörter.* Vaduz 1949: Liechtenstein Verlag.

Lister, Ronald/Veth, Klemens: *Idioms im Griff. Phrasal Verbs, Redewendungen und Metaphern nach Situationen.* Reinbek bei Hamburg 1999: Rowohlt Taschenbuch Verlag.

Lödige, Hartwig: *Audi, Cat und Cabrio. Kleine Wortkunde der Autowelt.* München 2000: Ullstein Taschenbuchverlag.

Lokotsch, Karl: *Etymologisches Wörterbuch der europäischen (germanischen, romanischen und slavischen) Wörter orientalischen Ursprungs.* Heidelberg 1975: Carl Winter.

Mann, Thomas: *Buddenbrooks.* Frankfurt/M. 1960: Fischer Bücherei. (Erstausg. 1901).

Mann, Klaus: *Der Wendepunkt.* Frankfurt/M. 1963: Fischer Bücherei. (Erstausg. 1952).

Manz, Hans: *Die Welt der Wörter. Sprachbuch für Kinder und Neugierige.* Weinheim/Basel 1991: Beltz Verlag.

Martin, Steve: *Blanker Unsinn.* München 2000: Wilhelm Goldmann Verlag (Manhattan Bücher).

Marx, Karl/Engels, Friedrich: *Werke.* Band 1, Berlin 1976: (Karl) Dietz Verlag.

Maußer, Otto: *Deutsche Soldatensprache: ihr Aufbau und ihre Probleme.* Straßburg 1917: Trübner.

McMillan, Terry: *Männer sind die halbe Miete.* München 1998: Goldmann.

Meid, Wolfgang (Hrsg.): *Studien zum indogermanischen Wortschatz.* Innsbruck 1987: Inst. f. Sprachwiss. d. Univ. Innsbruck.

Meier, Derek: *Ausfallzeiten in der Waldarbeit.* Inauguraldissertation zur Erlangung der Doktorwürde der Forstwirtschaftlichen Fakultät der Albert-Ludwigs-Universität zu Freiburg im Breisgau. 1999.

Meyer, Hans: *Der richtige Berliner in Wörtern und Redensarten.* 9. Auflage von Siegfried Mauermann. Berlin 1925: H. S. Hermann (1. Auflage Berlin 1878: H. S. Hermann)

Meyer, Kurt: *Wie sagt man in der Schweiz? Wörterbuch der schweizerischen Besonderheiten.* Mannheim etc. 1989: Dudenverlag. (= Duden-Taschenbücher 22).

Meyer, Richard Moritz: *Die altgermanische Poesie nach ihren formelhaften Elementen beschrieben.* Berlin 1889. Nachdr. Hildesheim 1985: Olms.

Michael, Roland: *Wie, was, warum?* Augsburg 1990: Praesentverlag Heinz Peter.

Mitsch, Werner: *Pferde, die arbeiten, nennt man Esel. Sprüche. Nichts als Sprüche.* Stuttgart 1980: Heinz u. Margarete Letsch.

Mitsch, Werner: *Hunde, die schielen, beißen daneben. Sprüche. Nichts als Sprüche.* Stuttgart 1981: Heinz u. Margarete Letsch.

Mitsch, Werner: *Neue Hin- und Widersprüche.* Rosenheim 1988: Alfred Förg.

Morgenstern, Christian: *Sämtliche Dichtungen.* Hrsg. v. Heinrich O. Proskauer. Basel 1973: Zbinden Verlag.

Moriz, Eduard (Hrsg.): *Lieber intim als in petto. Sponti-Sprüche Nr. 5.* Frankfurt/M. 1984: Eichborn Verlag.

Müller, Eduard: *Etymologisches Wörterbuch der englischen Sprache.* 4 Bde. Cöthen 1865–1879. Schettler's Verlag.

Müller, Jupp: *Gespitzt – und gepfiffen! Aphorismen, Epigramme, Gedichte.* Halle 1981: Mitteldeutscher Verlag.

Müller, Klaus (Hrsg.): *Lexikon der Redensarten.* Gütersloh 1994: Bertelsmann Lexikon Verlag.

Nachama, Andreas: *Jiddisch im Berliner Jargon oder Hebräische Sprachelemente im deutschen Wortschatz.* Berlin [5]1997: Stapp Verlag.

Neumann, Robert: *Die Parodien. Gesamtausgabe.* Wien etc. 1962: Verlag Kurt Desch.

Nieraad, Jürgen: *„Bildgesegnet und bildverflucht". Forschungen zur sprachlichen Metaphorik.* Darmstadt 1977: Wissenschaftliche Buchgesellschaft.

Nitsche, Rainer: *Der Geiz. Annäherung an eine gemeine Leidenschaft.* Berlin 1990: Transit Buchverlag.

North, Michael (Hrsg.): *Von Aktie bis Zoll. Ein historisches Lexikon des Geldes.* München 1995: Verlag C. H. Beck.

Olschanksy, Heike: *Täuschende Wörter. Kleines Lexikon der Volksetymologien.* Stuttgart 1999: Philipp Reclam jun.

Osten, Alexander: *Das große Buch der Redewendungen.* Wien 1997: tosa Verlag.

Ostwald, Hans: *Berliner Tanzlokale.* (Großstadtdokumente, Bd. 4) Berlin/Leipzig 1905: Verlag Hermann Seemann Nachf.

Pablé, Elisabeth (Hrsg.): *Ad absurdum. Parodien dieses Jahrhunderts.* München 1968: Deutscher Taschenbuch Verlag.

Panagl, Oswald: *Aspekte der Volksetymologie.* Innsbruck 1982: Institut für Sprachwissenschaft, Univ.

Paul, Hermann: *Deutsches Wörterbuch.* Vollständig neu bearbeitete Auflage von Helmut Henne und Georg Objartel unter Mitarbeit von Heidrun Kämper-Jensen. Tübingen [9]1992: Niemeyer.

Petan, Žarko: *Die Welt in einem Satz.* Graz etc. 1994: Verlag Styria.

Pfau, Ludwig: *Gedichte.* 4., durchges. u. verm. Aufl. Stuttgart 1889.

Philander von der Linde: *Vermischte Gedichte: darinnen so wol allerhand Ehrengedichte …; nebst einer ausführlichen Unterredung von der deutschen Poesie und ihren unterschiedenen Arten enthalten.* Leipzig 1710: Gleditsch.

Pogarell, Reiner u. Markus Schröder: *Wörterbuch überflüssiger Anglizismen.* Paderborn [2]2000: IFB Verlag.

Pohlke, Reinhard: *Das wissen nur die Götter. Deutsche Redensarten aus dem Griechischen.* Düsseldorf etc. 2000: Artemis & Winkler.

Polenz, Peter von: „Fremdwort und Lehnwort sprachwissenschaftlich betrachtet." (http://www.univie.ac.at/Germanistik/schrodt/vorlesungsmaterialien/Polenz.htm)

Polzer, Wilhelm: *Gauner-Wörterbuch für den Kriminalpraktiker.* München etc. 1922: Schweitzer.

Prutz, Robert: *Die deutsche Litteratur der Gegenwart.* Leipzig 1859.

Pruys, Karl Hugo: *„Im Vorfeld wird zurückgeschossen ...'* Wie Politiker und Medien die deutsche Sprache verhunzen.* Berlin 1994: Ed. Q/Quintessenz.

Raab, Heinrich: *Deutsche Redewendungen. Von „Abblitzen" bis „Zügel schie-ßen lassen".* Wiesbaden o.J. [1981]: VMA Verlag.

Reimann, Hans: *Vergnügliches Handbuch der deutschen Sprache.* Wiesbaden o. J.: VMA Verlag. (Nachdr. d. revidierten und erweiterten Neuaufl. Düssel-dorf/Wien 1964: Econ-Verlag).

Richter, Albert: *Deutsche Redensarten. Sprachlich und kulturgeschichtlich er-läutert.* Hrsg. v. Oskar Weise. Leipzig [4]1921: Friedrich Brandstetter.

Richter, Walter: *Aphorismen und Zeichnungen.* Offenbach 1995: Arnim Otto.

Röhrich, Lutz (Hrsg.): *Lexikon der sprichwörtlichen Redensarten.* 5 Bde. Frei-burg etc. [2]1995: Herder Verlag.

Rohlfs, Gerhard: *Quer durch Afrika. Reise vom Mittelmeer nach dem Tschad-See und zum Golf von Guinea.* In zwei Theilen. Erster Theil. Leipzig 1874: F. A. Brockhaus.

Rosendorfer, Herbert: ADAC *Reiseführer Rom.* München [5]2000: ADAC Verlag.

Roth, Eugen: *Sämtliche Menschen.* München 1983: Carl Hanser Verlag.

Sabersky, Heinrich: „Fiasko machen". *Zeitschrift des Allgemeinen Deutschen Sprachvereins.* 21. Jg. (1906), Sp. 274.

Scheffel, Josef Victor von: *Werke.* Hrsg. v. Friedrich Panzer. Bd. 1. Meyers Klassikerausgaben; Bibliographisches Institut Leipzig o.J. (S. 20–22).

Schiller, Friedrich: *Sämtliche Werke.* Auf Grund der Originaldrucke hrsg. v. Gerhard Fricke und Herbert G. Göpfert in Verbindung mit Herbert Stuben-rauch, München [3]1962: Carl Hanser.

Schirmer, Alfred: *Wörterbuch der deutschen Kaufmannssprache. Auf ge-schichtlichen Grundlagen mit einer systematischen Einleitung.* Straßburg 1911: Verlag von Karl J. Trübner. Ndr. Berlin, New York 1991.

Schlobinski, Peter. *Berliner Wörterbuch. Der aktuelle Sprachschatz des Berli-ners.* Berlin [2]1993: arani-Verlag.

Schlosser, Horst Dieter: *Lexikon der Unwörter.* Gütersloh 2000: Bertelsmann Lexikon Verlag.

Schmidt, Atze u. Hans Kals: *Muckefuck und falsches Marzipan. Die Koch-kunst der mageren Jahre.* Aachen 1991: Alano Verlag.

Schopenhauer, Arthur: *Werke in 5 Bänden.* Nach den Ausgaben letzter Hand hrsg. v. Ludger Lütkehaus. Zürich 1991: Hafmanns Verlag.

Schopenhauer, Arthur: *Ueber die, seit einigen Jahren, methodisch betriebene Verhunzung der Deutschen Sprache.* Hrsg. v. Ludger Lütkehaus. Freiburg 1997: Kore Verlag.

Schrader, Herman: *Der Bilderschmuck der deutschen Sprache. Einblick in den unerschöpflichen Bilderreichthum unserer Sprache und ein Versuch wissen-schaftlicher Deutung dunkler Redensarten und sprachlicher Räthsel.* Berlin 1886: Verlag von H. Dolfuß.

Schrader, Herman: *Scherz und Ernst in der Sprache. Vorträge im Allgemeinen Deutschen Sprachverein.* Weimar 1897: Verlag von Emil Felber.

Schury, Gudrun: *Goethe-ABC.* Leipzig 1997: Reclam Verlag.

Schwarz, Markus/Alex, Olaf: *Eponyme in der Dermatologie: 100 biographische Beiträge zur medizinischen Terminologie.* Köln 2000: Viavital-Verlag 2000.

Schweizerisches Idiotikon – Wörterbuch der schweizerdeutschen Sprache. Frauenfeld 1881 ff.

Schwenk, Ernst: *Mein Name ist Becquerel. Wer den Maßeinheiten die Namen gab: Von Ampère bis Watt.* München 1993: Deutscher Taschenbuch Verlag.

Seiler, Friedrich: *Deutsche Sprichwörterkunde.* München 1922: C. H. Beck'sche Verlagsbuchhandlung Oskar Beck. (*Handbuch des Deutschen Unterrichts an höheren Schulen,* begründet von Adolf Matthias, 4. Bd., 3. Teil).

Siber, Martha: *Wegweiser zur Beobachtung der Muttersprache.* 2., verbesserte Auflage. Leipzig/Berlin 1914: Druck und Verlag von B. G. Teubner.

Sokal, Alan u. Jean Bricmont: *Eleganter Unsinn. Wie die Denker der Postmoderne die Wissenschaften mißbrauchen.* München 1999: Verlag C. H. Beck.

Spielhagen, Friedrich: *Sturmflut.* Leipzig 1877: Staackmann.

Stankowski, Martin: *Einen Türken bauen. Geschichten über Alltagsrituale und Redensarten.* Löhrbach 1998: Werner Pieper & The Grüne Kraft MedienXperimente.

Steger, Heribert: *333 biblische Redensarten.* Augsburg 1998: Pattloch.

Steinberger, Emil: *Wahre Lügengeschichten.* Berlin 2000: Ullstein Taschenbuch Verlag.

Steinthal, Heymann: *Geschichte der Sprachwissenschaft bei den Griechen und Römern.* Teil 1. Berlin 1890.

Stemplinger, Eduard: *Von der Äolsharfe bis zur Xanthippe. Ein kleines Handbuch antiker Redensarten im deutschen Sprachgebrauch.* München 1933: Ernst Heimeran.

Stengel, Hansgeorg: *Stengelsextrakt. Ein epigrammatisches Vademekum.* Berlin 1982: Eulenspiegel Verlag.

Stettenheim, Julius: *Nase- und andere Weisheiten.* Berlin 1904: Fontane.

Stiberc, Andrea: *Sauerkraut, Weltschmerz, Kindergarten und Co. Deutsche Wörter in der Welt.* Freiburg etc. 1999: Herder.

Stieler, Kaspar: *Der Teutschen Sprache Stammbaum und Fortwachs oder Teutscher Sprachschatz,* 3 Bde., Nürnberg 1691, Ndr. Hildesheim 1968.

Stoll, Joseph: Bensheimer Idiotikon: *Eine Sammlung von Wörtern und Ausdrücken der Bensheimer Mundart. Mit Nachweisungen ihres Ursprungs und lokalgeschichtlichen Anmerkungen.* Bensheim 1984: Museumsverein Bensheim (Faks.-Dr. d. Urschr.).

Storfer, Adolf Josef: *Wörter und ihre Schicksale.* Berlin/Zürich 1935: Atlantis-Verlag. (Nachdr. Wiesbaden 1981: Fourier Verlag).

Taylor, Archer: „The Style of Proverbs", in: De Proverbio, Volume 5: No. 1 (1999). (http://www.deproverbio.com/DPjournal/DP,5,1,99/TAYLOR/STYLE.html).

Tendlau, Abraham (Moses) (Hrsg.): *Jüdische Sprichwörter und Redensarten. Als Beitrag zur Volks-, Sprach- und Sprichwörter-Kunde. Aufgezeichnet aus dem Munde des Volkes und nach Wort und Sinn erläutert.* Köln 1998: Parkland Verlag. (Nachdr. der Ausgabe Frankfurt /M. 1860: Keller).

Train, J. K. v.: *Chochemer Loschen: Wörterbuch der Gauner- und Diebs- vulgo Jenischen Sprache, nach Criminalacten und den vorzüglichsten Hülfsquellen für Justiz-, Polizei- und Mauthbeamte, Candidaten der Rechte, Gendarmerie, Landgerichtsdiener und Gemeindevorsteher.* Meissen 1833: F. W. Goedsche. (Nachdr. Reprint-Verlag Leipzig).

Trübners Deutsches Wörterbuch. Im Auftrage der Arbeitsgemeinschaft für deutsche Wortforschung hrsg. v. Alfred Götze, weitergeführt von Walter Mitzka, 8 Bde., Berlin 1939–1957: Walter de Gruyter.

Uhlenbruck, Gerhard: *Medizinische Aphorismen.* 2. veränd. Aufl. Neckarsulm 1994: Natura Med Verlagsgesellschaft. (1. Aufl. Heidelberg 1982: Verlag Jungjohann.)

Uthmann, Jörg von: *Es steht ein Wirtshaus an der Lahn. Wegweiser zu den verschwiegenen, geheimnisvollen, kuriosen, zuweilen auch morbiden und makabren Sehenswürdigkeiten Deutschlands.* Zürich 1998: Oesch Verlag.

Verspohl, Franz-Joachim: *Michelangelo Buonarroti und Niccolò Machiavelli. Der David, die Piazza, die Republik.* (Kleine politische Schriften, Band 8). Bern 2001: Verlag Stämpfli u. Cie. AG.

Volkert, Wilhelm: *Kleines Lexikon des Mittelalters. Von Adel bis Zunft.* München [2]1999: Verlag C. H. Beck.

Waag, Albert: *Bedeutungsentwicklung unseres Wortschatzes: ein Blick in das Seelenleben der Wörter.* Lahr i. B. 1915: Verlag von Moriz Schauenburg.

Wagner, Horst: „Edikt wider den blauen Montag." *Berlinische Monatsschrift.* 8. Jg., H. 8 (August 1999), S. 87–88.

Wasserzieher, Ernst: *Woher? Ableitendes Wörterbuch der deutschen Sprache.* Bonn [18]1974: Ferd. Dümmlers Verlag.

Wasserzieher, Ernst: *Sprachgeschichtliche Plaudereien.* Berlin/Bonn [2]1930: Ferd. Dümmlers Verlag.

Weigand, Friedrich Ludwig Karl: *Deutsches Wörterbuch.* 5. Aufl. […] vollständig neu bearb. v. Karl von Bahder, Herman Hirt, Karl Kant, hrsg. v. H. Hirt, 2 Bde. Gießen 1 (1909) – 2 (1910): Töpelmann. (Nachdr. Berlin/New York 1968.)

Weise, Oskar: *Ästhetik der deutschen Sprache.* Leipzig/Berlin [4]1915: B. G. Teubner.

Weise, Oskar: *Unsere Muttersprache: Ihr Werden und ihr Wesen.* Leipzig/Berlin [11]1929: B. G. Teubner.

Weißenborn, Theodor: *Der Nu oder die Einübung der Abwesenheit.* Siegen: 1999: Carl Böschen Verlag.

Werthenau E. C(harlotte): *Interessante Wörter.* Berlin-Tempelhof 1910: Freier Literarischer Verlag.

Wilke, Edwin: *Deutsche Wortkunde.* Leipzig [4]1910: Friedrich Brandstetter.

Wilsmann, Aloys Christof: *Die zersägte Jungfrau. Kleine Kulturgeschichte der Zauberkunst.* Berlin 1938: Verlag Scherl.

Winnig, August: *Der weite Weg.* Hamburg o. J. [[2]1932]: Hanseatische Verlagsanstalt.

Winter, Georg: *Unbeflügelte Worte – zugleich Ergänzungen zu Büchmann, von Loeper, Strehlke etc.* Augsburg 1888: Adelbert Votsch.

Winter, Rolf: *Little America. Die Amerikanisierung der deutschen Republik.* Hamburg 1995: Rasch und Röhring Verlag.

Winter, Leon de: *Der Himmel von Hollywood.* Zürich 2000: Diogenes Verlag.

Wirz, Ferdinand: *Auf den Busch geklopft. Der Wald und unsere Sprache.* Melsungen 1999: Neumann-Neudamm, Verlag für Jagd und Natur.

Wolf, Siegmund A.: *Wörterbuch des Rotwelschen.* Hamburg 1993 (= ²1985): Helmut Buske Verlag.

Wolzogen, Ernst von: *Der Kraft-Mayr: ein humoristischer Musikanten-Roman; dem Andenken Franz Liszts gewidmet.* Bd. 1–2. Stuttgart 1897: Engelhorn. (Vom Verf. durchges. Ausg. letzter Hand. – Braunschweig/Hamburg 1924: Westermann Verlag)

Wülfing, J. Ernst: *Was mancher nicht weiß. Sprachliche Plaudereien.* Jena 1905: Costenoble.

Wurzbach, Constantin von: *Historische Wörter, Sprichwörter und Redensarten.* Zweite, vermehrte und verbesserte Auflage. Hamburg/Leipzig 1866: Verlagsbuchhandlung von Jean Paul Friedrich Eugen Richter.

Zech, Helmut: *Bosheiten und Sticheleien. Heitere Verse.* Göppingen 1949: Globius.

Zittlau, Jörg: „*It's cool, man!*" *Neudeutsch für amerikanisierte Germanen.* Hamburg 1996: Rasch und Röhring Verlag.

Zoozmann, Richard: *Zitatenschatz der Weltliteratur.* Überarb. v. Otto A. Kielmeyer. Reinbek bei Hamburg 1984: Rowohlt Verlag. (= Unveränd. Nachdruck der 12. Aufl.; Erstausg. 1910).

Verzeichnis der Stichwörter

Bildnachweis

S. 82: Hans Fischer: Augenweide; aus Hans Fischer: Unter vier Augen. Ge-
zeichnete Redensarten. Rothenhäusler Verlag, Stäfa 1997. © Rothenhäusler Verlag.

S. 93: Thyrso A. Brisolla: Laß den Kopf nicht hängen; aus Thyrso A. Brisolla:
Das Ei des Kolumbus und andere deutsche Redensarten. Dussa Verlag,
Buch a. Ammersee 1993. © Dussa Verlag.

S. 186: Thyrso A. Brisolla: Friß, Vogel, oder stirb; aus Thyrso A. Brisolla: Das
Ei des Kolumbus und andere deutsche Redensarten. Dussa Verlag,
Buch a. Ammersee 1993. © Dussa Verlag.

S. 191: „Irren ist menschlich"; aus Wolfgang Mieder: Verdrehte Weisheiten.
Antisprichwörter aus Literatur und Medien. Quelle & Meyer Verlag,
Wiesbaden 1998. © Quelle & Meyer Verlag GmbH & Co.

Die restlichen Abbildungen entstammen dem Archiv des Verfassers.

Buchanzeigen

Christoph Gutknecht

Lauter böhmische Dörfer
Wie die Wörter zu ihrer Bedeutung kamen
2000. 5., durchgesehene Auflage, 212 Seiten
Beck'sche Reihe Band 1106

„Christoph Gutknecht ... schärft auf amüsant zu lesende Weise das
Bewußtsein für die Sprache, die wir so selbstverständlich gebrauchen,
ohne die nichts im Leben geht und die doch über unzählige kleine
Geheimnisse verfügt. (...) Er doziert nicht wie im Hörsaal, sondern
erzählt im Plauderton und lädt die Leser ein, Sprache als abenteuer-
liches Terrain zu entdecken, sensibel zu werden für ihre Feinheiten
und mit Spaß an der Sache auch einmal ein etymologisches Wörterbuch in die Hand zu nehmen."   *Saarländischer Rundfunk*

„Der Autor verbreitet sich in vielen kleinen Kapiteln, lehrreich, aber
in amüsantem Plauderton. Mit viel Sinn fürs Skurrile teilt er seine
Faszination über die oft wundersamen Wege und Möglichkeiten der
Sprache mit."   *General-Anzeiger*

„Gutknecht verfügt über eine gute Portion Humor, einen sauberen
Schreibstil und über die Fähigkeit, Schwieriges leicht zu sagen. (...)
Außerdem erfährt man brauchbare Redewendungen in mehreren
Sprachen und bekommt Kuriosa verläßlich erklärt."
                                       NDR 4 – Lesezeichen

„Die Sprache ist voller „böhmischer Dörfer" (...) Aufklärung tut not.
Daß sie mit Lust und Gewinn verbunden sein kann, beweist der
Hamburger Linguist Prof. Christoph Gutknecht bei seinem Gang
über die „böhmischen Dörfer" der Sprachgeschichte. (...) Gutknecht
ist vergnüglich bemüht, Etymologie und Bedeutungswandel der
Wörter, Dialekte und Neubildungen ebenso aufzuschließen, wie dem
parodistischen Wortspiel der Dichter nachzuspüren."
                                       Augsburger Allgemeine

„Gutknecht hat die Lehre von der Herkunft der Wörter so weit moder-
nisiert, daß ein vergnüglich zu lesender Text entstanden ist."
                                                Die Welt

Verlag C.H. Beck München

Christoph Gutknecht

Lauter Worte über Worte
Runde und spitze Gedanken über Sprache und Literatur
1999. 391 Seiten
Beck'sche Reihe Band 1317

„Hier ist mal die gute Gelegenheit, das Wort Liebhaber hinzuschreiben, es stehen und gelten zu lassen. Der Linguist Christoph Gutknecht ist ein Liebhaber. Er liebt das Wort. Er liebt die Literatur. In seiner Liebhaberschaft nicht hemmungslos, hat er ein wohlgeratenes Wunschkind gezeugt, um dessen weiteres Gedeihen sich niemand sorgen muß. *Lauter Worte über Worte* ist das Buch-Kind eines Liebhabers für Liebhaber. Leicht gelingt es dem gewandten Verführer, zu den Worten über die Worte zu verführen. Besteht der menschliche Körper zu einem hohen Prozentsatz aus Wasser, so besteht das menschliche Leben zu einem hohen Prozentsatz aus Worten. Das ist es, was uns armen Würstchen Worte so heimlich und unheimlich macht, die uns soviel Welt möglich und unmöglich machen. Gutknecht heißt willkommen in der Wortwelt. Sein Buch ist eine Welt-Vergnügungs-Reise durch das Abc der Worte."
Berliner LeseZeichen

„Gedanken und Worte über Worte und Schimpfworte, über Sprechen, Schreiben und Schweigen von fast 300 europäischen und außereuropäischen Schriftstellern, Dichtern und Philosophen aus verschiedenen Jahrhunderten. Eine Fundgrube für jeden, der sich für Sprache interessiert."
Der Weinberg

„Literaturkritikern sind sie ein Dorn im Auge, die ‚Worte über Worte‘ aus Dichters Feder. Hat ein Schriftsteller nichts (mehr) zu sagen, so schreibt er einen Roman über die Schwierigkeit, einen Roman zu schreiben, argwöhnen sie. Daß Literaten und Übersetzer, Journalisten und Büchernarren dabei eine Fülle geistreicher geflügelter Worte und verbaler Tiefflieger über Schönheit und Schwächen der Sprache zu Papier gebracht haben, beweist der Hamburger Linguist Christoph Gutknecht. Nach sprachgeschichtlichen Streifzügen durch ‚böhmische Dörfer‘ hat er jetzt ‚runde und spitze Gedanken zu Sprache und Literatur‘ von knapp 300 Autoren zusammengetragen, alphabetisch geordnet von ‚Abc‘ bis ‚Zunge‘, vom lateinischen Grammatiker Terentianus Maurus bis zum Schüttelreimer Reitfloh Widersinn. Ob sie als Schutzheilige des Konjunktivs oder als Opfer der Doppelpunkts auf den Plan treten – gemeinsam ist den Schriftstellern das widersprüchliche Liebesverhältnis zur Sprache und das vermögen, es in prägnanter Form an den Leser weiterzugeben."
Schwäbische Zeitung

„Christoph Gutknechts Wörterbuch ist nahezu 400 Seiten dick und durchaus ein Nachschlagewerk, mehr noch eine Enzyklopädie über Worte. Ihr Thema sind Worte über Worte, gelehrte Sprüche und weise Sentenzen über Sprache und Literatur, über Reden und Verstummen, über Lesen und Schreiben. […] Witz haben Christoph Gutknechts Trouvaillen allemal – die einen überraschend und luzid wie ein Geistesblitz, die andern lang wie ein Traktat, wieder andere in Versform mit Reim und Rhythmus."
NDR 3 - Der Buchtip